Research on the Construction of Industrial Innovation Centers:

A Case Study of Anhui Province

产业创新中心建设研究
以安徽为例

主　编　俞书宏　刘志迎
副主编　周垂日　林　斐　肖玲玲
编　委　刘瑞超　任媛媛　陆婉清
　　　　李从春　丁元欣　杨鹏程
　　　　张红梅

中国科学技术大学出版社

内容简介

国家产业创新中心是整合行业内的创新资源、构建高效协作创新网络的重要载体。中国工程科技发展战略安徽研究院组织专家针对安徽省十大新兴产业,重点瞄准特定战略性或颠覆性技术创新、产业技术开发转化、系统性解决方案研发供给和高成长型科技企业投资孵化开展研究,本书为该研究成果的汇总。

本书可供安徽省相关部门和各市(县)发改、科技、经信部门参考学习,也可供研究该主题、该领域的学者和研究生学习参考。

图书在版编目(CIP)数据

产业创新中心建设研究:以安徽为例 / 俞书宏,刘志迎主编. -- 合肥:中国科学技术大学出版社,2024.12. -- ISBN 978-7-312-06093-9

Ⅰ.F269.275.4

中国国家版本馆 CIP 数据核字第 2024FA7773 号

产业创新中心建设研究:以安徽为例
CHANYE CHUANGXIN ZHONGXIN JIANSHE YANJIU: YI ANHUI WEI LI

出版	中国科学技术大学出版社
	安徽省合肥市金寨路96号,230026
	http://www.press.ustc.edu.cn
	https://zgkxjsdxcbs.tmall.com
印刷	安徽省瑞隆印务有限公司
发行	中国科学技术大学出版社
开本	710 mm×1000 mm 1/16
印张	13
字数	233 千
版次	2024年12月第1版
印次	2024年12月第1次印刷
定价	60.00 元

中国工程科技发展战略安徽研究院重点咨询项目 "安徽省国家产业创新中心建设研究"课题组

组　　长	俞书宏（中国科学院院士）
副组长	彭　寿（中国工程院院士）
	王运敏（中国工程院院士）
执行组长	刘志迎
成　　员	周垂日　林　斐　肖玲玲　刘瑞超
	任媛媛　陆婉清　李从春　丁元欣
	杨鹏程　张红梅

序

基础科学研究是国家实现科技自立自强的根基,从基础研究、应用基础研究、技术开发、工程化验证或中试到商业化应用是一个长长的创新链。为了解决产业关键核心技术缺失、科研与经济"两张皮"问题,习近平总书记于2023年2月21日在中共中央政治局第三次集体学习时强调:"基础研究处于从研究到应用、再到生产的科研链条起始端,地基打得牢,科技事业大厦才能建得高。"同时也要求"发挥企业出题者作用,推进重点项目协同和研发活动一体化,加快构建龙头企业牵头、高校院所支撑、各创新主体相互协同的创新联合体,发展高效强大的共性技术供给体系,提高科技成果转移转化成效"。这充分表明加强创新链与产业链融合的重要性和必要性,建立产业创新中心来统筹"两链"融合,就是为了促进科研成果转化,实现产业化发展。

产业创新中心建设是科技体制改革的重要尝试,是为整合科技创新各种要素、实现产业国际竞争力提升和国民经济高质量发展的新型平台建设而进行的新探索。从国际视野来看,建立各种类型的产业创新中心也是比较普遍的做法,不管以什么名称出现,其基本功能和目标大致是一致的,就是为了促进产业技术更新迭代以及推动科研成果产业化。从国内来看,改革开放以来,我国进行了多年的探索,形成了各部门主管的各种名称的技术或工程技术中心。为了深化体制机制改革,从产业发展的关键核心技术突破目的出发,整合科技创新和产业创新的各种要素和资源,建立目的明确的产业创新中心,我们认为,这具有改革尝试意义,对进一步优化创新资源配置,促进科研成果产业化应用具有重要的改革探索价值和切实可行的实践意义。

本研究成果紧紧围绕安徽产业技术创新需要,充分把握安徽特色和优势,从全球和全国视野审视安徽建设国家级产业创新中心的必要性和可行性,并提出了相应的思路和对策。整个研究基于安徽产业发展的实际需求,充分考虑建设国家级产业创新中心的安徽独特优势,在全面分析国家产业创新中心建设背景与意义的基础上,在准确界定产业创新中心的概念及功能的前提下,认真调研分析了安徽产业发展现状及创新能力,阐明了安徽建设国家产业创新中心的必要性,调研并总结了国内外产业创新中心的建设模式,进一步研究了安徽建设国家产业创新中心的可行性,研究提出了安徽省产业创新中心布局思路,探究了安徽省国家产业创新中心建设模式,最后针对安徽省建设国家产业创新中心提出了若干对策建议。虽然研究时间较短,又受到疫情影响,给调研造成了困难,但课题组仍然克服重重困难进行了较为充分、系统的调研,最终完成的研究报告得到了评审专家肯定,核心研究建议形成的智库报告也得到了省领导的重要批示,研究成果也得到了"出题人"的肯定,给出了很好的评价,并应用到了省级产业创新中心遴选实践中作为重要参考,可以说圆满完成了研究项目任务。

中国工程院高度重视与地方政府合作,重视发挥工程院对地方政府的智库作用,与安徽省联合成立了中国工程科技发展战略安徽研究院,其目的在于充分发挥工程院院士在各工程技术领域的专家作用,为安徽在技术科学、工程技术领域和产业技术创新领域获得高质量发展提供重要的决策咨询建议,从而对促进安徽科技创新发展,也为安徽实现高质量发展提供智力支撑。本人从事基础研究,在注重基础科学研究的前提下,也高度重视实验室成果的产业化应用,受中国工程科技发展战略安徽研究院邀请,担任本课题的负责人,组织这项研究工作的开展和实施。担任本课题组副组长的中国工程院彭寿院士和王运敏院士具有丰富的技术科学和工程技术研究经验,他们具有独特的组织产业技术研发经验和敏锐的技术发展眼光,为本课题的顺利完成提出了很多重要的指导意见和建议。应该强调,该课题具体由中国科学技术大学刘志迎教授组织实施,刘教授长期从事产业技术创新管理研究(产业创新中心建设也属于科技创新管理范畴),具有丰富的软科学及管理学方面的研究经验和能力。在课题的开题和结题过程中,还邀请了国内其他专家学者,包括潘复生院士、陈学东院士、刘文清院士、江海河研究员、宛晓春教授、袁维海教授、吴华清教授、胡艳教授等,他们都给予了无保留的高屋建瓴的指导和辅导。另外,安徽省发改委、科技厅、经信厅、教育厅、省政府发展研究中心等相关科技工作和产业发展部门的领导和管理工作者,也从安徽发展实际层面对本课题的研究给予了有益的指导和帮助,对本课题的顺利完成起到了重要的作用。特别是,时任中国工程科技发展战略安徽研究院常务副院长赵今明研究员给予了具体指导,并提供了组织服务。在此对他们表示衷心的感谢。可以说本课题的研究成果是参与前期开题论证、中期评估和后期结题评审所有专家和全体具体研究人员集体智慧的结晶。

科学永无止境,科技研发成果转化是永远的实践话题,也是科技管理的研究主题。我国国民经济发展正在从"科技创新驱动"走向"科技创新引领",但从科技大国走向科技强国,还有漫长的路要走。随着全球新一轮技术革命和产业变革深入发展,科学技术日益成为推动经济社会发展的主要力量。科技自立自强的号角已经吹响,建设综合性国家科学中心是为中国基础科学研究和原始创新搭建重要的载体,而产业创新中心是为承接科学基础研究和应用基础研究成果,为技术研发和产业化转化搭建平台,两者相辅相成,共同促进科学技术研发成果产业化,助力中国式现代化的实现。我们相信,安徽深入贯彻习近平总书记关于"打造原始创新策源地"的指示精神,一定能把产业创新中心建设好、发展好。

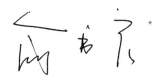

* 俞书宏,中国科学院院士,中国科学技术大学杰出讲席教授,安徽省科技成果转化促进会理事长。

目 录

序 ·· (i)

第一章　国家产业创新中心建设背景与意义 ···································· (1)
  第一节　产业创新中心建设背景 ··· (1)
  第二节　产业创新中心建设意义 ··· (6)

第二章　产业创新中心的概念界定及功能 ·· (12)
  第一节　产业创新中心概念解析 ··· (12)
  第二节　产业创新中心建设指引 ··· (20)
  第三节　国家产业创新中心的功能和定位 ······································· (22)

第三章　安徽省产业发展现状及创新能力 ·· (24)
  第一节　新一代信息技术 ··· (24)
  第二节　人工智能 ·· (30)
  第三节　新材料 ··· (34)
  第四节　新能源和节能环保 ·· (40)
  第五节　新能源汽车和智能网联汽车 ·· (44)
  第六节　高端装备制造 ··· (49)
  第七节　智能家电 ·· (53)
  第八节　生命健康 ·· (57)
  第九节　绿色食品 ·· (61)
  第十节　数字创意 ·· (65)

第四章　安徽建设国家产业创新中心的必要性 ································· (69)
  第一节　安徽建设科技创新策源地的需要 ······································· (69)
  第二节　安徽推进技术创新成果产业化的需要 ································ (71)
  第三节　安徽打造新兴产业聚集地的需要 ······································· (72)

第五章　国内外产业创新中心建设模式的借鉴和启示 （75）
第一节　国外产业创新中心的建设模式 （75）
第二节　国内产业创新中心的建设模式 （81）
第三节　对安徽省建设国家产业创新中心的启示 （100）

第六章　安徽建设国家产业创新中心的可行性 （104）
第一节　安徽十大新兴产业基础良好 （104）
第二节　安徽产业创新能力不断增强 （106）
第三节　安徽高能级创新平台快速集聚 （109）
第四节　安徽省委、省政府等多主体高度重视 （111）

第七章　安徽省产业创新中心布局思路研究 （115）
第一节　安徽争创国家产业创新中心总体思路 （115）
第二节　国内领先领域争创国家级产业创新中心 （117）
第三节　安徽优势领域重点培育产业创新中心 （120）
第四节　安徽新兴产业重点领域拟建培育产业创新中心 （136）

第八章　安徽省建设国家产业创新中心的模式 （152）
第一节　安徽省建设国家产业创新中心的定位 （152）
第二节　安徽省建设国家产业创新中心的基本模式 （153）
第三节　安徽省国家产业创新中心组建模式 （155）
第四节　安徽省国家产业创新中心运营模式 （158）

第九章　安徽省建设国家产业创新中心的对策建议 （160）
第一节　建立科技普查制度 （161）
第二节　产业创新中心建设建议 （165）

附录 （171）
附录一　国外典型产业创新中心简介 （171）
附录二　国家产业创新中心简介 （172）
附录三　安徽省产业创新中心简介 （175）
附录四　重点产业链关键核心技术列表 （189）

参考文献 （194）

后记 （198）

第一章 国家产业创新中心建设背景与意义

当今世界"百年未有之大变局"正加速演进。新一轮科技革命和产业变革深入发展,康德拉季耶夫周期(技术群周期)正处于转换期,众多领域科技正在发生重大变革,新技术发明和产业化应用层出不穷,引爆新兴产业不断涌现,也导致一些传统产业面临生存危机;同时,少数大国逆全球化行径和强行割断全球供应链产业链,大搞单边主义和贸易保护主义,导致国际分工带来的效率和福利受损,全球经济增长乏力;地区冲突和动荡频发,俄乌冲突和巴以冲突影响深远,大国之间竞争加剧,世界进入新的动荡变革期。从国内看,中国式现代化需要强大科技创新能力作为驱动力、核心竞争力,科技自立自强是中国式现代化实现的强大保障。科技研发成果最终要落实到产业发展中,建立产业创新中心整合联合行业内外创新资源,构建高效协作创新网络成为产业发展的必需。安徽属于发展中的省份,正着力瞄准特定原创性、颠覆性科研成果,加快实现技术产业化,系统性解决方案的研发供给、关键核心技术创新突破和高成长型科技企业投资孵化,建立产业创新中心,这对提高安徽产业竞争力具有重要的战略价值和现实意义。

第一节 产业创新中心建设背景

早在20世纪60年代,就有学者提出"产业创新中心"概念,一些发达国家相继成立各种类型或名称的创新中心,产业创新中心是其中的重要形式,如美国新一代汽车合作伙伴计划(PNGV)和俄罗斯的斯科尔科沃创新中心等。中国经过了40多年的改革开放,各产业依靠DUI(Doing/Using/Interacting)模式获得了快速发展,未来需要依靠STI(Science/Technology/Innovation)模式实现高质量发展,迫切需要建立产业创新中心,以整合产业/行业资源,实现创新发展。

一、新的产业革命正在兴起

人类历史上已经发生了三次产业革命(也称工业革命),第一次产业革命发生在英国,18世纪60年代至19世纪中期,伴随着以牛顿力学原理为代表的第一次科学革命及其引发的第一次技术革命,爆发了以纺织机和蒸汽机为代表的产业革命。第二次产业革命发生在美国和德国,19世纪70年代至20世纪初,伴随着以电磁感应原理为代表的第二次技术革命,爆发了以电力广泛使用为代表的产业革命。第三次产业革命发生在美国,20世纪四五十年代开始,伴随着以爱因斯坦相对论为代表的第二次科学革命及其引发的第三次技术革命,爆发了以原子能、计算机和材料技术为代表的产业革命。第一、二次产业革命都是解决人类的"体力"延伸问题,第三次产业革命解决了人类的"脑力"延伸问题,此次技术革命引发的产业革命将解决人类的"智力"和"寿命"延伸问题,将形成以人工智能和基因技术等为代表的我们这个时代的新质生产力。

美国未来学家杰里米·里夫金的《第三次工业革命》[1]这部著作,主要从能源视角探究了工业革命,并认为人类已发生两次工业革命,第一次和第二次工业革命期间主要是大量化石燃料,促进了大规模工业发展。正在发生的是第三次工业革命,这次工业革命是一种建立在互联网和新能源相结合的新经济,主要有五大支柱:化石能源向可再生能源转型;各大洲的建筑将转化为微型发电厂,可以就地收集可再生能源;每栋建筑物以及基础设施使用氢和其他储存技术,以存储间歇式能源;互联网技术将各大洲的电力网转化为能源共享网络,形成能源互联网;运输工具转向插电式电池动力车,电动车用电通过洲与洲之间的共享电网平台进行交易。这样的划分方式也未尝不可。其实,关于技术革命和产业革命还有很多划分方式。我们认为,当前正在发生第四次技术革命,大量的突破性技术、颠覆性技术和原创性技术涌现,正在引发新一轮产业革命,正在促进生产力的又一次飞跃,催生出新质生产力。中国必须抓住新一轮科技革命和产业变革的重大机遇,大力培育新质生产力,实现中国式现代化。

二、国际科技创新竞争激烈

新一轮技术革命已经展现出以下特征:一是新技术涌现的群组性。新一轮技术革命不是少数技术创新突破,而是包括量子技术、基因技术、数字技术、新材料技术、新能源技术等多个群组技术持续涌现。二是新技术应用的颠覆性。

量子计算和核聚变技术将会颠覆引发第三次技术革命的计算机技术和核裂变技术;基因技术不仅颠覆了传统医学技术、传统农业生产技术,而且颠覆性地产生了生物制造技术;数字技术以工业软件为代表,正在颠覆传统制造业技术,使生产和生活全面发生颠覆性变化;等等。三是新技术影响的全面性。新技术群涌现不仅发生在工业领域,对农业和服务业也产生深入影响,对人类生产和生活方式具有全面渗透、跨界融合的改造,影响之深之广前所未有。四是新技术扩散的快速性。不仅仅在科学—技术—创新—产业的演化周期上大大缩短,而且在国与国之间的扩散传播十分迅速,几乎不同国家和地区之间、不同领域之间同步发生一场技术变革,跨界扩散和跨国扩散十分迅速,而且技术源头的多元化和去中心化十分明显。

英国历史学家卡德韦尔(Donald Cardwell)在20世纪70年代研究了人类数千年来的科技创新成果(包括中世纪的马镫到当代的核能等)发现,"从历史上看,一个国家的创造力只能维持短暂的时期。幸运的是,由于各国领导人都支持创新,迄今为止,总会有一个或几个国家接过创新的火炬(后称卡德韦尔定律)"。当前,全球性的科技竞争越演越烈,科技创新已经成为国际战略博弈的主战场,是影响和改变世界经济版图的关键变量,各领域的科技创新竞争已成为国际竞争的新焦点。由于历史的原因,中国已经错过前几次科技革命和产业革命机遇,再也不能够错过新一轮科技革命和产业变革的机遇。我们必须保持强烈的忧患意识,做好充分的思想准备和工作准备,努力实现科技自立自强,从科技创新驱动发展,进一步走上科技创新引领发展之路。

三、关键核心技术被"卡脖子"

自20世纪末开始,美国就大力叫嚣"中国威胁论",随后,美国国会就通过了《国际经济紧急权力法案》和《出口管制改革法案》,出台实体清单制度,对外国企业、组织和个人实施单边制裁措施,以限制它们与美国企业的商业交易和活动。作为维护美国产业安全和技术霸权的核心机制,实体清单的制裁范围一直在不断扩大,从贸易、技术到金融等方面都有所涉及。自1997年以来,中国被美国列入实体清单的数量呈指数级增长,从个位数到2020年最高被封禁148家实体。2018年特朗普政府为进一步遏制中国崛起,开始对中国高端科技和新兴技术领域企业实行实体清单管制,如中兴、华为、浪潮和第四范式等企业都被禁止参与包含美国产品和技术的出口、转口和转让贸易。美国对中国实体清单管制的中国实体(个人、组织或企业)达到数百个。美方坚定实施实体清单制度,本质上想通过行政制裁手段(禁止提供贸易、技术服务和金融等支持),来打压威胁美国外交利益和政治、经济安全的实体,以巩固美国技术、经济领先和全球政治霸主地位。对中国而言,美国就是试图从关键核心技术上对中国实行"卡脖子",以遏制"中国崛起"。

2018年4月,《科技日报》率先推出专栏"亟待攻克的核心技术",如芯片制作用光刻机、光刻胶、激光雷达、航空发动机等技术很容易被"断供",成为"卡脖子"技术,使全体国人在"厉害了,我的国"的美好想象中获得了警醒。美国对中国的封锁围绕重点领域的基础研究、开发应用和销售服务,涵盖高校、科研院所、中国企业及个人。从时间上看,集中在2018—2023年期间被封锁数目占全部封锁项目的44%;从类别上看,集中在科学研究和技术服务业、制造业领域,约占全部封锁项目的67%。2021年,谷歌智库发表"Asymmetric Competition: A Strategy for China and Technology",认为中国在5G关键技术、互联网平台主导等方面已拥有相对优势,对美国的科技领先地位造成严重威胁,强调美方需要重建全球领导力、保护美国技术优势、重塑全球供应链,逐渐"去中国化"。《中美科技合作协定》自1979年起生效,原定于2023年8月失效,但拜登政府将其延长六个月,截至2024年2月27日,合作协定未能续约。《自然》杂志发表社论,称"终止中美科学协定将是危险的愚蠢之举""Ending US-China science pact would be a dangerous folly"。美国对中国的技术封锁具有全局性、战略性和关键性,试图从源头掐断中国企业关键领域技术创新进程,以确保美国保持绝对竞争优势和政治利益。

四、亟待实现创新驱动发展

我国目前已经有210多类产品产量在世界居于首位,还有很多产品产量的全球位次仍然在不断前移。刚刚兴起的光伏产业制造能力,风能发电产业装机总量和电动汽车,在全球也已居于前列,大量工业品生产能力过剩,产品产量过剩。从总体上看,我国仍处在全球价值链(GVC)最低端从事加工制造。依靠廉价劳动力和工业产品组装制造能力,获取的竞争优势,将会随着"人口红利"消失、用工成本上升而逐渐消失,继续走制造规模扩张路径,可以说是"此路不通"。因此,通过技术创新走向拥有技术含量的全球价值链高端环节,将成为产业高质量发展的根本要求,也是实现国民经济高质量发展和中国式现代化的必由之路。

产业的国际竞争力从根本上看必须来自技术创新,来自对产业核心技术和关键技术的掌控和可持续研发能力。我国改革开放以来,依靠"市场换技术"可以说基本上是不成功的,依靠引进、消化、吸收和再创新,很多产业已经摸索出了技术自主创新的基本路径,只是奠定了技术创新的初步基础;从仿制到模仿创新,苦苦寻求了40多年,现已经初步具备了自主创新的能力;40多年的科技人才培养,产业技术人才积累已经具有相当的基础,从纯粹的"人口红利"向"人才红利"转化的条件已经具备。创造人才公平竞争和快速成长的良好环境,依靠人才推动产业技术创新,着力增强创新驱动产业发展新动力,实现"创新红利"增长是产业发展的根本要求和必然选择。中国产业发展正面临"两线作战"困境,既在高端领域受到欧美发达经济体阻击,又在低端领域中受到后发经济体逐步侵蚀。在技术复杂性日益提升、技术变革不断加速的当今世界,产业技术创新发展离不开产学研各主体的协同创新。这就要求我们在构建产业技术创新体系时重视建立以产业链为主线的产业创新中心。

以产业创新中心为依托,建立以产业链为主线的产学研协同创新机制,必须积极调整创新发展模式,打破上下游企业间技术标准的信息不对称和技术研发的不协同,加强企业之间的经济技术联系,推动产业内新技术或新知识的转移和扩散;组织整合产业上下游有关的企业、科研机构和高等院校的研发力量和产业化能力,积极构建以产业链上下游环节关键技术为代表的产学研合作体系。从纵向看,分别厘清各重要产业受制于外的关键环节技术,按照产业链上下游各重要或关键环节,分类分产业组织原材料产学研协同创新、零部件产学研协同创新、生产工艺产学研协同创新、制造装备产学研协同创新和整体产品开发产学研协同创新,实现各环节关键技术突破;从横向看,实行"高等院校(含基础性研究院所)以基础研究为主、应用基础研究为辅,研究院所以应用基础研究为主、应用开发研究为辅,企业以应用开发研究为主、应用基础研究为辅"的分工和协同对接策略,建立以产业链为主线、企业为主导、高校和科研院所积极参与的产学研合作联盟,实现协同创新,推进产业技术创新链的不断巩固和自我加强,实现各产业自主创新能力全面形成和巩固。

经济学家哈耶克说:"进步的速度太快,过去使进步成为可能的那些原则,现在则被视作阻止更快进展的障碍。"我国经济发展和科技进步,与经济、科技体制改革和创新有着密切关系。深化科技体制改革,推动科技和经济紧密结合,目的在于构建创新驱动发展的国家创新体系,原则在于科技体制创新与经济体制创新联动,体制创新往往是技术创新的先导,在某种程度上甚至决定技术创新能量的释放空间。科技体制改革既要符合科技发展规律,又要符合经济发展规律;经济体制改革既要有利于经济发展,又要充分考虑科技创新对经济发展的驱动作用,必须有利于创新驱动发展战略的实施。建设产业创新中心,不仅是为产业技术创新搭建平台,还是为实现创新驱动探索新的体制机制。

第二节 产业创新中心建设意义

建设产业创新中心的目的在于为解决关键核心技术被"卡脖子"、消除科技创新中的"孤岛现象"、破解科研与经济"两张皮"痼疾。通过产业创新中心建设,可以构建产业创新生态,形成协同创新网络,集成解决产业共性问题,开展军民科技协同和军用技术民用化,探索科技体制改革新路径,推动产业技术变革,进而有利于培育新产业、新业态和新模式。从产业链角度看,可以对接上下游企业技术研发资源;从创新链角度看,可以对接产学研等研发资源,从而可以实现创新链与产业链的有效耦合。从资金链角度看,可以整合种子基金、私募基金、产业基金等政府政策性资金、企业自有资金和社会资本形成资金链支撑技术研发及其产业化;从人才链角度看,可以整合科学家、工程师、金融家和工匠等人才共同参与科研成果产业化,积极探索"四链融合"新模式,加快推动产业、科技、金融、人才、政策等多元主体深度融合,升级传统产业,发展新兴产业,培育未来产业,实现生产力质的飞跃。

一、有利于打造创新生态系统

1994 年,美国克林顿政府发布的总统报告——《科学与国家利益》提出了创新生态系统(Innovation Ecosystem)概念。企业创新生态系统是一种"基于组织互动的经济联合体,是一种由客户、供应商、主要生产商、投资商、贸易合作伙伴、标准制定机构、工会、政府、社会公共服务机构和其他利益相关者等具有一定利益关系的组织或者群体构成的动态系统"[2]。创新生态系统是立足于产业创新活动的现实,涉及产业链上下游企业、学研机构、竞争者、科技服务机构和政府等多个主体构成的共生相伴、能量和信息交互流动的动态系统。企业创新行为是以企业为主体开放的多主体交互合作和过程嵌入的动态活动过程,其创新的动力主要来源于企业内部,但也涉及多主体合作互动、协同创新的各种力量,受到企业内外部动力源共同作用,从而推动创新主体系统演化和创新能力的升级及创新绩效的提高(图1-1)。

产业创新中心建设定位是行业创新体系的核心节点,是链接技术研发和产品开发、链接工程化生产与商业化应用的公共平台。建设遵循的总体原则是:立足中国,面向全球;强基聚能,创新引领;开放共享,协同联动;远近兼顾,持续发展;统筹协调,全局配套。在建设的过程中,汇聚创新资源,突出协同配合,加强开放合作,建立共享机制,构建创新链、产业链、资金链、人才链相融合的创新生态。安徽应该以建设国家产业创新中心为着力点,聚焦国家发展需求,立足安徽发展实际,加快构建以科技创新为核心、多领域互动、多要素联动的创新生态系统,为打造具有重要影响力的科技创新策源地提供有力支撑。

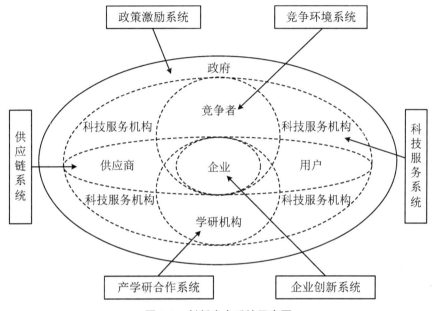

图 1-1 创新生态系统示意图

建设产业创新中心有利于指导产业各主体在创新生态系统下调整好自身创新生态位,整合内外部多主体创新资源和能力,以提高创新绩效(或降低创新风险)。产业转型升级、新兴产业和未来产业涌现的重要任务和根本立足点在于产业创新及其内在创新生态系统,明确各主体在创新生态系统中的创新生态位,有助于多主体准确识别生态系统中潜在的机遇和威胁,合理选择有利于多主体合作互动协同创新机制。

二、有利于构建协同创新网络

协同创新(collaboration innovation)的定义是美国学者彼得·葛洛(Peter A. Gloor)于2006年首次提出:协同创新是指由自我激励的人员或组织所组成的网络形成共同愿景,借助网络交流思路、信息及工作状况,合作实现共同的目标。[3]陈劲和阳银娟将协同创新定义为,以大学、企业、研究机构为核心要素,以政府、金融机构、中介组织、创新平台、非营利性组织等为辅助要素的多元主体协同互动的网络创新模式。[4]程跃等认为,协同创新网络是在一定地域范围内,通过企业、大学、研究机构、政府等组织及个人的交互作用,彼此形成的稳定的正式或非正式关系的总和。[5]无论是创新驱动,还是创新引领,协同创新都是现代创新的基本特征,也是产业获取竞争力重要途径,是区域经济实现联动发展必要支撑,有助于发挥产业和区域创新要素的集聚优势及创新"第一动力"作用,增强产业创新的协调性,对产业技术快速更新迭代具有重要的意义。

建设产业创新中心,整合联合国家和地方创新平台,联合现有工程研究中心、企业技术中心等创新平台,吸纳省内外产业链上下游企业、高等院校、科研院所、新型研发机构、金融机构等,加强产业链上下游之间的联系,打通产学研通道,构建协同创新网络,有利于解决产业链技术创新的"卡点"和"堵点"。安徽以建设国家产业创新中心为契机,构建多主体协同创新网络,面向安徽经济社会发展主战场,推动企业成员间的关系网络及产学研各类知识元素组成的知识网络,对整个区域创新水平产生积极影响,从而有利于支撑安徽经济高质量发展。

产业创新中心有利于加强与产业链不同行业领域创新主体间的合作,增加产业链和创新链合作伙伴的数量和种类,促进协同创新网络内流动知识的多样性,为协同创新主体提供多种知识元素重组和来源多样性,强化互动交流,通过长期稳定协同创新促使成员间形成信任机制,有利于知识顺畅流动和有效组合,可以不断挖掘潜在的创新伙伴关系和多主体的创新智慧,发挥产业创新中心的带动效应和桥梁作用。不断拓宽协同创新网络各主体的知识边界,探索和吸纳新技术领域的知识,为产业和区域创新发展带来更多的突破性创新机会。

三、有利于集成系统解决方案

钱学森早就提出开放的复杂巨系统理论,根据组成系统的子系统数量和种类以及它们之间关联的复杂程度,将系统分为简单系统、简单巨系统、复杂巨系统。[6]关键核心技术创新往往是一个复杂巨系统。根据埃德加·莫兰(Edgar Morin)[7]所提出的复杂性思想(complexity thinking)的七大指导原则:系统或组织原则、全息原则、反馈循环原则、递归循环原则、自我生态再组织原则、二重逻辑,以及在所有知识中重新引入知识的原则,可以说创新过程具有多层规则的复杂结构。[8]随着科学技术发展,产业中越来越多的技术需要有系统性解决方案,涉及众多科学门类和技术类别,在应用创新领域涉及多学科交叉,既需要来自各领域的科技人员,又需要创新链和产业链各环节的主体参与,才能够集成出系统性的解决方案。柳卸林等认为,面向复杂创新的系统解决方案具有目标性、系统性、优化整合、协调性、互动性、结构和功能性、生态系统或网络机制特征。[9]创新的系统性需要创新者拥有系统性解决方案,涉及的主体范围、层面和领域更广,需要各学科、各领域、多主体、众多创新要素优化组合和多场景配合,才能够实现产业的关键核心技术创新。

建设产业创新中心,通过整合产学研和产业链上下游企业技术力量、知识资源和应用场景资源,突破单一企业单打独斗或者单一主体认知局限、资源局限、应用场景局限以及协同能力局限,根据技术创新难度,以技术路线为导向,有序开展技术资源梳理与优化,推进相关主体密切协同攻关,多技术流密切配合,形成创新的系统性解决方案。在实施过程中,开展必要的试运行,以促进数据、技术、流程、组织等方面的相互磨合和匹配优化,在试运行完成后,再对相关方面的成果进行必要的规范化和制度化处理,以提升其创新活动运行的一致性和有效性。

建设产业创新中心,有利于解决安徽省内创新资源不足问题,有利于以产业创新中心为节点,整合跨行业、跨部门、跨领域、跨区域甚至跨国、跨场景等资源,为解决产业关键核心技术拿出系统性解决方案,从而提高解决关键核心技术的效率,既有利于提升安徽产业经济发展的技术支撑力,又有利于国民经济发展。安徽建设产业创新中心,能促进"制造业大省"向"制造业强省"跨越,也有利于打造创新策源地,将科技创新的亮点转化为产业发展的强点,进而实现安徽经济社会高质量发展。

四、有利于深化创新体制改革

新中国成立以来,我国科技体制几经改革、日益深化,自主创新路径也不断变迁。科技体制改革必然在体制机制上引导着自主创新路径的选择,而自主创新探索实践也为科技体制改革提供经验支持,两者相互影响、相互补充。宏观来看,从"争取苏联援助,初步建立科技体系"到"反右、科技大跃进及其后调整",再到"'文化大革命'致使科技创新严重受挫";20世纪70年代后期,关于真理标准问题的讨论使人们开始重新思考社会主义中国该怎么走下去的问题。"实践是检验真理的唯一标准"观念的确立为随后一系列体制改革扫清了思想上的障碍。从"科学大会的召开"到"1985年《中共中央关于科学技术体制改革的决定》出台",从"《高技术研究发展计划(863计划)纲要》实施"到"1992年《关于分流人才、调整结构、进一步深化科技体制改革的决定》",从"自主创新"号召的提出到"创新是驱动发展第一动力"研判,从"建立创新型国家创新体系"到"科技自立自强",再到此轮科技体制的改革,历经了多次的自我革命和体制创新,对释放科技创新能力具有重大促进意义。

从微观来看,我国建立了高新技术开发区、自主创新示范区、科技创新孵化器和加速器、企业技术中心、工程研究中心、国家实验室、国家重点实验室、产学研协同创新中心、产业创新联盟、共性技术研发中心等各种类型的科技创新平台,这些平台在促进科技创新方面起到了重要作用,但是,也出现了不少"挂羊头,卖狗肉"的现象,也有"多块牌子"还是一套人马,重复获得政府资助,重复申报项目,重复填报考核成果,不能够集中精力和资金解决产业发展中的关键核心技术难题。如何整合各种类型名称的创新平台,在新一轮改革中需要系统总结经验和教训,化繁为简,化多为少,集中力量,建设好能够促进产业关键核心技术创新突破的平台,在这样一种背景下,国家提出建设面向产业发展的产业创新中心与面向科学研究的国家实验室体系相对应,形成新的国家科技创新体系。

产业创新中心按照权责明确、科学高效要求,建立健全内部治理结构,构建灵活有效的运行机制,先行先试成果转化、人才激励、科技金融等改革举措。实施"揭榜挂帅""赛马"等制度,把科技创新潜力充分释放出来;实施分类科技人员评价机制,充分调动人才的积极性;创新科技成果转化方式,降低成果转化双方的合作门槛,促进科技成果积极转化,优化创新生态,以科技创新催生新动能、塑造新优势。安徽要利用产业创新中心建设的契机,坚持目标导向、问题导向,突出全国共性问题与地方个性问题相结合,深化全省科技创新体制机制改革,加快科技成果转化应用体系建设,赋能全省经济高质量发展。这是一种全新的探索,也要在实践中不断总结经验,为科技体制改革探索新路。

五、有利于培育新质生产力

每次技术革命都会引发生产力发生一次质的飞跃,形成新质生产力,符合事物发展的"量变""质变"的一般规律,也是生产力发展的必然规律。第一、二次产业革命都是解决人类的"体力"延伸问题,形成了以大批量、规模化生产为代表的当时的新质生产力;第三次产业革命解决了人类的"脑力"延伸问题,形成了以计算机和信息化为代表的那个时代的新质生产力;此次技术革命引发产业革命将解决人类的"智力"和"寿命"延伸问题,将形成以人工智能和基因技术等为代表的我们这个时代的新质生产力。新质生产力还是生产力,是生产力又一次质的飞跃。科技创新是发展新质生产力的核心要素,指的是科技在生产力三要素(劳动者、劳动工具和劳动对象)中起到"乘数效应"。此轮新质生产力形成,科技发挥的作用更大于前几次产业革命。科技作用于劳动者要素成为"高科技"劳动者;科技作用于劳动工具要素形成"智能化"劳动工具;科技作用于劳动对象使其范围更广阔。用全要素生产率来衡量科技进步对经济增长的贡献越来越大。创新在新质生产力形成中起主导作用,是将从来没有过的生产要素和生产条件的"新组合"引入生产体系,形成新的生产力。创新既可以理解为科学技术的创新,又可以理解为科技研发成果商业化的过程。

中国已经错失前几轮技术革命引发产业革命形成新质生产力的历史机遇,经过新中国70多年特别是改革开放40多年的追赶发展,我们已经有能力抓住新一轮科技革命和产业变革的重大机遇,加快推进科技自立自强和科研成果产业化转化,形成能够代表新质生产力的新兴产业和未来产业。发展新质生产力是实现中国式现代化和高质量发展的内在之意。抓住此轮技术革命机遇,大力发展新兴产业和未来产业,实现一次生产力质的飞跃,就能够升级产业结构,提高以全要素生产率为标志的科技进步对经济发展的贡献,实现高质量发展,推进中国式现代化进程。

此轮技术革命表现为新技术涌现的群组性、新技术应用的颠覆性、新技术影响的全面性、新技术扩散的快速性、新技术源头的多元性和去中心化等特征,技术革命性突破推进生产要素创新重组,进而强力推动产业深度转型升级,对传统产业的颠覆性改造具有革命性,对新兴产业涌现具有可持续性。量子技术、基因技术、数字技术、新材料技术、新能源技术等多个群组技术持续涌现,将催生一大批未来产业:未来制造业、未来信息产业、未来能源产业、未来材料产业、未来生物产业、未来空间产业和未来健康产业等,这是实现中国式现代化的未来产业实体保障,是实现高质量发展的未来产业实体支撑。

建设产业创新中心,既要面向传统制造业的转型升级,特别是要大力推进工业软件、产业互联网和工业应用程序在制造业中广泛应用,加快实现制造业高端化、绿色化和智能化;又要面向战略性新兴产业高质量发展,依靠科技创新支撑其可持续发展;更要面向新技术革命的机遇,超前布局面向未来的产业,开展前沿技术研发。我国已经进入工业化中后期,经济发展转向中高速、产业迈向中高端的爬升阶段。通过建设产业创新中心,有利于有效整合各类创新要素,强化企业科技创新主体地位,利用多元化投入机制,培养、吸引、凝聚更多高层次创新人才,产出更多原创性、引领性和颠覆性重大成果,培育新业态新产业,推动新兴产业和未来产业发展,着力培育壮大一批新的经济增长点。安徽要继续推动"三地一区"建设,特别是科技创新策源地建设,聚焦国家重大需求,以综合性国家科学中心建设为契机,努力建设一批面向产业技术突破的产业创新中心,聚焦创新资源优势,着力加快科技成果转化应用,全面发挥安徽高质量发展的新优势,为建设自立自强的科技强省,谱写中国式现代化安徽篇章提供强大支撑力。

第二章 产业创新中心的概念界定及功能

我国创新平台众多,有产业创新中心、综合性科学中心、制造业创新中心、技术创新中心等。其概念和内涵也不尽相同。产业创新中心是整合行业内创新资源、构建高效协作创新体系的重要载体,主要面向战略性新兴产业布局建设,旨在强化技术系统集成、中试验证和推广应用能力,服务和支撑关键核心技术攻关。国家产业创新中心可以盘活行业上下游、产学研创新资源,形成大平台、大团队、大网络,促进颠覆性技术创新、先进技术推广应用、系统性技术解决方案研发、高成长型科技企业投资孵化,推动新兴产业集聚发展。对产业创新中心的概念进行分析和界定,对相关研究至关重要。

第一节 产业创新中心概念解析

科学研究创新和产业创新各有其多样化的模式。例如,科学研究创新有巴斯德模式、波尔模式、爱迪生模式等,产业创新模式有知识密集型、规模和信息密集型等。在系统论、区域、平台等不同的视角下,产业创新中心具有不同的概念和内涵。产业创新中心的目标与定位也与综合性国家科学中心、制造业创新中心、技术创新中心等创新平台有所区别。

一、科学研究创新模式

近年来,我国科技创新投入快速增长,但科技推动经济发展动力不足以及脱节问题依然突出,科技创新理念一直备受关注,因为其直接影响经济的发展。1945年,Bush依据基础与应用科学两分法提出基于"基础研究-应用研究-技术开发-生产经营"的线性创新理念(如图2-1所示)[10],线性创新理念以探索未知世界规律为目的,认为基础研究无须考虑后续应用环节,其自由创造是科技创新的源泉;且将基础研究作为科技进步的先驱,后续环节将直接依赖前一环节的研究。线性创新理念在某种程度上弱化了国家发展战略目标与科学目标的一致性,导致创新成果的转化率大大降低。

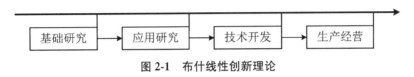

图2-1 布什线性创新理论

普林斯顿大学 Donald Stokes 教授丰富了科学与技术的关系,将基础研究的范围和类型进行了扩展和细化,并在此基础上提出了带有应用目标的基础研究理念,即巴斯德象限创新理念(如表2-1所示)。[11] Stokes 认为玻尔象限是纯基础研究,爱迪生象限为纯应用研究,他们是沿着各自的轨道发展的,而巴斯德象限是连接上述两个轨道的枢纽,即寻求扩展知识边界由受到应用目的影响的科学研究为巴斯德象限,与科学研究所处的象限不同,其所产生的影响也不同。Stokes 认为科学研究的主要影响分布于"认识"和"技术"两个层面,其也是不同象限的出发点,玻尔象限和爱迪生象限分别只对"提高认识"或"提高技术"产生影响,提高技术水平也是为扩展应用,而巴斯德象限不同,在两个层面皆可产生影响(如图2-2所示),这对处在前沿位置的科学产业较为适用。前沿领域技术和市场的发展皆不成熟,技术需要深层次的科学探索以巩固和提升,而市场需要高端和普适的技术以拓展和替代,符合巴斯德象限科学研究的出发点。

表2-1 Stokes 对科学研究不同象限的分类

		以 应 用 为 目 标	
		否	是
以求知为目标	是	Ⅰ 纯基础研究(玻尔)	Ⅱ 应用引发的基础研究(巴斯德)
	否		Ⅳ 纯应用研究(爱迪生)

巴斯德象限创新理念较准确地反映了科学研究的实际情况,弥补了"基础"研究与"应用"研究间"两张皮"的现象,认为基础研究与应用研究之间存在动态关联性及交错融合性,一项具体的科研活动过程中同时可以存在知识发现和知识应用。然而现今科技创新更加注重科技与经济的深度融合,其创新理念更加体现出以政府为引导、面向科技前沿、面向我国产业发展重大需求,且注重科技

成果能否转化落地、能否引领产业发展与服务国家经济的导向。[12]

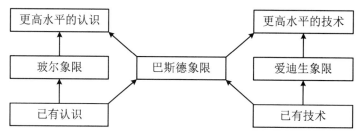

图 2-2　不同象限的对认识和技术的影响作用

二、产业创新模式

创新是个动态的过程,不同产业的特征决定了其创新所需经历的不同阶段,同时也影响了不同产业的技术制度,进而对其所采用的创新模式产生影响。而产业特征正是依据不同产业类别而设定的。Pavitt 是较早对产业进行分类的学者,其依据技术轨迹的概念调查创新类别(sector),涉及创新的本质、来源和模式,将不同类别小组所采用的创新模式和相关类别间的知识流动分成3个类别,即3个产业类型,分别为以科学为基础(science-based)、生产密集型(production-intensive)、供应商为主导(supplier-dominated)的产业,其中生产密集型产业可分成两个类别:规模密集型(scale-intensive)和专业供应商(specialised supplier)(如表 2-2 所示),在确立产业类型后,Pavitt 依据技术轨迹三个影响因素——技术来源、用户类型和所有权形式比较不同产业的技术轨迹和所具备的特征(包括工艺技术来源、创新公司规模、产品和工艺创新的平衡性等),同时也对创新发展中的一些概念进行分析和比较,例如比较了科学技术推动与市场拉动、产品创新和工艺创新的概念,分析了工艺创新的聚焦点、市场多元化以及公司规模和市场结构的概念。Pavitt 基于技术范式和技术制度的概念,从技术轨迹角度解释了为什么不同产业之间发展路径的不同。

Castellacci 延续了 Pavitt 的产业分类依据,即技术范式决定技术制度和技术轨迹,但是 Castellacci 将此概念融入产品和技术的相关特征,最终表现为从两个角度对产业进行分类:一是每个产业设立的目的,是成为产品和服务的提供者还是接受者;二是产业的技术内容,部门系统中创新公司技术能力的整体水平,是可以通过内部制造实现还是依赖外部供应商。这两个角度主要还是由部门系统所特有的技术制度或轨迹所决定的,因此 Castellacci 的分类目的是将技术制度和技术轨迹的概念更加具体化。Castellacci 将产业分为 4 个类别:先进知识提供者(advanced knowledge provider)、支撑性基础设施服务(supporting infrastructural service)、批量商品生产(mass production goods)、个性化产品和服务(personal goods and services),每个类别都包括 2 个子类别。为了可视化不同产业类别的分工,Castellacci 将 4 个产业类别及其子类别绘制在坐标轴上,其中 X 轴为技术内容,代表其创新内容是否方便线性化,Y 轴为纵向产业链,象征不同产业在产业链中的位置(如图 2-3 所示)。[13]

表 2-2　Pavitt、Castellacci、Bogalicano 和 Pianta 的不同产业分类

Pavitt 产业分类 (1984)		Castellacci 产业分类 (2008)		Bogalicano 和 Pianta 分类(2016)	
以科学为基础		先进知识 提供者	专业供应商	以科学为基础	
			知识密集型商业服务		
生产 密集型	规模密集型	支撑性基础 设施服务	实体型基础设施	专业供应商	
	专业供应商		网络型基础设施		
供应商为主导		批量商品 生产	规模密集型	供应商为主导	
			以科学为基础		
		个性化产品 和服务	供应商为主导产品	规模和 信息密 集型	规模密集型 制造业
			供应商为主导服务		信息密集型 产业

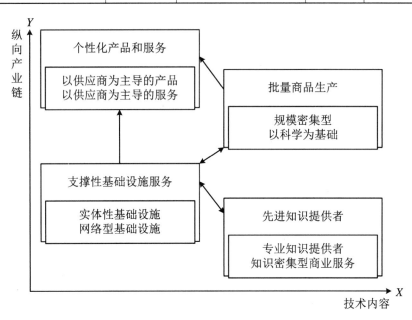

图 2-3　Castellacci 划分的产业分类比较

三、产业创新中心概念界定

产业创新理论源于对产业革命的研究,伴随着创新理论的发展而发展,在熊彼得先后提出"连续产业革命"和"创新理论"概念之后,产业创新思想开始萌芽。1960 年,坎宁安(Cunningham N J)在《Industrial Innovation》中首次使用了"产业创新"一词。1974 年,英国学者克利斯·弗里曼(Chris Freeman)和罗克·苏特(Lue Soete)在其著作《The Economics of Innovation》中指出,产业创新包括五个方面,即技术和技能创新、产品创新、流程创新、管理创新(含组织创新)和营销创新,从而奠定了产业创新理论及发展基础。[14] 2000 年,澳大利亚大学教授马克·道格森(Mark Dodgson)和英国苏曼克斯大学教授罗艾·劳斯韦尔(Roy Rothwell)在《创新聚集——产业创新手册》一书中研究了产业创新的本质、创新源和产出、创新部门和行业特征、影响创新关键因素、创新战略管理。20 世纪 60 至 90 年代,相继有美国、英国、日本、芬兰等国家机构及学者进行了产业创新实证研究,得出不同产业的创新内容不同的结论,为全球产业创新研究提供了经验和借鉴。2005 年,马勒尔巴(Malerba)在《Sectoral Systems:How and Why Innovation Differs Across Sectors》一书中提出了产业创新系统概念,并分析了知识、技术领域和产业边界、参与者、网络和机制。

从系统论视角来看,产业创新中心是构建高效协作创新网络,加速科技与产业深度融合的有效载体,进一步打通从理论创新到现实生产之间的难点和堵点,实现了科技资源输入系统到科技成果输出系统的加工转化,从而促进了科学研究、技术创新、产业运营三个层面的需求对接。[15] 从提高生产力与经济价值的角度来看,产业创新是指在产业发展中引入新的创意、实施方法或生产设备,通过增加新组合、突破新技术改变原有的经济体制结构与规模。[16] 各地建立的产业创新中心以优势产业为载体,围绕重点企业、科研院所、高等院校等创新资源,出台引导政策,营造创新氛围,构建实验检测、认证体系,促进产业发展壮大、能级提升。

从区域视角来看,产业创新中心指产业创新资源集中、产业创新活动频繁、新兴产业孵化聚集、具有区域创新极核功能的城市或区域,产业创新中心是一个区域或城市中创新资源、创新活动、新兴产业比较集中并具有一定影响力的区块。亦即某区域或城市在某一地域有很强的创新能力、竞争力和辐射带动能力,能产生创新极核效应,可以包含众多的平台视角的产业创新中心。[17] 从国际产业竞争的本质来看,科学技术引领,特别是关键核心技术的研发,始终是区域产业创新能力能否可持续发展的关键,白俊红、蒋伏心研究发现,基于区域协同的科技创新能够有效提升区域创新绩效。[18]

从平台视角来看,产业创新中心可以指从事某一特定产业的创新活动的平台或基地。创新平台旨在围绕国家重大战略发展需求,充分发挥科技和人才优势,通过开展前沿颠覆性技术和关键共性技术研发攻关、成果共享、标准创制、构建专利池、市场应用推广、产业生态建设等产学研用深度融合的联合创新,解决区域重点产业发展的共性问题和技术短板,建立资源共享、优势互补、紧密协作、互利共赢的创新联合体,促进产业链上下游协作以及各相关类型企业融通发展,带动重点产业发展。[19]潘雅茹、罗良文认为科技基础设施是区域产业创新效率的重要影响因素。[20]潘雄锋等也认为,科技基础设施建设有利于提升区域技术创新水平。[21]

目前,原始科技创新技术的出现愈来愈倚重重大科技基础设施的支撑。李平等认为全球主要湾区均部署了重大科技基础设施集群,对产业原始创新的知识溢出效应愈发显著,重大科技基础设施布局能够带来二次创新效应,有效提升技术创新质量。[22]余泳泽、刘大勇认为由此带来的区域创新效率提升一般会向周围空间外溢,同时也会向价值链以外溢出,从而进一步推动现代产业体系的高质量发展。[23]重大科技基础设施不同于一般的科技基础设施,具有跨学科团队综合、引领前沿科技探索、技术关联外溢效应显著等突出特点。由于重大科技基础设施资金投入大、技术要求高、技术外部性强,难以由企业独立承担,往往需要政府统筹规划。从实际情况来看,重大科技基础设施在国民经济发展中发挥着极为重要的基础性作用,也是区域产业创新能力的重要支撑。

从国外经验来看,重大科技基础设施运行和发展会带动、促进与其直接相关的学科发展。国际上已建成的重要研究中心有美国布鲁克海文国家实验室、德国亥姆霍兹联合会、德国电子同步加速器研究所、欧洲核子研究中心等,这些中心已经成为区域产业创新技术的重要来源。[24]

四、各类创新中心概念比较

2006年,全国科技大会提出自主创新、建设创新型国家战略,国家层面围绕科技创新陆续出台了相关政策,有组织地实施国家战略领域的前沿研究、基础研究、交叉领域研究,推动开放创新、原始创新和协同创新的发展,为落实相关战略,相关部委先后批复建设了综合性国家科学中心、国家技术创新中心、国家制造业创新中心等新型创新组织载体(如表2-3所示)。

表 2-3 各类国家级创新平台建设概况

名称	目标定位	批复部门	组织形态	始建时间	已建数量
综合性国家科学中心	以大科学装置或设施、大科研团队等作为核心,世界一流的创新型大学、研究机构与研发平台等为主体,开展多学科交叉前沿研究	国家发展改革委、科技部	科研生态群落	2016—2020	4
国家制造业创新中心	以重点领域前沿技术和共性关键技术的研发供给、转移扩散和首次商业化为重点,完成技术开发到转移扩散再到首次商业化应用,打造跨界协同的创新生态系统	工信部	独立法人形式组建的新型创新载体	2016	13
国家技术创新中心	以产业前沿引领技术和关键共性技术研发与应用为核心,加强应用基础研究,协同推进现代工程技术和颠覆性技术创新	科技部	综合性产业技术创新平台	2017	23
国家产业创新中心	整合联合行业内的创新资源、构建高效协作创新网络;特定战略性或颠覆性技术创新、先进适用产业技术开发与推广应用;系统性解决方案研发供给、高成长型科技企业投资孵化平台;推动新兴产业集聚发展、培育壮大经济发展新动能	国家发展改革委	以法人实体形式运行,治理结构清晰,运行机制灵活有效	2018	8

统计时间:2022 年 10 月。

综合性国家科学中心目标与定位。综合性国家科学中心由国家发展改革委和科技部联合批复建设,目前分别有上海张江(2016 年 3 月)、安徽合肥(2017 年 1 月)、北京怀柔(2017 年 5 月)、广东深圳(2020 年 3 月)四个,各地综合性科学中心有各自的目标和定位;钱智认为综合性国家科学中心是以大科学装置或设施、大科研团队等作为核心,以世界一流的创新型大学、研究机构与研发平台等为主体,以一批多学科交叉前沿研究计划作为支撑的科研生态群落。[25]

国家制造业创新中心目标与定位。2016年4月,工业和信息化部、国家发展改革委、科技部、财政部联合发布了《制造业创新中心建设工程实施指南(2016—2020)》,指出国家制造业创新中心是由企业、科研院所、高校等各类创新主体自愿组合、自主结合,以企业为主体,以独立法人形式组建的新型创新载体;面向制造业创新发展的重大需求,突出协同创新取向,以重点领域前沿技术和共性关键技术的研发供给、转移扩散和首次商业化为重点,充分利用现有创新资源和载体,完成技术开发到转移扩散再到首次商业化应用的创新链各环节的活动,打造跨界协同的创新生态系统。

国家技术创新中心目标与定位。2017年11月,科技部制定了《国家技术创新中心建设工作指引》,明确国家技术创新中心以产业前沿引领技术和关键共性技术研发与应用为核心,加强应用基础研究,协同推进现代工程技术和颠覆性技术创新,打造创新资源集聚、组织运行开放、治理结构多元的综合性产业技术创新平台。2020年3月,科技部印发《关于推进国家技术创新中心建设的总体方案(暂行)》,明确国家技术创新中心分为综合类和领域类两个类别进行布局建设,综合类围绕落实国家重大区域发展战略和推动重点区域创新发展,如京津冀协同发展、长三角一体化发展、粤港澳大湾区建设等区域发展战略;领域类面向国家长远发展、影响产业安全、参与全球竞争的细分关键技术领域;支持符合相关定位和条件的国家工程技术研究中心、地方技术创新中心、工程技术研究中心、新型研发机构转建国家技术创新中心。

综上可以看出,综合性国家科学中心是大格局定位,以打造代表国家最高水平和国际一流水平的科学研究基地为目标,体现国家意志、承载国家使命、面向国家重大需求。三大类国家级新型创新中心是以集聚行业创新资源、打造高效协同创新生态系统为建设目标,通过整合包括企业、高校、科研院所的创新资源,实现创新资源和力量的整合协同与高效运行,形成产学研紧密协同、深度融合的创新体系。三类创新中心也有各自侧重点,制造业创新中心主要定位于突破行业关键共性技术,国家技术创新中心聚焦开展前沿引领技术、关键共性技术、现代工程技术、颠覆性技术研发等,产业创新中心重在开展特定战略性领域,即颠覆性技术、先进适用技术、系统性技术研发和高成长型科技企业投资孵化。

第二节 产业创新中心建设指引

2018年1月,中华人民共和国国家发展和改革委员会发布《国家产业创新中心建设工作指引》,指出国家产业创新中心是整合联合行业内的创新资源、构建高效协作创新网络的重要载体,是特定战略性或颠覆性技术创新、先进适用产业技术开发与推广应用、系统性解决方案研发供给、高成长型科技企业投资孵化的重要平台,是推动新兴产业集聚发展、培育壮大经济发展新动能的重要力量。[26]

一、整合产业创新资源,构建高效协作创新网络

围绕产业链谋划创新链,围绕创新链布局资金链、供应链、人才链等创新要素,打造"政产学研资"紧密合作的创新生态。整合创新资源要素,深化产业链相关的创新主体合作,充分利用各类创新创业平台,构建长期稳定的协同创新网络。鼓励探索产学研多主体参与、社会力量介入、跨国合作和军民融合等融合创新模式,支持引导高等院校、科研院所等创新力量,开展共同投入、协同研发、技术入股、创新平台共建或人才联合培养等方式,形成紧密合作的创新网络。整合分散低效、重复建设的科研设施和创新条件,打破各自为政的科技研发模式,破除各种阻碍创新协同的壁垒和障碍,推动市场、企业、高校、院所、人才、资本等创新要素集成集聚,激发创新主体创新活动的"乘数效应",实现产业创新中心共建共享共赢。[27]

二、开展前沿技术研究,推动产业技术变革

围绕产业链关键共性技术,开展关键核心技术攻关,推动基础前沿创新向产业技术创新转移。加速战略性新兴产业领域从理论构想到现实创造的孵化变革,促进实验室技术成熟、产业前沿技术研发和中试生成,突破技术瓶颈,打通产业创新堵点,推动产业技术变革和技术创新成果转移转化。制定产业技术标准,推广新技术、新模式,培育新业态、新产业,促进区域产业集群发展、创新发展。聚焦重大理论突破和关键核心技术攻坚,依托国家科学中心、国家重大科技基础设施、国家重点实验室等基础条件,攻克关键工艺技术、关键环节制程、关键核心零部件、重大战略装备等技术难题,寻求理论技术工程技艺突破,

推动产业链、价值链向高端攀升。[27]

三、深化体制机制改革,推动创新成果加速转化

以体制机制创新推动产业技术创新,进一步深化创新体制改革释放创新红利,探索构建创新保障机制,支持成果转移转化、人才激励、科技金融等改革举措。加强资金保障,建立稳定的研发投入支持机制,通过提供创新服务、承担专项资金项目、转让孵化企业股权、增资扩股、接受捐赠等方式吸纳资金,鼓励产业创新中心设立投资基金或加快科技成果转化收益分享,为创新创业和科技成果转化提供持续资金支持。推动大型仪器设备、试验场地、试制车间等创新资源向各类创新主体开放,提高创新资源利用率,促进科技成果向市场扩散。[27]发挥股权期权激励、技术入股分红奖励等多种激励措施,以及科技人员兼职兼薪、离岗创业等方式,充分调动科研人员进行成果转化、创新创业的积极性。

四、推动产业升级,促进区域产业集群发展

产业创新中心作为国家战略性新兴载体,以国家战略性领域创新需求为导向,担负着营造创新生态、优化创新资源配置、开展创新试验探索的重要使命。例如,《合肥综合性国家科学中心建设方案》要求依托大科学装置集群,聚焦信息、能源、健康、环境四大领域,开展交叉性研究,催生变革性技术,推进以科技创新为龙头的全方位创新发展,打造科学研究的制高点、经济发展的原动力、创新驱动的先行区,力争成为国家创新体系的重要平台。[28]建设产业创新中心,就是围绕区域创新资源特点、技术创新基础及产业发展水平,并与其他创新中心形成错位发展的格局,总结形成可复制可推广的成熟经验和成功案例,进一步发挥地方产业引领示范作用和科研院所的技术优势,聚集行业资源,培育领军企业,形成地方特色产业。[27]

本研究将产业创新中心界定为:以政府为引导,以优势产业为依托,以良好的政策环境为支撑,面向科技前沿和安徽省产业发展重大需求,聚集企业、科研院所、高等院校、金融机构、科技服务机构等行业内优势创新资源,创新运营管理体制机制,开展行业前沿技术和关键共性技术研发攻关、成果共享、市场应用推广、产业生态建设等产学研用深度融合的联合创新,促进产业升级;构建特定战略性或颠覆性技术创新、先进适用产业技术开发与推广应用、系统性解决方案供给的高效协作创新网络。

第三节　国家产业创新中心的功能和定位

不同于综合性国家科学中心、国家制造业创新中心和国家技术创新中心等创新平台,国家产业创新中心具有特定的功能和定位。产业创新中心由政府引导,着力推动整个产业和区域经济发展,崇尚创新,以企业化运作模式激发创新活力,充分调动科研人员创新积极性。

一、高水平的研究机构与核心企业

产业技术中心关注特定战略性或颠覆性技术创新、先进适用产业技术开发与推广应用、系统性解决方案研发供给、高成长型科技企业投资孵化,重视对战略性颠覆性技术的研究、产业前沿技术的开发应用、产业关键技术瓶颈的突破、高成长型科技企业的孵化。因此,高水平的研究机构与产业链中的核心企业就成为研究供给和技术需求的双方,并且相辅相成。研究机构旨在解决产业内共性技术难题,当然,核心企业必须能够参与到研究机构的研究中去,这样则会形成产学研合作研究中心,既有利于提升企业创新能力,也能加速研究机构的技术创新成果转化。[29]企业获取产业内关键技术成果,并通过企业内部研发中心不断地对相关产品、技术、工艺进行改造创新,企业研发中心必须也只能由核心企业建设,而产业创新中心由政府引导,旨在推动产业链核心企业与研究机构共同为整个产业和区域经济的发展服务。

二、新型组织机构与管理机制

产业创新中心建设中打破了行业和区域的界限,打通了技术、平台、商业和资本的分割与壁垒,创新运行机制,形成了"政产学研用金"以及商业化紧密合作的协同创新网络和平台。整合现有研究机构、技术中心、重点实验室、行业及地方创新平台形成创新合作网络,广泛吸纳高校和科研院所的技术研发优势、行业领军人才和团队等创新力量。[30]构建多方参与、共建共治共享的运行机制,形成紧密合作的协同创新网络,扩散新技术、新模式,培育新业态、新产业,壮大产业发展、推动产业转型升级。[31]因此,产业创新中心全方位走向企业化运作,"去行政化"打造产业活力中心;打破行政流程,"企业模式"推动高效运作;消除身份界限,"价值引领"激发人的能量;聚焦经济职能,"联合共建"突破管理短板。[32]

已建成的产业创新中心在运行过程中积累了丰富的经验,在内搭建创新突破的组织架构,充分协调产业研究、发展和创新之间的关系,从而促进创新的良性循环。[33]同时建立企业与外部创新资源合作,利用大学及科研院所等外部智力促进企业创新发展。[34]

三、崇尚创新的价值导向和评估体系

从20世纪开始,硅谷的企业就与周边的高校和研究机构建立起良好的人才流动机制,高校或研究机构允许科研人员到企业兼职或离岗创业,同时明确了科技成果知识产权的归属问题,并采取实质性措施鼓励和保护成果转化。[35]《国家产业创新中心建设工作指引(试行)》明确提出了产业创新中心要建立人才激励机制,通过股权、期权、分红权、奖励及科技人员兼职兼薪、离岗创业等多种形式调动科研人员创新积极性。产业创新中心要创新人才引进、培养和评价机制,形成崇尚创新、按贡献分配的鲜明价值导向,以及企业家精神和浓厚创客文化氛围。[36]

第三章　安徽省产业发展现状及创新能力

战略性新兴产业是现代化产业体系升级的主方向、主阵地、主力军。党的二十大报告提出:"推动战略性新兴产业融合集群发展,构建新一代信息技术等一批新的增长引擎"。战略性新兴产业是现代化产业体系建设的关键力量,是我国实现第二个百年奋斗目标的重要支撑。近年来,安徽省把打造新兴产业聚集地、突出发展十大新兴产业作为培育高质量发展新动能的重点任务,重点发展新一代信息技术、新能源汽车和智能网联汽车、人工智能、高端装备制造、新材料、智能家电(居)、新能源和节能环保、生命健康、数字创意、绿色食品等十大新兴产业。在省委、省政府的坚强领导下,坚持高位推动、省市协同、精准谋划,十大新兴产业齐头并进,战略性新兴产业聚链成群、集群成势,区域创新能力位居全国前列,科技创新策源能力持续增强,一大批原创重大成果竞相涌现,但同时在部分关键核心技术领域还面临诸多"卡脖子"难题,还需继续攻坚克难,突破难题。

第一节　新一代信息技术

当前,全球范围内以新一代信息技术为代表的科技革命正加速演进,新一代信息技术产业是国民经济的战略性、基础性和先导性产业,位居我国九大战略性新兴产业之首。近年来,安徽新一代信息技术产业呈现提质扩量增效的良好发展态势,集成电路、新型显示等集群入选国家战略性新兴产业集群,产业竞争力、影响力显著提升,安徽日益成为全国具有重要影响力的新一代信息技术创新策源地和产业聚集地。

第三章 安徽省产业发展现状及创新能力

一、在国家战略中的地位与作用

当前,信息产业核心技术已成为世界各国战略竞争的制高点,可以说抓住信息技术,就抓住了竞争力和话语权。从2017年开始,新一代信息技术对GDP的贡献率已超过房地产,带动了包括通信、软件、传媒以及电子等新兴科技产业的发展,是我国战略性新兴产业的重要组成部分。国家发展和改革委员会联合科技部、工信部、财政部发布的《关于扩大战略性新兴产业投资培育壮大新增长点增长极的指导意见》(发改高技〔2020〕1409号)文件中,新一代信息技术排名首位,可见我国对新一代信息技术产业引领经济发展的重视。

二、国内外产业发展状况、趋势与市场分析

1. 国内外发展现状

(1) 国外发展现状。新一代信息技术关键领域的竞争日益激烈,美国、欧洲、日本、韩国等采取一系列措施,加速布局相关产业。美国制订一系列先进制造业战略计划,加强信息技术研究与开发,新一代信息技术产业规模占世界总规模的30%以上。以德国、英国为代表的欧洲国家通过实施"工业4.0""工业2050"等战略,着力打造以新一代信息技术为支撑、以先进制造业为主体的现代产业体系,目前集聚了一大批实力雄厚的大企业;日本推出"社会5.0"战略;韩国实施"科技立国"战略,投入巨资大力扶持发展信息技术产业,组建了大企业财团,聚焦半导体、平板显示器、通信等领域发展。

(2) 国内发展现状。经过近十年的强力推动,我国新一代信息技术产业规模快速壮大,质量效益提升。2023年达到27.5万亿元,占GDP比重8.4%,年均拉动经济增长0.7个百分点。其中,电子信息制造业营收10年翻一番,软件和信息技术服务业快速增长,消费电子产销规模均居世界第一。产业布局呈现出多点开花态势。京津冀、长三角、珠三角是新型显示、集成电路等产业的主要集聚区。核心技术加快突破,北京、上海、粤港澳大湾区等科创中心加快建设,人工智能、5G、量子通信等方面取得一批重大原创成果。面向教育、金融、能源、医疗、交通等领域的典型应用场景的软件产品和解决方案不断涌现。汽车电子、智能安防、智能可穿戴、智慧健康养老等新产品、新应用发展取得扎实成效。我国信息技术实力正在从量的积累迈向质的飞跃,从点的突破迈向系统能力的提升。

2. 发展趋势

技术创新迭代加速。大数据、人工智能、移动通信、云计算、物联网蓬勃发

展。先进计算、高速互联、智能感知等技术领域创新方兴未艾,类脑计算、深度学习、机器视觉、虚拟现实、无人驾驶技术及应用创新层出不穷。例如,集成电路领域创新力度持续发力,IBM已经宣布研发出全球第一颗2纳米工艺芯片。

产业融合加速演进。传统产业一直以来利用信息技术转型升级,产业规模不断提升,新一代信息技术和实体经济深度融合加速推进,推动产业互联网发展,衍生更加丰富的线上场景,推动在线办公、远程医疗、网络教育、智能交通、智能家居等新业态、新模式蓬勃发展。

3. **市场分析**

新型显示:全球经济下挫明显,显示行业逆势上扬。随着三星、LG等企业相继中止液晶供应,韩国企业退出液晶面板的生产,我国的产能占比加速提升,在需求增长和供应减少的双重影响下,面板价格快速回升,这种态势还将持续。随着日本夏普被收购、JDI连续亏损、中国台湾地区面板投资后劲不足,国内已成为世界液晶面板生产的主要产地。在此背景下,我国液晶行业凭借雄厚的产业基础、完善的供应链体系、持续下降的成本等优势,势必会在全球液晶面板市场树立新的竞争优势。

集成电路:近几年,在新基建及相关政策激励下,我国集成电路产量保持快速增长。发生中美贸易摩擦之后,我国对国外进口集成电路的依赖度降低,对自主研发的集成电路需求显著上升。从2022年开始,我国集成电路进出口均出现同比下降趋势,但进口的下降程度比出口更大。2023年我国集成电路进口数量为4795.6亿个,同比下降10.8%;出口数量为2678.3亿个,同比下降1.8%,未来本土集成电路企业抓住机遇,迅速抢占国内市场,半导体国产化势头前所未有。

量子技术:量子保密通信解决了技术安全隐患,形成了完整的国家信息安全生态系统基础,从根本上解决国防、金融、政务、商业等领域的信息安全问题。2020年以来,中国电信与量子保密通信龙头企业国盾量子持续加强合作,量子保密通信技术进一步推广,释放出巨大的市场潜力。量子计算的未来是研发成功量子计算机,如今经典计算模型在面对大量的、非结构化的、不断变化的数据集的计算和数据处理时遇到了瓶颈,而量子计算机依赖基本的量子力学现象,相比传统计算模型,在时间、集成率、故障时的自我处理能力方面有绝对的优势。据相关机构预测,到2027年,全球量子计算市场规模将达到107亿美元,与2017年相比,10年内增长将超过40倍。

三、安徽产业发展基础及创新资源能力现状

1. 产业基础

新型显示：安徽省新型显示产业形成了以显示面板为核心，玻璃基板、驱动芯片、靶材、液晶、光刻胶、特种气体等为配套的全产业链体系，集群发展效应突出。其中，合肥市已被国家发展和改革委员会列为全国三个新型显示器件产业集群之一，且是全球唯一拥有4条高世代面板产线的城市，面板产能约占全球10%，产品供应基本覆盖国内外主流终端厂商，面板产线规模位列全球第一梯队。企业方面，拥有包括京东方、康宁、彩虹集团、维信诺、合肥视涯、三利谱、住友化学、法国液空、滁州惠科、安徽精卓等显示行业龙头企业。京东方在合肥建有3条高世代液晶面板生产线、1条使用OGS技术的触摸屏生产线、1个应用打印OLED技术的研发平台、1座整机工厂，合肥京东方65英寸、75英寸液晶显示面板市场占有率均超过30%，出货量跃居全球第一位；维信诺第六代柔性AMOLED生产线已经在2020年成功点亮投产，刷新全球同类生产线最快建厂纪录；滁州惠科8.6代液晶显示面板生产线产能和良率快速提升；合肥视涯全国首条硅基OLED微显示项目实现规模化量产；行业骨干企业持续加强技术创新，液晶显示玻璃基板等关键核心材料实现连续突破发展，中国首条溢流法8.5代TFT-LCD玻璃基板生产线在合肥彩虹量产。

集成电路：安徽集成电路产业初步构建以合肥为核心，蚌埠、滁州、芜湖、铜陵、池州等地级市协同发展的"一核一带"产业格局。其中，合肥市集成电路产业是全国九大集成电路集聚发展基地之一。企业方面，以长鑫存储为龙头，设计/IDM领域拥有联发科技、敦泰科技、君正科技、兆易创新、群联电子、睿成微电子（GaAsRFIC模块设计）、ARM、杰发科技、集创北方、中感微电子、恒硕半导体、龙讯半导体、宏景微电子；制造领域拥有合肥晶合（12英寸/驱动IC）、芜湖泰贺知（特色工艺IC）、红雨半导体（8英寸）、安芯电子（4~8英寸）、芯华（6英寸GaAs）、中科微（12英寸MEMS）；封测领域拥有通富微电（高端IC封装）、华进半导体、新汇成、顾邦科技；设备/材料领域拥有合肥芯碁激光（光刻设备）、瑞声科技（电路板）、立讯精密（连接器）、铜陵三佳（引线框架）、易芯半导体、泰瑞达等集成电路产业链重点企业。其中长鑫存储是国内第一家也是唯一一家成功量产DDR4/LPDD4内存芯片的国产DRAM厂商，承载着中国闪存芯片的希望，接近世界先进水平。

量子产业：安徽量子技术和应用处于国际领先地位。研制并发射成功世界首颗量子科学实验卫星"墨子号"；正式开通世界首条量子保密通信干线——

"京沪干线";首次实现高保真度32维量子纠缠态,创造世界最高水平;在芜湖市建成国内首个"量子政务网"。安徽省在量子信息产业的专利申请量已经突破450项,位列全国第一,上、中、下游的专利产出均位于全国前三位,其中关键组件(中游)的专利产出位列第一位。拥有国盾量子、国仪量子、本源量子、中创为量子等量子技术龙头企业,国盾量子目前已成为全球领先的量子通信设备制造商和量子安全解决方案提供商;本源量子上线全球首个基于半导体量子芯片的量子计算云平台,开发完全自主知识产权的首款国产量子控制系统——本源量子测控一体机;国仪量子开发国内首台脉冲式电子顺磁共振波谱仪,填补了国内空白、打破了国外的垄断。

2. 创新基础

新型显示:拥有京东方国家地方联合工程实验室、彩虹平板显示玻璃工艺技术国家工程实验室、乐凯光学薄膜国家企业技术中心、现代显示技术重点实验室、安徽省平板显示工程技术研究中心等一批技术创新平台。其中,合肥众多高校、科研院所以及企业的育人平台,每年可以培养出数以千计的新型显示专业高端人才。

集成电路:拥有联合微电子中心、38所等科研院所以及长鑫存储、晶合集成、新汇成等高新技术企业。2021年,安徽大学成立集成电路学院,旨在打造集成电路科学与工程领域高端人才培养基地,创新人才培养体系和科技协同创新体系,服务集成电路产业发展。

量子产业:在基础研究领域,已拥有量子信息科学国家实验室、合肥微尺度物质科学国家研究中心、中国科学院量子信息重点实验室、中国科学院量子信息与量子科技创新研究院、中国科学院微观磁共振重点实验室等多个重点科研平台;本源量子和晶合集成共建的量子计算芯片联合实验室,是省内首个量子计算芯片联合实验室,发力极低温集成电路,将在极低温集成电路领域进行工艺合作开发以及工程流片验证,实现从芯片设计到封装测试全链条开发。

四、本产业进一步发展需要解决的技术问题

1. 新型显示领域

玻璃基 MiniLED 背光模组技术研发。大尺寸 8K 液晶显示产品对比度提升技术,包括双层面板设计技术和光学透明全面贴合技术、集成驱动架构和灰阶绑定画质提升技术。超高解析度硅基 OLED 显示器件开发,重点就虚拟现实应用的高分辨率核心技术展开技术攻关,完成适用于虚拟现实应用的高分辨率硅基 OLED 微型显示器件技术验证。UDC(under display camera)屏下摄像头

实现真正全面屏显示技术开发,通过 LTPS 背板技术开发及 OLED 像素设计,解决屏下摄像头区域同其他区域的显示差异以及解决屏下摄像头本身透过率低、衍射严重导致图像劣质化的问题。AMOLED 柔性显示屏折叠技术,针对弯折半径变小造成屏体损坏、显示不良等问题,通过优化模组叠层结构、新型盖板技术开发、折叠模组工艺开发,完善和提高折叠产品品质。四面弯曲贴合工艺开发,针对显示产品形态从双面弯曲向四面弯曲的发展趋势,进行四曲贴合工艺技术开发,通过优化 Pad bending(下边框弯折技术)及短边 FPC(柔性引述电路板)保护工艺,解决传统工艺无法实现曲面 Pad bending 的问题,使产品正面趋近于完全显示。OLED(柔性屏)3D 薄板层压贴合设备研发,包括 90 度贴合技术、CCD 精准定位及核心算法、机构运动、强度仿真技术以及伺服精密控制与匹配、精密机械设计技术。3D 车载显示盖板&曲面车载显示模组研发,包括热弯设备、3D 喷墨打印设备研制、热弯工艺研究以及曲面玻璃表面处理工艺研发。可交互空中成像技术,包括高精度负折射平板透镜研制与量产、空中影像交互技术升级与优化、集成应用场景拓宽、完成工程安全、智能车载等领域的产品研发以及生产工艺优化,实现负折射平板透镜产能及良品率提升。三维散射全息显示技术研究,将光学多重散射引入计算全息,开展三维散射全息的基本原理和方法研究,突破传统三维全息投影的物理极限,解决传统计算全息分辨率极限和串扰极限问题,为安徽新型显示产业创新发展提供技术支撑。

2. 集成电路领域

新型激光晶圆切割技术,开发基于空间光调制器的激光隐形切割工艺及成套设备,重点突破高精度气浮平台的研发、光路涉及实现激光的空间调制、切割焦点 Z 向动态补偿、可变整形光斑控制系统、光路自动稳定系统研发。半导体晶圆缺陷检测设备,重点突破的难点包括深紫外激光散射缺陷检测技术对光源等核心器件的依赖性;高灵敏、高检测效率深紫外光学检测系统设计与激光损伤的矛盾权衡;晶圆的安全、快速、高精度转运及扫描检测;缺陷识别、定位和分类算法,标准化缺陷结果显示。大面积动态 X 射线成像传感器研发及产业化,建立全套工艺流程,确定完整制程条件,确保能够长期稳定生产,且制造成本与非晶硅薄膜晶体管技术条件下的制造成本基本保持一致。低功耗、高速率 LPDDR5 DRAM 产品开发,并实现产业化,依托 DRAM 17 nm 及以下工艺,攻关高速接口技术、Bank Group 架构设计技术、低功耗电源(电压)技术、片内纠错编码(On-Die ECC)技术。15/14 nm DRAM 存储芯片先进工艺开发及产品研究,围绕未来云计算、人工智能等对 DRAM 存储芯片小尺寸、大容量、高速度的需求,进行 15/14 nm DRAM 存储芯片制造工艺开发,并实现产业化。DRAM 存储芯片专用封装工艺铝重新布线层(Al RDL)工艺开发,攻关溅镀厚铝技术替代电镀铜(镍钯金)技术,通过铝替代铜作为重新布线层,解决先进DRAM产品封装良率低、成本高、周期长等问题。5G 高抑制 N77 频带带通滤波器,实现高抑制 Hybrid 5G N77 滤波器产品研发并产业化,解决射频前端芯片"卡脖子"难题。基于 5G 通信的 LTCC 射频器件研发与产业化,突破 LTCC 三维布局、传输零点的引入方法、LTCC 滤波器的计算机辅助诊断与调试等关键技术。存储器芯片生产自动测试设备研发,包括 ATE 行业最高集成度的核心仪表板、行业最高的系统配置能力、行业内最高生产并行测试能力。半导体晶圆超精密加工、精密检测技术,针对现有半导体晶圆超精密加工损伤较大、检测精度及产品良率低等问题,研究低损伤半导体晶圆超精密加工方法、机理和大幅面、高精度晶圆精密形貌检测关键基础技术,为安徽以及全国集成电路产业半导体晶圆产品良率提升奠定技术基础。

3. 量子产业领域

(1) 量子通信。推进光量子调控机理和方案研究,开展高效光量子制备、编解码、量子仿真、量子密码系统安全检测等技术攻关;针对光纤在线量子密钥分发和量子安全密钥介质分发新模式研究;量子存储和量子中继技术研究;高效率低噪声单光子探测器、高精度高稳定量子光源等核心部件研发制造和国产化。

(2) 量子计算。量子比特物理实现、量子纠错编码、量子算法软件等关键技术。超导量子计算的超低温微波互联系统,一种超导量子计算的超低温微波互联系统,突破超低温环境下的微波互联技术,研制 100 量子比特工作所需的气密性、高密度、超低温损耗微波互联系统。

(3) 量子精密测量。基于激光的高灵敏探测技术、激光对原子的高精度操纵技术;面向磁场、惯性和重力的量子增强型传感器研制;量子精密测量谱仪、磁共振谱仪、量子磁场测量仪等科学仪器研制和产业化。

第二节 人工智能

习近平总记强调:"加快发展新一代人工智能是我们赢得全球科技竞争主动权的重要战略抓手,是推动我国科技跨越发展、产业优化升级、生产力整体跃升的重要战略资源。"人工智能是引领未来的战略性技术,是新一轮科技革命和产业变革的核心驱动力。近年来,安徽立足人工智能产业"双招双引",聚焦打通科技创新策源地与新兴产业聚集地之间的链接,以创新求突破、以应用促发展,人工智能产业呈现良好发展态势,产业资源集聚、区域特色鲜明,创新平台众多、研发转化通畅,通用人工智能方兴未艾,新质生产力加速孕育。《2023年赛迪智库研究报告》显示,目前安徽人工智能产业发展指数居全国第六位,稳居全国第一方阵。

一、在国家战略中的地位与作用

世界各国积极推动人工智能技术发展,加快相关人才培育进度,鼓励传统产业利用人工智能转型升级,强化人工智能领域的竞争壁垒。目前,我国经济发展已经进入了低谷期,国家产业结构重新整顿已迫在眉睫,人工智能很可能会成为一个新的突破口,为我国经济发展带来更大的变革。2017年7月,国务院印发《新一代人工智能发展规划》,正式将人工智能上升为国家战略,目的在于抢抓世界人工智能产业发展的重大机遇,构筑中国人工智能发展的先发优势。这些年,我国政府接连出台了一系列促进互联网+行动计划、推动制造业与互联网深度融合、推动信息消费升级、促进大众创业万众创新的举措,让人工智能快速渗透到各个需求领域,技术与应用相互反哺,旨在让中国的人工智能发展在全球市场独树一帜。

二、国内外产业发展状况、趋势与市场分析

1. 国内外发展现状

(1)国外发展现状。发达国家基础核心技术优势明显,发达国家依靠技术优势引领人工智能发展,在核心算法、高端芯片等方面大幅领先,美国科技巨头超前布局基础层软硬件核心技术,英国ARM架构,荷兰芯片加工设备,德国智能机器人和物联网,法国脑神经科学,日本芯片加工设备、智能机器人、医疗健康和自动驾驶,韩国芯片设计与代工等优势明显。领域聚焦有重点,从领域分布来看,智能机器人、语音识别、无人机是目前全球人工智能的主战场,有27.8%的企业扎堆这三个领域的创业大潮中,自动驾驶、ADAS、语义识别也极为火热,占比均超过5%,近2年相关企业数量呈上升趋势。

(2)国内发展现状。近些年,我国充分利用政策支持、数据优势和场景开放,推动人工智能应用迅速走向市场,产业规模进一步扩大,随着产业技术的不断成熟,国内科技、制造业龙头企业实现多行业的深入布局。截至2023年,我国人工智能核心产业规模达到5000亿元,企业数量超过4300家,其中算力规模位居全球第二位。产业集聚效应明显,已形成以"北上深"为核心,"京津冀"

"长三角""珠三角"区域集聚发展的态势,特别是北京市、广东省、上海市和浙江省发展优势明显,相关人才也主要集中于上述区域。人工智能领域部分技术领先,在语音识别、计算机视觉、生物特征识别、机器学习等技术层以及无人机、无人驾驶、医疗健康、交通、制造、家居等应用层发展势头良好,部分领域处于世界前列。

2. 发展趋势

应用场景不断拓展。人工智能应用场景已覆盖生产生活、经济运行、社会管理和军事作战等方方面面,未来在大数据、移动互联网和脑科学等新兴技术的驱动下,人工智能将呈现出深度学习、跨界融合、人机协同、群智开放等特征,不断催生新产品、新业态、新模式,对经济发展、社会进步产生深远影响。

安全风险日益凸显。人工智能的技术属性和社会属性高度融合,安全风险日益凸显,最严峻的挑战是国家安全与个人隐私,最直接的影响是冲击就业结构,最深远的影响是冲击社会伦理关系。未来,在加大对人工智能技术和产业的关注和投入的同时也要加强对人工智能可能带来的风险、相关标准、政策保障和伦理规范等方面的研究,有效促进人工智能发展。

3. 市场分析

人工智能是引领未来的战略性技术,各个国家均在战略层面上予以高度关注,科研机构大量涌现,科技巨头大力布局,新兴企业迅速崛起,人工智能技术开始广泛应用于各行各业,展现出可观的商业价值和巨大的发展潜力。后疫情时代,国内外均处于经济社会创新发展和转型升级期,对人工智能的应用需求迫切,全球人工智能市场需求将进一步快速释放。据麦肯锡预测,到2030年,世界人工智能新增经济规模将达13万亿美元。随着国内政策的倾斜和5G等相关基础技术日渐成熟,国内人工智能产业将进入爆发式增长阶段,市场发展潜力巨大。据赛迪研究院预测,到2035年,国内人工智能产业规模为1.73万亿元,在全球占比30.6%。

三、安徽产业发展基础及创新资源能力现状

1. 产业基础

安徽人工智能产业厚积薄发,指数排名全国第一方阵,据赛迪智库研究报告,目前安徽人工智能产业发展指数位居全国第六位,安徽发展人工智能拥有良好的基础,在智能语音、智能可穿戴、数字信号处理芯片、MEMS传感器等领域突破了一批关键核心技术,初步构建了从基础设施、技术、产品到应用的人工智能产业生态圈,全省智能机器人产业规模和企业数量稳居全国第一方阵。在

产业布局方面,区域集聚效应明显,构建了"一核、两地、多点"的产业布局,"一核"是以中国(合肥)智能语音及人工智能产业基地(中国声谷)为安徽省人工智能产业发展核心区,"中国声谷"是全国首个以智能语音及人工智能产业为主导的产业集群,已先后获得八大"国"字号产业资质。"两地",是依托芜湖和马鞍山战略性新兴产业集聚发展基地,打造智能工业机器人和特种机器人产业集聚区,"多点",即发挥宿州、淮南、蚌埠等地优势,打造云计算、大数据、物联网基础器件、智慧农业、智能家电、智能装备及关键零部件等产业。企业方面,集聚了以科大讯飞为龙头的数百家上中下游相关企业,形成了成熟的人工智能产业链条。上游硬件基础层,拥有中科寒武纪、龙芯中科等芯片企业,长城、同方、中科曙光、浪潮信息等整机企业以及方正北斗等其他硬件基础企业;中游算法层,拥有科大讯飞、中科类脑等 AI 算法软件企业,新华三、启明星辰等网络安全软件企业;下游应用层,拥有科大国创、讯飞智元等综合解决方案提供商,中电国康、金山办公、推想科技、海康威视等垂直行业应用企业,华米科技、协创物联网等智能产品和机器人企业。

2. 创新基础

在基础创新方面,拥有以中科大先研院、合工大智能院、哈工大机器人研究院、合肥综合性国家科学中心人工智能研究院等为代表的新型研发机构;以认知智能国家重点实验室、过程优化与智能决策重点实验室、大数据分析与应用安徽省重点实验室、类脑智能技术及应用国家工程实验室等为代表的人工智能领域国家科技创新平台。在应用创新层面,拥有中国唯一定位于语音和人工智能领域的国家级产业基地——"中国声谷"。此外,类脑智能技术及应用国家工程实验室是我国类脑智能领域迄今唯一的国家级科研平台。认知智能国家重点实验室,依托科大讯飞建设,实验室坚持在深度学习、语法和语义分析、知识图谱及其自动构建算法、常识推理、机器阅读理解、知识问答、知识表示和推理等认知智能核心算法上突破现有技术瓶颈。

四、本产业进一步发展需要解决的技术问题

多语种智能语音语言技术:通过多语种统一端到端建模等关键技术集中攻关和突破,实现较大规模的多语种语音语言基础资源建设。国产化智能语音芯片研发,完全自研、自定义的 DSP 和 AI 加速器的指令和 IP 的研究设计;完成 AI 加速器微架构设计,指令集设计,用 RTL 实现并验证,主要包括:① AI 加速器微架构设计,它可以较好地平衡各种算力需求和设计复杂度;② 针对人工智能算子,设计出 AI 加速指令。云物联和人工智能分选技术,包括粮食品质分级

的客观化全自动化技术,超轻、超黏性物料分选技术,多光谱粮食颗粒表面霉变检测系统,开发深度机器学习数据处理系统。面向基因突变功能效应预测的人工智能算法研究,围绕安徽地域高发病,研究结合深度学习和突变生物学功能机制的深层特征表示方法,研究基因突变对于蛋白质-蛋白质和蛋白质-核酸相互作用的功能影响,发展基于人工智能的基因突变功能预测方法。

第三节 新 材 料

工业制造,材料先行。新材料产业是高新技术的基础和先导,在产业体系中占有重要地位。作为全国重要的原材料产业基地,安徽将新材料产业作为重点打造的4个万亿级产业之一,加快推动产业实现高端化、智能化、绿色化。近年来,安徽坚持顶格协调、顶格推进,强化科技与产业协同,全省新材料呈现快速发展势头,产业规模不断扩大,创新能力持续提升,柔性可折叠玻璃、陶铝新材料、生物基聚乳酸新材料等一批原创首创成果不断涌现,构建了以先进制造业产业集群和新兴产业集群(基地)"双轮驱动"的新材料产业集群体系。

一、在国家战略中的地位与作用

近些年,世界科技大国持续布局新材料研发应用,加速推进前沿信息、先进制造、新能源和生物医疗等产业的原创性突破,以抢占未来竞争制高点。以量子材料、超导材料、石墨烯和水凝胶为代表的前沿新材料不断涌现,加速引领信息、能源、生物和航空等产业的颠覆性发展,新材料已成为大国科技角逐的重点,新材料引发的贸易摩擦也愈演愈烈。我国是制造业大国,推动制造业高质量发展,必须夯实新材料产业基础。新材料产业作为传统产业升级和战略性新兴产业发展的基石,作为关键资源投入,直接关系着我国战略性新兴产业的发展,关系到我国经济高质量发展。

二、国内外产业发展状况、趋势与市场分析

1. 国内外发展现状

(1)国外发展现状。从全球看,新材料产业垄断加剧,高端材料技术壁垒日趋显现。全球新材料龙头企业主要集中在美国、欧洲和日本,它们凭借技术研发、资金、人才等优势,以技术、专利等作为壁垒,已在大多数高技术含量、高附

加值的新材料产品中占据了主导地位。目前,全球新材料产业已形成三级梯队竞争格局。第一梯队是美国、日本、德国、法国等国家,占据绝对优势;第二梯队是韩国、俄罗斯和中国,处于快速发展中;第三梯队是巴西和印度,处于正在追赶中。

(2) 国内发展现状。经过多年攻坚,目前我国已形成全球门类最齐全、规模第一的材料产业体系。2022年,我国新材料产业总产值约为6.8万亿元,较2012年增长了近6倍。产业集聚效应不断增强,形成了特色鲜明、各具优势的环渤海、长三角、珠三角、中西部地区、东北地区五大新材料产业集群,构成了"东部沿海集聚,中、西、东北部特色发展"的空间布局。一批重大关键材料取得突破性进展,涌现高温超导材料、钙钛矿太阳能电池材料等一批前沿技术。国际上,我国在光伏材料、稀土功能材料、先进储能材料等领域的技术研发和产业规模位于世界前列。但因为起步晚,材料支撑保障能力弱,产业链自主可控性较差,在产业规模、技术水平等方面与国外仍存在较大差距,尤其是在高品质的新材料上更是如此,导致在全球新材料产业中仍居第二梯队。

2. 发展趋势

(1) 产业发展集群化,高端材料垄断化。集群化是新材料产业发展的突出特点,新材料产业链日趋完善,上下游联系越来越紧密,这种态势促进了新技术开发与应用的拓展延伸,也促进技术垄断化局面的加剧。特别是大型企业通过并购重组方式,形成对高技术含量、高附加值的新材料产品市场垄断。

(2) 研发模式不断创新,多学科交叉融合。随着大数据、人工智能、超级计算机、量子计算等先进技术的迅速发展以及基础学科的突破、新技术的不断涌现,多学科技术交融成为新特征。如材料基因组、量子化学等方法可为新材料研发提供海量结构化数据,利用人工智能技术可从海量数据中迅速找到材料特性之间的因果关系。

3. 市场分析

基于安徽的产业基础,下面的分析重点聚焦硅基、生物基、铁基、铜基、铝基等新材料领域。

(1) 硅基:硅的应用场景涵盖消费、电子、新能源、建筑等数十个领域。预计未来5年,有机硅下游市场将迎来多领域大爆发,相关市场将从目前的500亿元上升至945亿元,行业竞争也逐渐从上游生产规模的竞争转移至下游产品力的竞争。

(2) 生物基:随着全球各国环保产业的发展,生物可降解塑料产能在生物基塑料总产能中的占比将不断上升,生物不可降解塑料的产能占比将不断下降,且随着环保要求的提高,生物基塑料产能将进一步增长。根据Nova-Institute与欧洲生物塑料协会(EUBP)联合发布的全球生物塑料产能数据报告显示,预计全球生物塑料产能将从2022年的约220万吨增长至2027年的约630万吨,且亚洲的产能预计将增加63%。

(3) 铜基:根据国际能源署的说法,铜仍将是可再生能源技术中应用最广泛的金属。一方面,电动汽车、太阳能光伏以及可再生能源的推广和应用,将会成为铜未来应用的主要领域,特别是随着电动汽车(EV)和电池存储技术的采用,在未来几年将迅速加速,到2030年,全球总铜需求量将达到约3000万吨,预计铜需求将增长近600%。另一方面,随着我国"一带一路"的建设和推进,沿线大多数为新兴经济体和发展中国家,普遍处于经济发展的上升期,其电力、铁路等设施的铺设将带来大量的铜需求,东北亚、欧洲等地的铜消费潜力尤为突出,铜市场需求巨大。

(4) 铝基:在未来,新能源电动汽车将会迎来黄金发展时期,而汽车轻量化将会成为主流,也会直接拉动铝业的市场需求,新基建的大力发展,尤其是在特高压、轨道交通等领域,都会直接拉动国内关于高纯铝、电子铝箔、电极箔、超高纯铝靶基材、高强高韧铝合金等铝基新材料的消费需求。另外,铝合金在航空制造领域应用占比最高,高达20万吨/年,未来随着我国航空事业不断发展及民用和军用飞机增量需求的促进下,铝合金的需求将进一步扩大。近几年国内铝业的市场需求较大,年复合增长率均超过了GDP的增速,未来铝行业将会逐渐拓宽更多的应用领域。

(5) 铁基:随着我国粉末冶金机械零件工业和汽车制造工业的发展,未来对铁粉需求量将继续迅速增加,新能源汽车的发展将带来动力电池电极材料的巨大需求,还原铁粉行业将迎来庞大的市场增长空间。2020—2025年,"新基建"领域中的城际高铁和轨道交通投资规模最大,因此伴随国家对"新基建"七大产业领域的投资增长,未来市场对高端和新型高温合金钢的需求将迎来难得的发展机遇。另外,随着碳达峰、碳中和的推进,软磁功率铁氧体等磁性材料未来将迎来环保节能(5G通信、大功率UPS服务器工业电源、新能源领域、特变电网、绿色照明、传统PC电源等)带来的历史机遇。

三、安徽产业发展基础及创新资源能力现状

1. 产业基础

近些年,安徽省新材料产业规模不断扩大,并初步形成了一批在国内外有较大影响力的产业基地、产业集群。硅基、生物基:① 全国首个以生物基材料为

特色的国家新型工业化产业示范基地坐落于蚌埠市,全省硅基"三链一群"(新型显示、光伏玻璃、特种玻璃产业链和泛石英材料产品群)、生物基"四聚一素"(聚乳酸、聚丁二酸丁二醇酯、呋喃聚酯、聚羟基脂肪酸酯、纳米纤维素)产业发展体系已初步形成。② 铜基:铜陵市铜基新材料产业已形成 6 条完整产业链,铜产品的技术水平居国内领先水平,被誉为产品最齐全、产业链最完整、产业配套最完善、最具竞争力和发展前景的铜材精深加工产业基地。③ 铝基:淮北濉溪是全国知名的"铝都",拥有陶铝新材料和铝基高端金属材料两大新兴产业基地,产业基地已形成以铝型材、铝板带箔、再生铝、铝基复合材料等为一体的完整产业链,产品畅销国内、欧美及"一带一路"共建国家。④ 铁基:六安、马鞍山已形成安徽省铁基新材料产业集群,坐落于华东第一铁矿储量之称的六安霍邱,铁矿远景储量达 35 亿吨,分布集中、矿石组分简单,硫、磷含量低、品质好、易采选,可以形成长期稳定的铁矿原料供应基地。其中,六安钢铁控股集团年产 300 万吨霍邱钢厂项目已建成投产。

企业层面,① 硅基产业:以蚌埠为首,形成了以蚌埠玻璃设计院为龙头,蚌埠中建材、华光光电材料、凯盛科技、德豪光电、方兴科技、中航三鑫、晟光科技、中恒新材料等骨干企业为支撑的集聚态势,聚集了一批优质项目和上下游企业。玻璃设计院是全国综合性领军企业,凯盛科技、中航三鑫等分别属于显示玻璃、光伏玻璃细分领域前 10 强企业,以及深圳豪威科技、德力玻璃、浙江哈尔斯等一批行业前 10 强企业和产业链配套企业。② 生物基产业:蚌埠发展全省领先,以丰原集团为龙头,雪郎生物、泰格生物、天成科技、涂山制药、银创生物等企业共同构成生物产业链上下游。其中,丰原集团建成了全球最大,也是全国首条乳酸、聚乳酸生产线,众多产品占据国内重要市场。丰原集团、雪郎生物科技实现了我国首条全产业链聚乳酸生产线的量产。雪郎科技苹果酸产能全球最大,是世界苹果酸系列产品的主要生产基地。③ 铜基产业:以铜陵为代表,形成了铜基新材料产业集群基地。铜陵有色位居世界 500 强第 407 位,精达集团连续五年入选中国电子信息百强,位居特种电磁线生产企业全球第一位,年产量占全国 10%以上;晶赛电子是全球最大谐振器外壳生产商;艾伦塔斯专业研发、生产高档漆包线用绝缘漆,国内市场占有率 50%,行业排名第一,另外还拥有铜冠电工、华创新材料、华科电子、兢强电子、乐凯特等一批实力强劲的骨干企业。④ 铝基产业:淮北市是陶铝新材料和铝基高端金属材料重大新兴产业集聚地,以相邦复合材料、美信铝业、力慕新材料等龙头企业为主的涉铝企业 80 余家,在库规模以上工业企业 47 家,高新技术企业 14 家。陶铝新材料板块主要包括陶铝新材料研究院公司、相邦复合材料、陶铝新动力、相泰汽车、相腾科技等产业链企业。高端铝板带箔板块主要包括美信铝业、力幕科技、沪源铝业、华中天力铝业等铝轧制企业;高端铝工业型材板块主要包括富士特铝业、家园铝业、银丰铝业、君意达科技、蓝帜铝业等铝挤压企业;再生铝板块主要包括亿智、裕康、雄创等企业。⑤ 铁基产业:六安、马鞍山是安徽铁基新材料的聚集地。其中,马鞍山以中国宝武马钢集团为首,分布有四方铁基新材料、马鞍山钢铁股份、中国铁塔、马鞍山精一机械、马鞍山钢铁建设等一众钢铁企业。六安以六安钢铁控股为龙头,分布有金安、金日盛、大昌矿业等一批采矿企业。

2. 创新基础

① 硅基领域:中建材蚌埠玻璃工业设计研究院(蚌埠院)建设有浮法玻璃新技术国家重点实验室、玻璃节能技术国家地方联合工程研究中心、国家示范型国际科技合作基地等国家级创新平台6个,硅基材料安徽省实验室、安徽省院士工作站等省部级创新平台12个,集聚了国际玻璃协会彭寿主席、中国工程院姜德生院士等多名产业顶尖人才。② 生物基领域:蚌埠已建成发酵技术国家工程研究中心等国家级创新平台7个,安徽省聚乳酸新材料制造业创新中心等省级创新平台18个,成功获批安徽省生物基可降解材料安徽省技术创新中心、生物基聚合材料技术标准创新基地、生物基新材料产品质量监督检验中心等重大平台。建立院士(博士后)工作站6个。目前,正在谋划组建生物基新材料产业发展研究院。③ 铝基领域:淮北濉溪铝基产业基地目前拥有国家级创新及公共服务平台2个,省级平台5个,省级企业技术中心和研发中心8个,陶铝新材料获批全省首批产业创新中心,已明确列为拟入国家科学中心库名单,陶铝新材料研究院也纳入合肥科学中心,基地还拥有安徽省唯一一家铝制品质量监督检验中心,目前正申报国家级质检中心。④ 铜基领域:由铜陵有色等13家企业、合肥工业大学等5家高校院所联合组成的安徽铜基新材料产业创新联盟自主创新平台。此外,已建立国家级、省级研发机构36个,高新技术企业27家,包括铜基新材料创新中心、国家级印制电路板质检中心、铜陵有色国家铜加工工程技术研究中心、安徽省光伏发电专用电缆工程技术研究中心(中冠新材料)、安徽省特种电磁线工程技术研究中心(精达里亚为精达集团子公司)、安徽省高性能铜导体工程技术研究中心(长江铜业)、安徽省特种铜导线工程技术研究中心(顶科为精达集团子公司)、安徽省引线框架精密冲压工程技术研究中心(丰山三佳)、铜陵日科电子科技企业孵化器等省级创新平台。⑤ 铁基领域:中国宝武中央研究院马钢技术中心重点围绕新产品和新技术开发、现场技术支持、市场技术支持、承接技术移植、对接钢铁发展新技术需要。

四、本产业进一步发展需要解决的技术问题

1. 硅基新材料

高强透明微晶玻璃关键技术研发,重点突破高强度、高透过率微晶玻璃组成配方;微晶玻璃熔制、压延成型技术攻关;微晶玻璃的后端加工和应用技术问题。高比能硅基负极材料开发及产业化导入,高性能硅基负极材料的研发;硅/碳复合材料的研发;硅基负极材料的黏结剂开发;电解液添加剂开发;复合包覆技术和预锂化技术;OLED 显示用玻璃基板(载板)关键技术,以无碱硼铝硅酸盐玻璃为基础,结合玻璃材料设计理论,研究适于浮法成形工艺的 OLED 玻璃基板(载板)核心料方。柔性显示超薄玻璃盖板的超薄玻璃薄化技术、玻璃切割及边缘处理技术以及表面处理技术。复杂应用场景下高耐冲击玻璃关键技术,包括生产技术、装备开发与集成、应力层分布技术控制与优化、表面功能化技术集成开发及高耐冲击玻璃器件的设计、制备与优化。

2. 生物基新材料

生物基聚氨酯原料与产品制造关键技术研发,重点突破理化性质与石油基原料相近的生物基聚氨酯原料的工业化生产;通过结构设计与工艺控制实现生物基聚氨酯原料的工业化生产,制备性能稳定的生物基聚氨酯材料;基于可再生的生物质资源,制备出分子量、官能度、羟基值可控的生物基多元醇,实现生物基聚氨酯原料的多元化生产。生物基尼龙材料改性技术,PA56 黏模、成型周期长问题;PA56 同质多晶现象、Brill 转变及其与分子链结构的关系;增强 PA56 材料对乙二醇溶剂的耐受能力;半生物基尼龙的应用领域。木质纤维素制备高强度可降解材料的技术研究及产业化,生物质衍生溶剂绿色高效分离技术的研究;木质素脱除技术的研究;衍生溶剂高效脱除木质素自循环技术体系的构建;木质素解聚产物分离和解聚单体制备用于脱除木质素的仿生溶剂;纤维素、木质素重组制备可降解材料的研究。

3. 金属材料

高温烧结陶瓷覆铜板用铜带,研究微合金化控制,确定材料组成;研究熔炼控制技术,确保材料组织;研究带材冷热加工及热处理控制技术,保证材料可焊性、导电性、导热性、剥离强度、热膨胀性能等。非晶纳米晶高性能铁基材料,完成非晶纳米晶铁基材料(纳米钢)生产工艺的研发;完成核心装备的研发;批量生产非晶纳米晶铁基材料。氢燃料电池车用低镓铝合金材料,以 70%的普通 A00 新料及 30%再生铝为原料,以低成本生成氢燃料电池反应仓存储用低镓铝合金材料。3D 打印专用航空级球形粉末材料及其制备技术,研制高端球形粉

体材料专用雾化器,制粉品质高、出粉率高;研究 3D 打印航空级高温合金材料及其制粉技术;研究新型 500 MPa 级高强铝合金材料及其制粉技术。航空级高纯金属铼技术研究,研究粗铼酸铵原料中所含的 73 种杂质元素在整个工艺流程的走向与分布;研究还原料层的最佳厚度、氢气流量等动态参数,优化铼粉还原效果;研究不同的烧结物料外形尺寸、压实密度、不同的升温曲线对除杂效果的影响。

4. 其他新材料

大型复杂航空复合材料构件先进制造关键技术研发,复合材料 S 弯进气道铺放制造工艺研究;固体火箭发动机复合材料壳体高精度缠绕成型工艺研究;复合材料垂尾结构设计及固化制造行为研究。5G 基站用新型高分子材料,彻底解决传统金属天线振子重量重、介电损耗高、透波性能差、组装效率低的问题。另外,还包括耐候性能、线性膨胀系数等。水性无溶剂生态功能性聚氨酯复合材料关键技术,主要包括聚氨酯单组分和双组分产品绿色功能性配方技术、复合材料集成增强技术、连续稳定的一次成型加工工艺技术等核心技术。信息功能材料多频段多物理场环境下电磁特性原位测量技术,针对安徽省在集成电路、半导体和微波毫米波射频电路领域,特别是其中的信息功能材料的电磁参数进行原位测量的新方法和新技术研究。

第四节 新能源和节能环保

发展壮大节能环保产业,是培育发展新动能、提升绿色竞争力的重要举措,是推进碳减排、实现碳中和目标的重要一环。安徽突出双招双引、培育壮大两条路径,推动新能源和节能环保产业量质齐升、活力增强,初步形成了光伏、风能、生物质能、高效节能等产业集群。新能源、高效节能、环保装备、资源循环利用等方面的技术水平不断提升,部分领域实现了关键技术突破。其中,晶硅电池片、逆变器等领域产品处于国际先进水平,新能源和节能环保产业正成为安徽经济发展的一支生力军。

一、在国家战略中的地位与作用

近年来,全球多个国家出于可持续发展和保障能源供给安全方面的考虑,陆续将新能源列入国家发展战略。2009 年,美国政府将新能源计划转变为国家能源战略核心;日本在2018年公布了《第五次能源基本计划》,将新能源定位为2050年的"主力能源"。此外,美国、欧洲、日本等发达国家和地区节能环保巨头纷纷通过战略并购对新兴国家进行挑战。我国"十四五"规划中提出推进能源革命,建设清洁低碳、安全高效的能源体系,提高能源供给保障能力。习近平总书记在党的二十大报告中再次强调,积极稳妥推进碳达峰、碳中和。我国二氧化碳排放在2030年前达到峰值,2060年前实现碳中和,既是对国际社会的承诺,又是推动我国经济社会高质量发展的内在要求。

二、国内外产业发展状况、趋势与市场分析

1. 国内外发展现状

(1)国外发展现状。在全球能源危机和气候变化问题双重压力下,新能源发展潜力加速释放,当前全球能源消费结构中仍以化石能源为主,人口的不断增长和经济的持续发展加快了化石燃料的消耗,原油和天然气储量问题日趋严峻。与此同时,传统化石能源带来的大量二氧化碳排放所引发的全球气候变化问题日益加剧,"碳达峰、碳中和"成为全球大部分国家的重要发展目标。面对全球能源危机与气候变化问题,新能源的发展提供了一条切实可行的路径,太阳能、风能、核能、地热能、生物质能等领域不断壮大,全球新能源产业呈现稳步增长的趋势。随着新能源发电关键核心技术的突破以及各国对上网电价政策的逐步完善,全球新能源发电产业进入规模化发展阶段,发电成本呈现整体下降趋势,未来新能源发电成本的进一步降低将带动相关装备制造等产业的高速发展,促使新能源产业成为产业投资的热土。

(2)国内发展现状。我国可再生能源继续保持全球领先地位,全球新能源产业重心进一步向中国转移,我国生产的光伏组件、风力发电机等关键零部件占全球市场份额的70%。同时,我国可再生能源发展为全球减排作出积极贡献,2022年合计减排28.3亿吨,约占全球同期可再生能源折算碳减排量的41%,已成为全球应对气候变化的积极参与者和重要贡献者。至2022年底,清洁能源发电装机规模占比为49.6%,发电量占比为36.2%,特别是风电光伏新能源新增装机1.25亿千瓦,产业规模稳步扩大。

2. 发展趋势

(1)节能产品将向高端化、成套化方向发展。目前我国在节能环保常规技术产品方面已成熟,但在高端技术产品方面仍较为缺乏,例如,超高效节能电机、低污染工业锅炉。未来具有研发实力的国内节能设备、污染治理设备、资源综合利用设备骨干龙头企业将面临更多的发展机遇,这也将促进市场和行业秩

序的进一步整合与规范。

(2)绿色建筑将是未来建筑主要方向。太阳能、风能以及地热能等新型天然可再生能源将成为绿色建筑的主流能源,建筑中会大面积使用太阳能、风能、地热能等新型能源。绿色建筑的自我调节能力会大大提升,通过技术处理,建筑将根据外界环境自动调节室内环境,给人们提供舒适的居住环境。

3. 市场分析

伴随着工业发展产生的大量市场需求等因素的作用下,绿色经济才是人类发展的潮流,已经成为全世界的共识,当前,越来越多的国家投身"碳达峰"和"碳中和"事业。虽然国际市场上对传统消费品和投资品的需求有所减弱,但对新能源和节能环保产品的需求仍在快速增长,这是世界经济和我国出口贸易中的一个亮点,而且这个市场还在扩张之中,潜力和空间很大。从国内情况来看,随着全社会节能环保意识的增强,对新能源和节能环保产品的需求也将持续扩大。在新能源方面,现在国内生产的光伏电池绝大多数用于出口,在国内光伏发电装机容量很小,如果把国内需求开发出来,就可以实现新的发展。在节能环保方面,今后3年高效节能设备的推广、终端产品的升级换代和节能服务产业的发展预计将形成1万亿元左右的市场需求。因此,新能源和节能环保产业具有潜在市场大、带动能力强、就业机会多的优势,是当前刺激消费、增加投资、稳定出口的一个很好的结合点。只要把握机遇,有序发展,就可以形成刺激经济增长新的拉动力量。

三、安徽产业发展基础及创新资源能力现状

1. 产业基础

安徽节能环保产业集聚态势良好,各地市各有所长。合肥、芜湖布局有半导体照明和节能新建材产业;合肥、蚌埠、马鞍山、淮北及安庆集中了全省80%以上的水污染和大气污染治理设备生产企业;合肥、芜湖、蚌埠、马鞍山4市节能环保服务业总收入占全省的比重达75%;阜阳、滁州、铜陵等市的废弃资源循环利用产业已经成规模。企业方面,拥有包括中盐安徽红四方新型建材、安徽未来表面技术、合肥市东方美捷分子材料技术、安徽南瑞继远电网技术、安徽普氏生态环境工程、安徽皖仪科技、安徽华冶新能源科技、安徽沃弗电力科技、安徽正刚新能源科技、安徽宝龙环保科技、安徽富林环保科技、宿州众力保温节能材料、中建材(蚌埠)光电材料、安徽盛世新能源材料、安徽中元照明、安徽国祯生态科技、淮南国力液压装备、华润新能源(明光)、安徽世林照明、六安索伊电器制造、马鞍山天工科技、茂迪(马鞍山)新能源、安徽华骐环保科技、格丰环保

科技、安徽海创新型节能建筑材料等一众节能环保企业。

2. 创新基础

科创平台资源丰富。截至目前,安徽省拥有106家省级以上新能源和节能环保科技创新平台,全省节能环保创新实力不断增强。在环境修复领域,拥有安徽省水体治理和生态环境修复工程研究中心、安徽省污染场地修复工程研究中心、污染物敏感材料与环境修复安徽省重点实验室、湿地生态保护与修复安徽省重点实验室、安徽省环境污染防治与生态修复协同创新中心。在新能源领域,拥有中科大太阳能光热综合利用实验室、中科大生物质洁净能源安徽省重点实验室、可再生能源接入电网技术国家地方联合工程实验室、先进能源与环境材料国际科技合作基地、安徽新能源利用与节能省级实验室。在高效节能领域,拥有高节能电机及控制技术国家地方联合工程实验室、奇瑞汽车节能环保国家工程实验室、安徽省家用节能空调工程技术研究中心、安徽省建筑节能设计与检测工程技术研究中心、安徽省多功能水泥节能环保助剂工程研究中心。

四、本产业进一步发展需要解决的技术问题

1. 新能源

① 碳达峰、碳中和及二氧化碳资源化利用技术研究与开发,解决水泥行业碳达峰、碳中和过程中的关键技术难题和瓶颈技术问题,主要有 CO_2 转化利用技术、水泥窑替代燃料技术、低钙水泥技术、水泥窑利用清洁能源技术。② 横卧式金属粉末气雾化生产系统的研发,确保设备的安全性和创新性,减少能耗;开发连续式生产技术,为生产目标产品做技术储备;研制自动分级装置,打破传统的制粉-筛分程序,减少粉体污染环境。③ 废弃环保催化剂金属回收与载体再利用技术,废脱硝催化剂(SCR)中钾钠铁等典型组元的高效分离与清洁处置技术;废脱硝催化剂(SCR)载体高效重构与循环回用技术;汽车尾气净化催化剂中铂铑钯精准检测、剥离与富集技术;汽车尾气净化催化剂的高效熔炼装备以及新型炉衬材料开发。④ 工业废气脱硝脱二噁英双功能催化剂,脱硝脱二噁英双功能催化剂的配方与结构设计;脱硝脱二噁英协同治理技术在应用过程中的工艺设计与优化;脱硝脱二噁英协同治理技术关键装备的开发与应用。⑤ 煤矿低浓度瓦斯发电利用技术,低浓度瓦斯直接安全燃烧基础理论与关键技术,研究直接燃烧阻火阻爆机理,研发直接燃烧系统,实现安全稳定燃烧发电;低浓度瓦斯发电技术适用性研究,研究各种发电技术适用的浓度范围,将多种技术有机结合,实现0~30%全浓度利用;低浓度瓦斯发电技术优化研究,针对各种利用技术存在的缺陷开展基础理论研究,研发新装置,改进技术,开展应用示范,

实现低浓度瓦斯高效利用;⑥ 基于低碳高炉炼铁新技术的焦炭作用的新机制及高质量焦炭研制,重点研究通过配煤炼焦新技术研制高质量焦炭,适应低碳高炉炼铁新技术的要求,为富氧富氢、低焦比高炉炼铁新技术的应用提供理论支撑和应用基础。

2. 节能环保

① 节能电器与节能压缩机,重点研发产品配套关键零部件技术,提高电器智能化水平,发展物联网,降低待机功耗;加大磁悬浮离心压缩机、螺杆式单机双级压缩机和环保型制冷剂的研发力度。② 大气污染防治,研发高效、长寿命机动车尾气净化处理设备,突破碳捕集核心技术并示范应用。③ 水污染防治,开发适用于农村需求的分散式污水处理技术和成套化设备;支持研发城市生活污水脱氮除磷等深度处理技术和设备;重点突破高盐工业废水、难降解有机废水、含氟废水、垃圾渗滤液等高效处理技术。④ 土壤污染防治与固体废物处置,重点突破土壤污染快速检测、污染地块高效修复技术设备的研发;研发智能化危险废物收集系统和清洁焚烧装置、污泥半干法处理或炭化成套设备等。⑤ 环境监测设备,研发并推广高精度、智能化环保自动控制系统,各种在线检测、数据采集和远程终端控制系统,激光诱导探测、臭氧激光雷达、便携式监测等设备研发;突破环境监测关键元器件、技术、产品和装备的关键技术。

第五节 新能源汽车和智能网联汽车

习近平总书记指出:"发展新能源汽车是我国从汽车大国迈向汽车强国的必由之路。"新能源汽车产业是未来汽车产业发展方向,是我国汽车产业弯道超车的关键所在。作为中国新能源汽车产业的"后起之秀",安徽省将汽车产业确定为"首位产业",锚定万亿元新赛道。围绕新能源汽车产业补链、固链、强链,产业创新体系日益完善,产业链条布局完整,集聚态势愈发明显。安徽也凭借以新能源汽车为代表的先进制造业,实现了从"农业大省"向"制造强省"的华丽蜕变。

一、在国家战略中的地位与作用

新能源化、智能化已成为未来汽车行业的必然趋势,以美国为首的西方发达国家纷纷将其提升至国家战略的高度,并在战略引导、立法规范、研发创新、测试示范等方面走在世界前列。早在2015年,国务院就将智能网联汽车首次列入国家战略规划之中。发展新能源汽车和智能网联汽车,是我国抢占世界汽车产业未来发展的制高点,是我国汽车产业转型升级、由大变强的重要突破口,对推动国家创新、塑造全球汽车供应链等方面具有重大战略意义,国家层面也先后出台了众多政策支持新能源汽车和智能网联汽车发展。

二、国内外产业发展状况、趋势与市场分析

1. 国内外发展现状

(1) 新能源汽车国外发展状况。新能源汽车被视作当今汽车工业新时代的发展方向,世界各国都更加注重本国汽车行业的发展,中国、美国、欧洲国家和日本作为主要新能源汽车制造国家和地区,在新能源汽车技术创新和市场竞争方面都发挥着重要作用。美国特斯拉作为全球领先的电动汽车制造商,以其创新的技术和高性能的产品赢得了全球消费者的青睐。此外,美国政府也通过税收减免和补贴措施支持新能源汽车的发展。销量方面,美国目前仍然落后于中国,但美国的技术创新和市场竞争力使其在全球新能源汽车市场上占据重要地位。欧洲国家作为环境保护和可持续发展的先行者,在电动汽车技术和基础设施建设方面投入了大量资源,并制定了严格的排放标准和政策措施。例如,挪威是全球电动汽车普及率最高的国家之一。日本作为世界知名的汽车制造国家,以丰田和日产为代表在混合动力和电动汽车技术方面取得了重要突破,并成为全球领先的新能源汽车制造商之一,在新能源汽车市场规模方面,日本目前仍然落后中国和美国,但其在技术创新和产品质量方面具有强有力的竞争优势。

(2) 新能源汽车国内发展状况。2024年是中国新能源汽车问鼎全球第一的第十个年头。自2015年起,中国新能源汽车产销量已经连续9年位居全球第一位,销量目前占全球的60%,动力电池、电池材料占全球的70%～80%,站上了世界新能源汽车浪潮之巅。2023年,在新能源汽车的助力之下,中国汽车出口首超日本问鼎全球第一,成为世界第一大汽车出口国。自主创新方面,技术水平明显提升,车身的轻量化,初步实现动力系统的平台化、模块化,以及控制的智能化,伴随技术的成熟,生产成本也随之下降。此外,品牌竞争力大幅提升,全球新能源汽车销量排名前十位的企业集团中我国占据3席,动力电池装机量排名前十位企业中我国占据6席。近年来,随着我国支持车联网产业发展的政策频繁落地,国内智能网联汽车技术迅速发展,以华为、阿里、腾讯、百度为代表的互联网大厂都纷纷开启了"造车"之路,加速推动产业竞争重点从汽车产

品向出行生态转变,其中华为持续突破智能驾驶、智能座舱、智能驾控等芯片核心技术,引领智能汽车的最强技术创新,推动汽车产业的智能化发展。此外,我国提出的LTE-V2X车联网专用通信标准已经成为国际车联网通信标准的重要组成部分,在5G通信方面具备先进技术优势与产业规模,为我国智能网联汽车快速发展提供了强力支撑。

2. 发展趋势

(1) 产业技术变革。新能源汽车产业技术加快向电动化、智能化、网联化、共享化方向演进,汽车"四化"转型已成为全球汽车产业共识。汽车与运输、通信、互联网、导航、金融、公共服务等产业领域之间的交集越来越多,人工智能给汽车设计与应用带来颠覆性变革,自动驾驶技术成为企业竞争新的高地,人、车、路正在加速协同。汽车与相关产业融合进程加快,新技术、新产品、新模式、新主体将不断涌现,传统汽车产业链、技术链和价值链被打破,汽车产业发展迎来重大历史机遇。

(2) 产业主体变革。当前,"新兴造车势力"已经成为新能源汽车产业主体变革的先锋,其中很多具有互联网背景。随着产业向新"四化"转型,新的供应体系、科技公司、出行服务商等不断融入汽车行业,以蔚来、理想、小鹏为代表的造车新势力已打开市场,进入新的产业发展阶段。外资深耕中国市场将推动国内竞争国际化,进一步挤压自主品牌生存空间,也会倒逼自主品牌企业全面强化自主创新和大力发展自主品牌。

3. 市场分析

随着环保意识的不断增强和消费者对汽车绿色出行方式的需求增加,新能源汽车市场将迎来更广阔的发展空间。新能源汽车的价格逐渐下降,性能和品质逐步提升,也将吸引更多的消费者转向新能源汽车。此外,各国政府纷纷出台了一系列鼓励新能源汽车发展的政策,包括购车补贴、免征购置税、建设充电桩等,这些政策的实施将为新能源汽车提供更好的发展环境,促进其市场需求的增长。同时,新能源汽车发展也面临着一定的挑战,如克服充电基础设施不完善、电池的安全性、充电设备的可靠性以及电动汽车的续航里程等也是推动新能源汽车市场发展的关键。

三、安徽产业发展基础及创新资源能力现状

1. 产业基础

安徽省是新能源汽车产业起步较早的省份之一,具备集研发、产业化、示范运营三位一体的产业链,在全国具有先发优势和较强竞争力,并与国际先进水

平积极"对标"。2023年,汽车产业被安徽确立为首位产业。2023年全省新能源汽车产量为86.8万辆,增长60.5%,新能源汽车产量居全国第四位。全省构建"合肥—芜湖"双核联动、其他市多点支撑的一体化发展格局。目前安徽已经拥有7家整车企业——奇瑞、江淮、蔚来、比亚迪合肥、合肥长安、大众安徽、汉马科技,同时还构建了乘用车、商用车、专用车三大主导方向的"一链三线"战略布局。此外,集聚起一批优秀的新能源汽车零部件供应商,以艾科泰克动力总成、全柴动力、伯特利汽车安全系统、华霆动力等为代表的本地企业,以杰锋汽车动力系统、延锋汽车饰件系统、大陆汽车车身电子系统等为代表的合资企业,在产品产量及技术含量等方面都位居全国前列。国轩高科在动力电池领域向国内各大整车厂供货量稳步提升,稳居全国前四位,全国排名前十位的电池企业已有5家落户安徽。此外,科大讯飞探索智能语音技术应用于智能网联车载。江淮自主研发的J-link、J-ConNet等智能车联网系统,可实现全面的多媒体互联功能,提供全网资讯在线、动态交通在线等服务。奇瑞与百度联合在芜湖建立全球首个全无人驾驶示范道路,双方合作开发的L3级自动驾驶汽车已于2020年实现量产。

2. 创新基础

拥有包括中国科学院合肥物质科学研究院、中国科学院合肥智能机械研究所、中国电子科技集团公司第三十八研究所、合肥通用机械研究院等大院大所,合肥工业大学汽车工程技术研究院、合肥工业大学汽车智能制造技术研究院、中国科学技术大学国家高性能计算中心、合肥工程机械仪表及控制技术工程技术研究中心、中航汽车·合肥工大汽车零部件研究院、安徽省机械科学研究所、安徽省交通规划设计研究院、安徽省汽车NVH工程技术研究中心、安徽省交通科学研究所、安徽省机械工业设计院、安徽省车联网技术研究中心等研发机构。

四、本产业进一步发展需要解决的技术问题

1. 自动驾驶激光雷达传感器技术

国产激光雷达与国外相比有很大差距,国产目前最高40线,国外厂商能达到64线甚至128线,内部元件的芯片起到决定作用,国产激光雷达发射芯片和接收芯片的精度、稳定性、分辨率等参数与主流产品有较大差异。

2. 燃料电池

① 废旧磷酸铁锂电池全元素综合利用技术,重点突破废旧磷酸铁锂电池无害化破碎处理研究,包括拆解、梯级利用筛选、新型热解技术、高效分离封装材

料和正负极混合材料;优选针对磷酸铁锂电池正负极混合材料优先选择性提锂的化学试剂,在控制杂离子钠、钾引入量的条件下,保证锂的回收率达到90%以上;设计磷酸铁与石墨材料绿色分离技术与工艺,得到有经济性的铁、碳产品。② 200 kW大功率燃料电池电堆及核心零部件等关键技术开发,解决高性能膜电极技术、强化传质流场技术、导电耐腐蚀薄金属双极板技术、电堆组装与一致性技术、环境适应性技术、量产工艺与制造技术等核心部件的"卡脖子"问题。③ 高安全半固态电池关键技术研究及产业化,重点突破新型无黏结剂无溶剂式匀浆技术、新型高黏度厚电极涂布技术、新型微电芯UTC(unit to cell)装配技术、高安全半固态电池系统集成及产业化技术等。④ 高性能钠离子电池设计开发,重点聚焦新型钠离子电池电极材料、功能电解液以及固态电池技术开发,着重开发新型钠离子固体电解质,进一步提高钠离子电导率,提高能量密度。⑤ 质子交换膜燃料电池关键部件及应用,重点突破高温无湿度条件下应用的质子交换膜关键技术;耐高温质子交换树脂分散溶液制备技术;高质子传导及稳定的高温质子交换膜稳定制备技术。

3. 关键技术及设备

① 新能源汽车驱动电机用高强无取向电工钢关键技术及产业化应用,重点突破新能源汽车驱动电机用无取向电工钢成分体系;新能源汽车驱动电机用无取向电工钢生产流程关键技术,保证生产过程顺行,产品质量稳定;建立新能源汽车驱动电机用无取向电工钢综合性能(高强度、低铁损、高磁感)调控机制,保证成品磁性能、力学性能达到理想水平。② 扁铜线电机制造核心工艺装备,针对新能源汽车扁铜线电机制造工艺的特点,开展扁铜线发卡成型、扁铜线定子自动插线、扁铜线定子端部扩口整形、扭头及扁铜线定子端部焊接等关键核心工艺研究,实现核心工艺装备开发,产品性能达到国际先进水平,进而实现进口替代,打破国外"卡脖子"壁垒。③ 高功率密度轴向磁通轮毂电机驱动系统,采用定子无磁轭模块化轴向磁通拓扑结构,电机形状扁平,体积小,功率密度高($\geqslant 6$ kW/kg);采用新型粉末冶金材料,提高整机效率;采用发明专利直接冷却技术,提高传热效率和输出功率,提高整机功率密度;采用扁平线替代传统圆形线,提高电机槽满率和输出功率。④ 适应自动化锻造的高寿命活塞模具,实现活塞闭式锻造和燃烧室净近成型;开展锻造模具加工与表层强化技术研究。实现CNC切削加工成型;研发锻造模具"氮化+PVD"复合处理新技术,力争钢质活塞锻造模具寿命达10000件;研发锻造模具再制造技术。返修模具寿命达5000件以上。⑤ 商用车高性能(AMT)自动变速器平台开发,开发一款高性能湿式离合器AMT自动变速器,采用以液压控制湿式离合器、电缸控制换挡执行机构为核心的技术路线,同时开发相关的上层控制软件,通过系统集成和

标定,实现商用车 AMT 产业平台的建立及产业化应用,提升轻卡产品竞争力。⑥ 3.5 L 直列四缸燃气发动机技术,重点研究大缸径点燃式发动机燃烧效率,以提升整机动力性和经济性。采用大缸径和大行程缸径比技术,改善低端扭矩和经济性,提升发动机排量,实现直列四缸大排量发动机技术突破;采用高效燃烧系统方案,解决大缸径燃烧效率低、爆震倾向加剧的问题。

4. 其他技术

① 一体化乘用车车门精密铸造技术,研发铸造铝合金车门结构件集成再设计与精密制造成型工艺参数,为车门结构件轻量化设计开发提供技术基础,研究成果可优先在纯电动轿车上得以应用推广,解决复杂精密大型结构件集成设计、一体化精密制造成型工艺等技术难点。② 新能源车辆火灾防控主动消防技术,全新非储压体制可控速率气体发生技术,替代现有储压式技术体制灭火装置,解决新能源客车主动消防系统小体积、低成本、长寿命等行业发展难题,体积、成本降至现有国外主流产品的 1/3,寿命增加 1 倍,填补非储压技术体制车辆主动消防领域的空白。

第六节　高端装备制造

高端装备制造产业技术含量高、附加值高、产业地位高,关系到国计民生和国防安全,处于价值链高端和产业链核心环节,发展水平更是决定着产业链的综合竞争力。装备制造业历来是安徽工业的支柱产业之一,安徽抢抓产业发展机遇,致力于打造国内重要的高端装备制造产业集群,借力"双招双引",坚持"错位发展、协同发展、竞相发展"的思路,高端装备制造业呈现"产业创新有突破、产业链上有延伸、产业布局上有协同"三大特征。

一、在国家战略中的地位与作用

近年来,美国、日本、韩国等国家纷纷实施"再工业化"战略,力图以技术优化提升传统装备制造业,在新一轮国际分工中抢占产业链高端市场地位。装备制造业是国之重器,是以高新技术为引领,处于价值链高端和产业链核心环节,决定整个产业链综合竞争力的战略性新兴产业。目前我国装备制造业"大而不强"的矛盾突出,为加快实现我国从制造大国向制造强国迈进,2015 年 5 月,国务院印发《中国制造 2025》,全面推进制造强国战略。

二、国内外产业发展状况、趋势与市场分析

1. 国内外发展现状

（1）国外发展现状。美欧日等发达经济体和一些大型跨国企业布局早、发展快，抢占了先机，在高端装备制造领域长期保持技术优势和高市场占有率。同时，积极推动新兴技术与装备制造业的融合发展，推动工业制造技术的高端化与智能化，通过重构制造业产业链条，让更多的高附加值生产制造环节回归本土，提高本国工业经济与竞争实力。通过国家政策大力推动先进制造业发展，积极抢占未来高端装备制造业的巨大市场，逐步进入价值链的核心层，冲击全球制造业传统格局，如巴西公布了工业强国计划，印度颁布了国家制造业政策等。

（2）国内发展现状。"中国制造2025"战略的提出，使我国装备制造特别是高端装备制造业迎来了发展的春天。一批高端装备实现重大突破：航天与探月工程、大型客机（C919）成功实现首飞，时速350公里的"复兴号"动车组走出国门等。随着信息技术与先进制造技术高速发展，以新型传感器、智能控制系统、工业机器人、自动化成套生产线为代表的智能制造装备产业体系初步形成，一批具有知识产权的重大智能制造装备实现突破。目前已初步形成以环渤海、长三角地区为核心，中西部地区快速发展的产业空间格局。同时，当前国内高端装备制造企业创新设计较弱，研发成果商业化的概率相对较低。未来需要不断创新，寻求技术突破，攻坚克难，在严酷的经济环境中拓展国际市场。

2. 发展趋势

（1）智能化。智能化是全球制造业的主要发展方向，也是装备制造行业转型升级的重要途径。智能化是指基于先进制造技术与新一代信息技术深度融合，贯穿于设计、生产、管理、服务等产品全生命周期，具有自感知、自决策、自执行、自适应、自学习等特征，旨在提高制造业质量、效率效益和柔性的先进生产方式。智能化涵盖智能制造装备和智能制造系统解决方案。

（2）服务化。随着工业互联网技术的发展，高端装备制造业的未来增长点将是集成式解决方案新模式，形成服务型制造。通过先进的物联网技术采集智能装备产品的海量运行数据，应用工业大数据技术，提升产品性能，并对产品全生命周期的健康状态进行管控。通过制造、服务一体化，实现由生产型企业向服务型企业的价值链延伸和转变。

（3）绿色化。绿色化是指在装备制造过程中，充分利用清洁能源和环保材料，减少废弃物和污染物的排放，提高资源利用效率和循环利用率，降低环境负

荷和生态风险,实现装备制造与自然环境的协调发展。绿色化是应对全球气候变化和资源环境压力的必然选择,也是提升装备制造业竞争力和社会责任感的重要途径。

3. 市场分析

随着全球化的进一步深入,世界各国之间的经济往来、人员流动将带来交通运输需求增加,相应的航空装备制造与轨道交通装备制造行业市场规模持续扩大。预计到2027年,全球航空装备市场规模将达到11769亿美元;到2029年,全球轨道交通装备市场规模将达到1044.14亿美元。随着国内政策的持续落地以及商业化步伐的加快,作为新质生产力的代表,低空经济已经成为培育发展新动能的重要方向,也将带来航空装备市场的新一轮爆发式增长。机床、海工、机器人制造三个行业发展态势各异,全球机床行业在经历快速增长后未来的增势趋缓;全球海洋工程装备近年来进入深层次调整状态,市场需求低迷,产业发展面临极大的挑战;机器人行业规模相对较小,全球产业仍处于起步阶段,但应用范围和领域不断拓展,未来发展潜力巨大。

三、安徽产业发展基础及创新资源能力现状

1. 产业基础

高端装备制造业已经成为安徽省工业支柱产业之一,全省形成了以核电、机器人、轨道交通、燃气轮机、智能制造装备、工程机械、精密制造、高端数控机床、通用航空以及关键基础零部件等10多个行业、100多个大类、近万种产品且门类比较齐全的制造业体系,以合肥、芜湖、马鞍山为中心的产业分布格局。企业方面,航空、核电领域以应流集团为龙头,数控机床领域拥有合锻智能、安徽新诺精工等企业,全省机床的数控率达到90%。工业机器人领域,芜湖工业机器人产业集群以埃夫特为首,拥有安普、瑞祥、奥一精机主机企业和固高自动化(控制器)等零部件企业80多家。叉车领域以合力叉车为代表,是全国机械工业为数不多的省级智能工厂。农机领域拥有美亚光电、中科光电等。除此之外,还分布有中国中车、日立建机、精英模具、力通机械、胜利精密、中电科芜湖钻石飞机等一批优势企业。

2. 创新基础

拥有包括哈工大机器人(合肥)国际创新研究院、芜湖机器人研究院、合肥工业大学工业与装备技术研究院、合肥工业大学智能制造技术研究院等大院大所。合锻智能拥有"数控锻压机床装备国家地方联合工程研究中心""安徽省数控锻压装备工程技术研究中心""智能锻压装备技术安徽省重点实验室"等企业

技术中心；芜湖市哈特工业机器人产业研究院、安徽省航空复合材料维修工程技术研究中心、国家工业机器人产品质量监督检测中心（安徽）；中电科芜湖钻石飞机拥有国家地方联合工程研究中心、安徽省工程研究中心、安徽省国际合作示范基地、安徽省院士工作站、芜湖市通航产业技术研究院等多个创新平台。

四、本产业进一步发展需要解决的技术问题

1. 工业机器人

① 核心部件方面，主要是触觉传感器，目前国内传感器大多从事气体、温度等类型传感器，多为一点式，阵列式传感器缺失。② 新产品开发方面，重点研制弧焊机器人，喷涂机器人，全自主编程智能工业机器人，一体化关节、安全协作机器人，数字工厂仿真系统等具有代表性的机器人产品，同时实现机器人在高端装备制造业喷涂、打磨、焊接方面应用的突破。③ 关键技术方面，主要聚焦仿肌腱驱动的柔性机器人关键技术研究，探索绳牵引的仿肌腱驱动方式，突破变刚度手臂关节和灵巧末端执行器的构型优化技术，研究新一代柔性机器人，实现柔性机器人在协作装配、智能喷涂、电力巡检等领域的应用验证。

2. 现代工程机械

① 60000 kN 铝合金差压半固态流变、触变铸锻一体机装备研发，包括半固态铝合金制备引入差压技术，使铝合金质地更加纯净，减少气泡，加工成型的工件质量水平更高；半固态铝合金充模引入差压技术，使半固态铝合金充模效率更高，铝液质地更紧密；60000 kN 压力机双工位，实现半固态流变压铸和半固态触变锻造一体机。② 环管轴流泵，包括泵内部流场分析及性能的精确计算、转子的轴向力平衡以及结合电子信息与互联网技术实现关键装置中重大流体机械装备远程运维能力。③ 燃气轮机高温合金空心叶片用陶瓷型芯，包括氧化硅陶瓷型芯材料组分设计和性能优化、添加剂对陶瓷型芯性能影响、陶瓷型芯生产过程精益化控制以及陶瓷型芯强化处理工艺研究。④ 高效模块化先进核能装置辐射屏蔽构件，包括具有自主知识产权的聚乙烯基复合辐射屏蔽材料组分设计、复合屏蔽材料制备工艺和均质化技术开发、复合屏蔽材料中子和伽马射线屏蔽性能、力学性能、热物理性能、耐辐照性能研究控制以及大厚度和异形屏蔽体高效生产技术。⑤ APM 300 车辆转向架车桥国产化研制，通过消化吸收、改进设计、方案评审、样件试制（包括铸造技术）以及装车试验等几个阶段，设计出 APM 300 车辆转向架车桥，实现国产化。⑥ 300 米饱和潜水逃生舱，逃生舱轻量化设计技术；高压壳体焊接技术；舱体结构及管路系统高压密性技术；高压下氦语音通信技术、耐压照明技术、高压差下的电气连接件承压密封技术；高压

逃生舱与艇集成融合技术。⑦ 饱和潜水系统 500 米外循式环控设备,舱室环境参数精确控制技术;人体维持系统气体循环稳定性技术;风机噪声控制技术。⑧ 掘锚护协同作业装备研发,掘锚护智能装备的机构设计及其结构优化;掘锚护智能装备复杂工况自适应协同控制机制与系统设计;综掘工作面掘锚护平行作业工艺研究。⑨ MK 级稀释制冷机技术,系统分析稀释制冷机提出的研究内容,重点梳理稀释制冷谱系化产业化建设能力,逐步攻克稀释制冷机批量化生产过程的关键技术,形成自主可控能力。⑩ 大型盾构超高性能滚刀和常压换刀设备研制及应用,重点突破的技术难点有刀具的设计、刀具材料制备技术、刀具集成制造技术(机械加工、热处理、激光表面处理、焊接、装配、检测)、刀具性能综合评价和常压换刀关键技术等。

3. 航空航天装备

国产化大飞机复杂型腔薄壁机匣的技术攻关。① 需重点突破完成高冶金质量铸件浇注工艺研究、全尺寸轴承座铸件铸造应力、缺陷及组织调控控制技术研究;轴承座铸件无损检测技术研究;快速成型轴承座光敏树脂件、变强度模壳制备工艺研究;轴承座的全尺寸精确控制技术研究;全流程轴承座铸件稳型工装研制、轴承座铸件热等静压工艺研究。② 发动机动密封系统的制备及其产业化,密封组件的搭接式设计及应力与变形分析;钛合金件表面的改性技术与超精密研磨工艺;氟硅胶密封圈的制备工艺优化;动密封部件的密封特性评价与验证;产业化的制备技术路线和工艺优化。③ 特种飞机系统集成与应用技术,面向适航的基于通用飞机平台的特种飞机改装技术研究;针对多应用场景的任务载荷集成以及快速换装技术研究;飞行作业及数据服务综合应用研究。④ 大中型无人机飞控技术,包括基于任务的在线实时重规划;基于经典控制理论的飞行控制算法设计技术;无人机空中交通感知与规避技术;基于非线性全量方程的飞行仿真数学建模技术。

第七节　智　能　家　电

近年来,随着物联网、人工智能等技术的不断发展,智能化、节能化、协同化成为未来家电的发展方向。智能家电已经成为先进制造业的重要领域,也是我国大力发展的战略性新兴产业之一。家电产业作为安徽省传统优势产业之一,经过多年的发展,目前家电产业规模和家电"四大件"产量均居全国第二位,安徽已成为全球最重要的家电产业基地之一。近年来,安徽省大力实施增品种、提品质、创品牌"三品"战略,持续优化产品结构,加速推进数字化转型,正全力推动传统家电向智能家电、智能家居、智慧家庭的方向迈进,打造极具国际影响力的智能家电(居)产业集群。

一、在国家战略中的地位与作用

2017年,工信部发布AI战略规划,旨在推动人工智能和实体经济深度融合,广泛推广包括智能家居在内的八大人工智能产品市场应用;同年7月份,国务院正式印发《新一代人工智能发展规划》文件,强调依托小米建设智能家居国家新一代人工智能开放创新平台。目前,我国新型智慧城市建设进入全面发展阶段,智能家电等相关产业的发展为智慧城市发展提供了有力的保障。2017年12月,工信部印发《促进新一代人工智能产业发展三年行动计划(2018—2020)》中提出,要加大培育智能产品力度,优先推动智能家居等产品突破。

二、国内外产业发展状况、趋势与市场分析

1. 国内外发展现状

(1)国外发展现状。世界范围内,欧洲在对智能家电系统研发方面一直具有领先优势。近年来,以微软为首的一批国外科技型龙头企业,先后布局智能家电,强势加入全球家居市场。日韩等发达国家龙头企业也加大对家电智能化的开发力度。其中韩国智能家居产品以可以在任何时间、任何地点操作家里的任何用具、获得任何服务为使用目标;澳大利亚的智能家电更侧重于安全,利用大量的传感器使系统拥有海量的数据接入,提高系统识别和判断的精度,定制化的设备完全交由智能化操作,做到真正解放双手,实现高度智能化的服务。

(2)国内发展现状。中国正逐渐成为全球消费电子领域的重要需求国,欧美及日韩等知名家电品牌纷纷将家电产业向中国转移,设立研发中心或建立生产基地,推动了中国家电产业的发展壮大。格力、海尔、美的、创维、海信、格兰仕等知名品牌快速成长,在品牌、渠道、规模和研发上形成了各自优势,深度融入国际化竞争。产业创新发展迅速,一是新技术新材料应用步伐加快,芯片、传感器、智能物联技术推动智能家电升级;新型抗菌材料技术推动了健康家电的发展。二是智能产品从家庭走向社会,建材家电化、家电智能化、家居智慧化成为家电产业升级的有效途径;面向老人、婴幼儿等特殊群体的智慧健康养老护幼产品需求旺盛。三是由单点向多点、系统、场景、生态发展,海尔建立"U+"开放平台,小米着力打造智能家居生态链,华为构建面向智能家电系统的鸿蒙系

统。家电大省竞相发力,国内已形成珠三角、长三角和胶东半岛三大家电集群鼎立的状态,广东、安徽、江苏、浙江和山东作为三大家电集群的主产省,产量占全国的74.4%。

2. 发展趋势

(1) 个性、定制化趋势。除了可以使用一个终端来有效控制所有家电产品外,所有的家电产品都将会根据使用者的爱好和习惯主动迎合用户,真正成为用户的贴身小管家。家电不再是同质化的东西,它们可以依据不同的房屋情况和不同消费者的个性特点来量身打造,每一户人家的智能家居系统都将拥有独一无二的一面。

(2) 绿色健康化趋势。伴随着健康概念的兴起,消费者希望能在家中构建清新自然的健康生活环境,从消费端来说,消费升级是大势所趋,消费者对品质生活追求的意愿日益强烈,后疫情时代,家庭健康防护意识提升,"健康""绿色"概念将成为家电业创新和增长的一个重要方向。

3. 市场分析

过去十余年间,智能家电产品不断渗透人们的日常生活。随着5G+AIoT时代的来临,智能家电正逐步从碎片化单品朝全屋智能、空间智能的方向迈进,推动了众多传统行业如互联网、房地产家装行业纷纷布局智能家居市场。目前,国外谷歌、微软,国内华为、小米等一众科技型企业已实现初步布局,未来随着人工智能技术的成熟,全球智能家电行业前景可观。2018—2022年小家电全球市场规模的复合增长率为4.46%,高于大家电市场。总体来看,小家电市场需求较为稳健,更新需求和品类渗透有望共同驱动其维持较好的增长态势。放眼全球,如今"宅经济"在各地兴起,物联网技术不断实现进步以及标准无线通信协议、自然语言处理及机器学习等有关技术的成熟应用,将提高智能家居设备的功能,让智能家居在全球范围内高速发展。据有关机构预测,2027年,全球智能家电市场规模将会达到5241.47亿元,年均复合增长率为15%。

三、安徽产业发展基础及创新资源能力现状

1. 产业基础

家电产业已成为江淮大地最具优势产业、最靓经济名片、最强发展引擎。目前安徽省家电产业规模居全国第二位,已形成"13+1000"的"龙头+配套"产业格局,合肥、滁州、芜湖三市的产业基地已成为全球重要的家电制造中心。企业方面,全省家电品牌集中度居全国第一位,集合了全国几乎所有知名品牌。一是外资独资的国际品牌,如博世、西门子、惠而浦、日立、三洋;二是外省的驰

名品牌,如海尔、美的、格力、TCL、长虹、康佳等;三是本省的驰名品牌,如美菱、荣事达、扬子等;四是新崛起的本土家电品牌,索伊、尊贵、欧力电器等。

2. 创新基础

安徽省围绕智能家电产业布局不断加强"研、检、设、产"四个方面建设的支持。目前,拥有国家家电产品质量监督检验(合肥)中心、中国家电研究院安徽分院等2家国家级检验检测平台,惠而浦、美菱、扬子空调、晶弘电器等4家国家级企业技术中心,尊贵电器、晶弘电器、荣事达电子电器等21家省级企业技术中心,拥有长虹美菱、荣事达、惠而浦3家国家级工业设计中心,16家省级工业设计中心,为安徽省家电产业工业设计创新提供了强大支持。此外,还拥有国家级智能工厂1家,省级智能工厂6家,省级数字化车间10家,11家企业进入安徽省发明专利百强,全省经认定的智能家电产品160余款。

四、本产业进一步发展需要解决的技术问题

1. 关键共性技术

① 高效节能技术,重点从水效和能效两个方面入手,开展单点研究和系统性研究。在单点研究方面,借助仿真技术开展高效循环制冷、高效循环用水、高效供电的关键器件设计及优化;在系统性研究方面,研究控制技术并开发系统管理软件平台,实现能效的优化配置、控制与管理。② 智能健康技术,推动生物技术、医疗技术、机电一体化技术、声光电技术、高精传感技术、网络技术与智能家电技术的系统集成研究,通过智能家电(居)系统有效采集人体健康数据,对数据进行提取、分析、加工、溯源、计算、推理,诊断人体健康状况,对恶疾、顽疾进行溯源追踪,提供诊疗建议,对人体健康风险及时预警。③ 舒适性技术,研究基于温度、湿度、流体、噪声的居家一体化环境控制系统技术,包含单品性能技术和一体化系统管控技术等,建立人-机-环境模型并进行优化设计,为消费者提供舒适的居住环境。④ 信息通信技术,研究低功耗、广域网、低时延家电系统组网共性技术,解决目前海量设备互联互通时的功耗大、响应慢、掉线频繁的问题;推动智能家电系统互联互通技术标准统一规范,解决目前海量设备互联互通过程中品牌不兼容、标准不统一、接口不规范的行业技术难题。⑤ 智能交互技术,开展智能设备高噪场景下声学前端技术、计算机视觉处理技术、人机交互系统技术创新,并重点研究结合交互上下文和短时/长时历史记忆的语义理解技术,支持用户意图以多轮的、可打断的、可纠错的、渐进对话的方式向系统自然表达,构建支持多轮对话、纠错等技术为一体的全新交互方案。

2. 关键零部件

① 智能传感器,重点开展适用于家电产业的智能传感器及其专用芯片研发工作,并针对体感、手势、语音、光感、人体信息等智能传感器进行应用场景研究。② 压缩机,突破压缩机控制系统的开发和零部件生产的技术难题,开发新型高效压缩机(如转子补气变频压缩机、线性压缩机等),并实现产业化。③ 高效电机及其驱动,开展无叶片式电机、紧凑型电机、直流无刷电机、变频电机研发工作,最终实现一体式变频离心电机、直流无刷电机在冰箱、空调等家电普及率的大幅提升。④ 印制电路板,印制电路板(PCB)素有"电子元器件之母"之称,是智能家电(居)产品不可或缺的基础组件,不断提高 PCB 技术含量,并积极发展完善覆铜板、印制电路板及 SMT 技术等产业链。

第八节 生命健康

近代科技革命和产业变革史证明,生命科学与大健康领域的科技创新有望引领全球新一轮经济增长,新技术的不断涌现正加快重塑生命健康产业价值链,基因工程、分子诊断、细胞治疗、3D 打印等一系列重大技术的应用,极大地推动了生命健康产业的快速发展。生命健康产业是安徽省重点发展的十大新兴产业之一,也是科技创新的重点方向。全省初步形成皖北、皖中、皖南各具特色的三大产业集聚区。创新实力不断增强,拥有合肥综合性国家科学中心大健康研究院等一批国家级、省级创新平台,创新成果丰硕。

一、在国家战略中的地位与作用

生命健康是生命科学的核心领域,在全球经济体系中,健康产业及其支撑产业所占比重越来越大,已经成为拉动经济增长的重要发力点。近年来,基于对医学重要性的认知,包括我国在内的世界主要国家都对医学科研给予了高度重视,分别从不同角度、不同层级,制订了推动医学科技发展的国家计划。新冠肺炎疫情的流行,让世界各国对医学科技的发展有了更深刻的认识。党的十九大报告首次将"实施健康中国战略"提升到国家整体战略层面,统筹谋划,从全面建成小康社会到基本实现现代化,再到全面建成社会主义现代化强国,健康中国战略将在每一个阶段与整体战略紧密衔接,发挥重要支撑作用。

二、国内外产业发展状况、趋势与市场分析

1. 国内外发展现状

（1）国外发展现状。近十年来，世界生命健康产业的产值年增长率高达25%~30%，是世界经济年增长率的10倍。美国健康产业占其GDP比重超过15%，加拿大、日本等国健康产业占各自国家GDP比重也超过10%。技术创新方面，英国、法国、德国医疗技术赶超美国，日本的医疗技术在很多领域也处于世界先进水平，特别是在早期肿瘤、脑、心血管、内分泌、消化道等专科体检上更具有独特优势，在生物医药等多个生物技术产业领域均具有独特优势。

（2）国内发展现状。我国健康产业还处于起步阶段，健康产业仅占GDP的4%~5%。但经过多年的发展，我国产、学、研、医等各界已经开展了多样化的尝试，在人工智能疾病诊断、智能医疗等领域已经取得了一系列标志性成果，也在加快推动相关法律法规、产业标准的建设。同时，我国生命健康产业集群集中度也在不断提高，目前我国生命健康产业已形成环渤海、长三角、珠三角三大产业集群，研发要素进一步向上海、北京、深圳集聚，制造环节加速向江苏、山东及中部省份集聚。近十年，我国医学科技论文数量超45万篇，仅次于美国，位居世界第二；医药相关专利申请量超过12万件，位居世界第一。

2. 发展趋势

人口老龄化加剧、疾病谱的变化以及经济增长带动消费升级，都会拉动人民对医疗需求的加速增长，新型技术发展必然会推动医药产业快速发展。医疗领域：随着医疗技术的进步，医疗服务已经从单纯的疾病治疗向预防、保健、康复等方面全方位发展。同时，个性化医疗、精准医疗等领域也在快速发展。制药领域：随着医药行业进入优胜劣汰、创新升级的新政策周期，仿制药的发展空间越来越窄，发展创新药成为药企的重点。生物技术领域：生物技术的不断进步为生命健康行业提供了新的发展机遇，基因治疗、细胞治疗等新技术正在逐渐成熟，为未来的医疗保健提供了新的方向。医疗器械领域：医疗器械的研发和生产是生命健康行业的重要组成部分，随着科技的发展，医疗器械的智能化、小型化、舒适化等趋势越来越明显，为患者提供更好的治疗体验。

3. 市场分析

新冠疫情影响下，包括新药创制、疫苗研发、远程医疗等诸多行业在内的生命健康产业自带"光环"，无论是从新产业、新业态、新模式而言，还是从新科技带来原有产业的颠覆性变革来讲，全球生命健康产业的新增长点都呈现出"次第开"的势头。根据国际数据：目前，全球生命健康市场规模已达到数万亿美

元,并且以每年两位数的增长率持续增长。从国内看,随着"健康中国"战略的持续推进,大健康产业将有更大的上升空间,市场前景一片向好,势必成为国民经济的支柱产业。此次新冠疫情让越来越多的人意识到生命健康的重要性,卫生防护品、保健品、医疗器械等产品的销量普遍暴增,我国不少企业正在聚焦科技创新与产业优化升级。截至2023年,我国大健康产业规模达到14.48万亿元。据中国健康管理协会相关研究,预计到2025年,我国大健康产业将达到17.4万亿元,到2030年将达到29.1万亿元。由此可以判断,大健康将是我国未来发展潜力巨大的行业,也势必成为新的经济增长点。

三、安徽产业发展基础及创新资源能力现状

1. 产业基础

安徽省发展生命健康产业,技术有优势、产业有基础、发展有特色,全省基本建立了以现代医疗和医药产业为主体,覆盖药材种植养殖、医药研发制造、医药商贸、健康管理与促进服务等的生命健康产业体系。集聚效应初步显现,形成皖北、皖中、皖南各具特色的三大产业集聚区。其中,皖北以中药、医药流通为特色的产业集聚区;皖中以生物医药、高端医疗器械、现代医疗为特色的产业集聚区;皖南以康养旅游、体育休闲、健康食品为特色的产业集聚区。企业方面,布局有天麦生物、安科生物、智飞龙科马、立方制药、兆科药业、美亚光电、中科美菱、欧普康视等龙头企业。其中,安科生物主导重组人干扰素α2b,智飞龙科马母牛分枝杆菌疫苗、兆科药业创新药安菲博肽等多个核心产品跻身全国前列。现代中药领域拥有贝克制药、亿帆药业、九华华源、华佗国药等一批产业链重点企业。其中,九华华源、华佗国药入围中国中药企业百强,欧普康视、美亚光电、安科生物入围中国医疗器械企业百强,丰原药业进入中国化药企业百强。

2. 创新基础

建设有合肥综合性国家科学中心大健康研究院、中国科学院脑功能与脑疾病重点实验室、离子医学中心、合肥大基因中心、中国科大安徽省医药生物技术工程研究中心、合肥干细胞与再生医学研究院、中科支众医学检验所、中加健康工程研究院、硕金医疗、中科装备等一批国家级、省级创新平台,以及中国科学技术大学生命科学学院、安徽医科大学、安徽中医药大学、蚌埠医学院、皖南医学院等医学院校。依托安科生物等行业龙头企业建设的基因工程制药安徽省重点实验室,依托安徽医科大学等高校资源,共建工程技术研究中心和产业化技术研究院,如抗炎免疫药物安徽省工程技术研究中心和安徽省创新药物研究

院,为安徽省生命健康产业发展提供了良好的创新平台支撑。

四、本产业进一步发展需要解决的技术问题

1. 医药研发

① 注射用重组人 HER2 单克隆抗体,研究抗体人源化改造技术、抗体筛选和亲和力优化技术、抗体高产工程细胞株构建技术、哺乳动物细胞高密度培养技术、抗体大规模生产、纯化和制剂技术。② 医疗 CT 球管阳极靶盘,阳极靶盘制造短流程新技术,主要研究内容包括原材料优化技术,一步法烧结成型技术,金属层与石墨高强度焊接技术等。③ 数字 PCR 仪及配套传染性疾病检测系统及试剂研发,高精度液滴数字 PCR 仪器的研制与量产;病毒性疾病体液检测系统及配套试剂的研制与量产;致病性细菌体液检测系统及配套试剂的研制与量产;环境病原微生物检测系统及配套试剂的研制与量产。④ 无耐药的新型大分子抗生素构建及应用,研究能够靶向焦磷酸新型大分子抗生素,并把焦磷酸关到"笼中",阻止焦磷酸参与反应,有效抑制肽聚糖合成,杀死细菌,不会出现耐药性,从而构建无耐药的抗生素。⑤ 无机非金属纳米酶的设计,以安徽地区高发的小细胞肺癌为研究对象,针对无机非金属纳米酶催化效率低、成像监控弱等问题,探索调控无机非金属纳米酶化学动力学性能的新方法,研发尺寸较小、光学响应波长较高的无机非金属纳米酶,为小细胞肺癌的诊疗一体化提供新材料。⑥ 磁靶向光敏剂定点递送及敏化研究,依托稳态强磁场等大科学装置,锚定"新药创制"这一迫切需求,聚焦新型光敏类药物,针对其靶向性差的问题,以新材料合成为媒介,以外加磁场为突破口,通过构建梯度磁场,开发具有"磁靶向、光治疗"特性的光敏材料。

2. 系统开发及关键设备

① 超高清内镜功能供给系统,设计专用图像采集和处理模块,集成高带宽低延迟的无线 RF 图传芯片和 5G 传输芯片,基于 CMOS 图像传感器的专用图像处理传输模块研发攻关;开发高速医用图像处理通用算法,结合实操需求研究细节保持的视频调校增强算法,攻克图像质量动态评估、自适应宽动态图像融合、血管及轮廓增强、光照不均匀校正等关键技术;研究基于多流神经网络模型的微创病灶定位与手术行为识别技术,构建微创手术的术中智能辅助系统;攻克一体化腔镜中气腹仪等单元对高清摄像系统电磁干扰及集成控制的技术难题。② 智能脊柱疾病康复及治疗床垫的研发,通过导入患者数据识别患者病灶区域并根据医生的远程指导进行智能化个性化治疗,实时监测患者的信息,实时调整方案,整个治疗数据可以无线上传云端存储及 AI 分析,并自主优化治

疗方案。主要攻关内容：结合医院检查数据，患者病灶区域自识别技术；基于骨科专家知识，智能化和个性化康复治疗方案生成技术；攻克仿人的按摩和揉搓、红外热敷等关键组件；构建云平台，实现远程指导、远程诊断、大数据存储和分析等功能。③ 人体能量代谢监测系统（人体代谢舱），能量代谢舱空气动力学仿真与结构设计；构建代谢舱内外气体交换动态模型；能量代谢舱内部环境控制系统设计；高精度代谢舱内气体组分分析系统设计；能量代谢舱性能校准、测试与有效性验证。

第九节　绿　色　食　品

习近平总书记强调：人民对美好生活的向往，就是我们的奋斗目标，明确要求要把增加绿色优质农产品供给摆放在突出位置。目前，我国农业进入高质量发展的新阶段，绿色食品、有机农产品和地理标志农产品发展面临难得的机遇。安徽省是农业大省，立足资源禀赋优势和产业升级需要，大力推进十大千亿级绿色食品产业发展。安徽以发展绿色食品产业为突破口，加快十大绿色食品产业全产业链发展速度，主动融入长三角地区高端优质市场，成为长三角地区重要的农产品生产加工供应基地，推动安徽从农业大省向农业强省跨越。

一、在国家战略中的地位与作用

食品安全既是重大的民生问题，又是关乎社会和谐、国家稳定的政治问题。2011年4月，国务院出台《关于加快推进现代农作物种业发展的意见》，首次明确了农作物种业的地位，表明了种业是国家战略性、基础性的核心产业，是农业的"芯片"。2016年10月，国务院印发《"健康中国2030"规划纲要》，党的十九大报告将"实施健康中国战略"提升到国家整体战略层面统筹谋划，凸显了食品产业在其中的重要地位。

二、国内外产业发展状况、趋势与市场分析

1. 国内外发展现状

（1）国外发展现状。第二次世界大战以后，欧美和日本等发达国家在工业现代化的基础上，先后实现了农业现代化，开发有机食品、自然食品、生态食品和绿色食品较早，其发展速度和规模属于世界领先水平，在食品质量安全监管

方面已建立了健全的法律法规和配套的组织执行机构,如欧盟的有机食品认证、美国的 USDA 有机认证,绿色食品标准安全指标统筹采信美国、日本、欧盟等发达国家或地区先进标准,普遍严于我国有关国家标准和行业标准。国外政府对科技创新的重视和支持促使绿色食品产业相关知识、技术和管理不断创新发展,加速了农业科技成果转化。另外,英、法等国在生产绿色食品和农民职业教育方面积累了大量经验,不仅构建了完善的农业教育体系,还获得特定机构和专门法规提供的保障。

（2）国内发展现状。25 年前,农业部正式启动绿色食品开发和管理工作,拉开了我国绿色食品事业发展的序幕。时至今日,我国绿色食品事业蓬勃发展,创建了一个具有鲜明特色的新兴产业,打造出了一个代表我国优质安全农产品发展水平的精品品牌。产品结构日趋完备,现已开发的绿色食品产品,包括农林及加工产品、畜禽类产品、水产类产品、饮料类产品等四大类 57 个小类,覆盖农产品及加工食品 1000 多个品种。企业结构不断优化,依托品牌,绿色食品产业现已聚集了一大批农产品和食品加工骨干企业,其中有近 300 家企业为国家级农业产业化龙头企业。品牌认知度和公信力不断提升。据市场调查,广大消费者对绿色食品品牌的认知度已超过 70%,绿色食品标志已成为我国最具知名度和影响力的标志之一。品牌国际化水平不断提升,绿色食品突破了国际贸易技术壁垒,带动了我国农产品扩大出口,一大批绿色食品企业走向国际市场。未来,随着国家发展战略的提升和人民生活水平的提高,我国农产品品牌化建设必将向高端化迈进。

2. 发展趋势

（1）订制化加工。随着生活水平的提高,对食品安全的担忧和对绿色生态产品需求也会相应增加,私人订制绿色食品将成为一大趋势。一方面满足消费者追求健康的生活理念,另一方面进行个性化加工,凸显创意食品的理念。

（2）可视农业。随着未来新一代信息技术的发展,依靠互联网、物联网、云计算以及雷达技术及现代视频技术,农作物或牲畜生长过程的模式、手段和方法呈现在公众面前的可视农业模式将会有很大的发展空间,让消费者可以更加放心地购买优质产品。

（3）种业分子育种。作物育种已经步入分子技术育种的新时代,区别于传统基因工程,未来技术将更加精准,通过直接"修改"植物基因编码,修改不利基因或让其消失,与自然突变没什么不同,从而让植物更加营养、更能应对不利条件;借助同源重组技术,将新 DNA 序列甚至整个基因精准地插入基因组。

3. 市场分析

目前,世界范围内绿色食品销量仅占整个食品销量的 2%～3%,预计这一比重2050年将达到10%。此外,我国城乡居民的营养水平已接近世界平均水平,绿色食品符合我国消费国情,随着城乡居民收入大幅度提高,从食品消费方面看,人们对农产品和食品质量的要求越来越高,尤其是无公害食品、绿色食品的要求。从行业发展来看,随着我国人民生活水平的提高和消费理念的转变,有利于人们健康的无污染、安全、优质、营养的绿色食品已成为时尚,开发绿色食品已具备了深厚的市场消费基础。未来,绿色食品无论是在国内还是国外,开发潜力都巨大。根据市场研究机构的数据显示:全球绿色食品市场规模呈逐年增长趋势,截至2022年,全球绿色食品市场规模达到5000亿美元,估计到2025年将超过8000亿美元。

三、安徽产业发展基础及创新资源能力现状

1. 产业基础

近年来,安徽深入推进绿色食品十大产业高质量发展,全产业链发展的韧性增强、势头向好。截至2023年,十大千亿级绿色食品产业全产业链产值达1.2万亿元,其中,皖北绿色食品产业集群全产业链产值达2445亿元。全省绿色食品、有机农产品和地理标志农产品总数达6648个,其中,绿色食品4850个,居全国第二位;有机农产品1679个,居全国第三位;绿色有机地标总量位列全国第一方阵。累计建成全国绿色食品原料标准化生产基地52个,居全国第八位;全国有机农产品基地38个,居全国第一位;全国绿色食品(有机农业)一二三产业融合发展园区5个,居全国第一位。虽然拥有众多的食品产业相关资源,但安徽食品安全标准数量较少,备案的食品企业标准17311项,与农业强省江苏和山东相比都有较大的差距。此外,安徽种业发展进入全国前列,近年来成为全国种子出口第一大省,全省育成并通过国审的主要农作物品种数居全国第三位,新登记非主要农作物品种数居全国第二位,种业专利技术申请数居全国第一位,申请保护品种和授权品种数均居全国第二位。全省绿色食品产业呈现鲜明的三大板块:皖北是高效农业集聚区,着力打造高质量的皖北"大粮仓""大果园""大药库""大食堂";皖中是现代农业示范区,加快培育发展精准农业、生物农业、智慧农业和都市农业全产业链,加快建设高端绿色农产品生产加工供应基地和出口基地;皖南是生态特色农业样板区,聚焦名优徽茶、特色畜禽、特色林果、名优中药材、特色水产等生态特色产品,加快打造生态特色绿色食品全产业链。

2. 创新基础

基础研究方面,拥有安徽农科院、安农大等高校院所,另外还拥有隆平高

科、荃银高科、丰乐种业、皖农种业、华成种业、同丰种业、高科种业、国瑞种业、创富种业等种业龙头企业。其中,隆平高科是国内种业龙头,全球种业排名第十位,超级杂交水稻三期规划将有转基因技术;荃银高科是首批获农业部颁证的农作物种子"育繁推一体化"企业,承担转基因生物新品种培育科技重大专项——转基因玉米"双抗12-5"产业化研究。

四、本产业进一步发展需要解决的技术问题

1. 种业研发

① 玉米耐密抗锈病种质创新技术与新品种选育,需重点突破的有玉米耐密抗锈病种质高效创制技术;玉米耐密抗锈病优良自交系选育与精准鉴选技术;选育耐密抗锈病突破性玉米新品种;玉米耐密抗锈病新品种适配生产技术集成与示范推广。② 安徽沿淮淮北地区玉米、大豆高温不育机理研究及多控智能不育系构建,以安徽沿淮淮北南北过渡带玉米、大豆为研究对象,针对该地区高温逆境频发,单产水平不高等问题,开展玉米、大豆响应高温胁迫分子机理和耐高温多控智能不育系构建研究,为沿淮淮北玉米、大豆耐高温种质创新和杂种优势利用提供依据。③ 安徽地方猪种繁殖及抗病性状形成的分子机制研究,以安徽地方猪种为研究对象,针对繁殖力改良、腹泻类病毒和细菌、真菌及毒素抗性等科学问题,开展猪繁殖性状重要候选基因的筛选、功能验证及分子调控网络研究,进行腹泻类病毒、细菌、真菌等主要病原的毒力调控及病原-宿主互作网络中关键蛋白的功能机制解析,鉴定新型抗病及解毒的靶标基因,为安徽省地方猪种保护及种质自主创新提供基础理论支撑。④ 安徽省特色茶树种质资源的养分利用与品质性状形成机制研究,以安徽省茶树种质资源群体或特殊茶树品种为材料,针对茶树品种养分利用效率低、茶氨酸含量低、香气品质差等问题,挖掘控制养分利用效率、茶氨酸和香气前体合成的关键基因,解析与茶树养分利用与安徽省特色红、绿茶叶品质性状形成的分子机制,为通过分子育种手段创制养分高效、高品质茶树新品种和安徽省特色红茶、绿茶品质提升奠定理论基础。

2. 种业基础创新水平

种业基础创新水平与世界先进水平还有较大差距,玉米、大豆、生猪、奶牛等竞争力还不强;跨国种业已经进入了"生物技术+信息化"的育种4.0时代,而我国仍处在以杂交选育为主的2.0时代,部分种源要从国外引进;品种选育局限性大,多集中在高肥水环境中生长的高产品种,不重视地方特色种质资源的选育开发;品种创新能力低,企业研发成果存在高度同质性,公立科研机构选

育的品种市场贴合度不高。

3. 休闲食品生产技术

包括食品原料加工适宜性与营养化、功能化提升技术，食品感官食用品质保持机理研究，食品活性包装、新型杀菌与智能保质保鲜技术，食品全产业链安全与质量防控体系构建，食品加工制造装备的自动化与智能化技术，食品共性加工技术的融合创新，共性加工技术涵盖不同食品方便化、个性化生产过程中质构重组技术、物理加工技术、新型杀菌技术、品质调控技术、精准营养配伍技术等共性加工技术与装备，推动休闲食品科技与产业不断创新。

第十节　数　字　创　意

数字文化的发展，对推动我国国民经济转型升级和丰富大众文化生活，增强综合国力，提高社会文明水平和扩大我国文化影响力，具有重大战略意义。数字创意产业是"软文化"与"硬科技"的有机结合，成为我国文化产业发展的一大亮点。在"十四五"开局之年，安徽省委、省政府把握"数字中国"机遇，编制全国首个省级数字创意产业发展规划，提出了加快数字化发展、建设"数字江淮"的重大使命，大力发展数字创意产业等任务要求。大力发展数字创意产业，对推进安徽省三次产业协同发展、加快构筑高质量发展新优势具有不可或缺、不可替代的重要意义。

一、在国家战略中的地位与作用

数字化浪潮迭起，文化产业和数字化技术结合催生数字文化创意产业。2017年4月，文化和旅游部出台《关于推动数字文化产业创新发展的指导意见》，首次从国家层面指导数字文化产业发展。2020年9月，国家发展和改革委员会、科技部、工信部、财政部联合出台了《关于扩大战略性新兴产业投资 培育壮大新增长点增长极的指导意见》，其中第八条意见提出：加快数字创意产业融合发展。2021年5月，文化和旅游部印发《"十四五"文化产业发展规划》，提出要顺应数字产业化和产业数字化发展趋势，深度应用5G、大数据、云计算、人工智能、超高清、物联网、虚拟现实、增强现实等技术，推动数字文化产业高质量发展，培育壮大线上演播、数字创意、数字艺术、数字娱乐、沉浸式体验等新型文化业态。2022年5月，中共中央办公厅、国务院办公厅印发《关于推进实施国家文化数字化战略的意见》,明确到2035年,建成物理分布、逻辑关联、快速链接、高效搜索、全面共享、重点集成的国家文化大数据体系,呈现中华文化全景,让中华文化数字化成果全民共享。

二、国内外产业发展状况、趋势与市场分析

1. 国内外发展现状

(1)国外发展现状。数字创意产业作为新兴产业,整体发展历程并不长,世界主要发达国家和新兴经济体大多处于起步阶段,并呈快速发展态势,总体上形成美、亚、欧三足鼎立的格局。目前,美国、英国、德国、日本、韩国等国以技术创新为基础,大力推进产业化布局,形成了特色鲜明的数字创意产业经济带。从数字技术与装备来看,美国、日本、韩国拥有以高通、基恩士、三星为代表的全球数字设备制造头部企业,为产业发展提供技术支撑。从数字设计服务来看,美国、英国、德国数字设计产业发展成熟,如德国提出"德国工业4.0"概念,拥有一批优秀的工业设计企业。从数字内容来看,美国的电影、娱乐、艺术等版权产业全球领先,涌现出好莱坞、迪士尼、时代华纳等业内巨头,日本则是世界上最大的动漫内容制作和输出国,全球播放的动漫作品中60%以上出自日本。

(2)国内发展现状。我国数字创意产业作为战略性新兴产业,近年来得到了快速发展。从产业分布来看,呈现集群发展特征,全国有近80家数字创意产业园区,主要分布在京津冀、长三角和粤港澳大湾区。其中,广东、浙江集聚度较高,龙头企业有腾讯、网易等。浙江以数字创意产业建设工程为引领,助力数字经济"一号工程",代表性企业主要有阿里巴巴、海康威视、华数传媒等。香港、北京、上海已跻身全球数字创意产业30强城市。从细分领域看,我国在移动游戏和网络媒体等细分领域国际领先,早在2018年,已成为全球互联网文化娱乐领域的第二大市场、网络游戏领域的第一大市场,向海外输出的网络文学作品超过1.1万部,以抖音国际版(TikTok)为代表的直播平台、短视频平台在全球深受欢迎。

2. 发展趋势

(1)网络文化的多技术融合。新一轮科技革命和产业变革正在孕育兴起,以物联网、云计算、大数据等为代表的信息技术呈现出多点突破、交叉融合、群体跃进的态势,变革突破的能量正在不断积累,如智能手表与移动社区结合在一起,增加了社交功能。

(2)网络文化多领域渗透融合。互联网推动社会信息化在各领域的渗透融合发展,如金融互联网、工业互联网、能源互联网、智慧城市、全球医疗、全球教

育、网络出版、移动阅读、泛在办公、网络问政等。网络文化日益成为涉及国家政治安全、经济发展运行、社会和谐稳定的重大战略问题,成为推动经济发展、政治民主、文化繁荣、社会进步和全球治理的重要力量。

3. 市场分析

未来5~10年,是全球新一轮科技革命和产业变革从蓄势待发到群体迸发的关键时期,文化创意将成为产业变革和新经济发展的重要引擎。中国数字创意产业的七大细分领域,目前呈现出"游戏盈利强,动漫衍生广,VR潜力劲"的外部特征,仔细分析不难发现其中蕴含的商机:网络文学处于发展阶段,作为IP源头,提升机会大;动漫处于发展阶段,IP衍生市场潜力大;影视处于成长阶段,受众广泛,优质内容爆发力强劲;游戏处于成熟阶段,电竞、VR是其新增长点;创意设计处于起步发展阶段,经济附加值空间大,但创意理念和水平有待提高;VR处于起步阶段,潜力大,增速高,但技术、产品和内容等有待提升;在线教育处于成长阶段,融合语音识别、直播互动、AI等技术可获得快速发展。

三、安徽产业发展基础及创新资源能力现状

1. 产业基础

安徽省相较于全国特别是江浙沪等数字创意产业发达地区,发展起步晚,产业规模较小、基础相对薄弱。但近年来,安徽省高度重视数字创意产业发展,出台系列扶持政策,推动产业发展规模持续扩大,竞争能力不断提升。截至2022年,全省规模以上数字创意企业806家,全年实现营业收入突破千亿元,达1096.8亿元。主要集中在广播影视设备制造、动漫游戏、数字出版等领域,涌现出三七互娱、安达创展、百助网络等一批细分领域领军企业。创建了一批数字创意产业孵化器和众创空间,一批原创作品和精品IP项目入选国家动漫品牌建设和保护计划。从区域结构上看,安徽省文化创意产业基本集中在以省会合肥为中心的几个南方城市中,仅合肥、黄山、芜湖、马鞍山等文化创意产业营业收入就占了全省文化产业总收入的半壁江山。总体上看,安徽省文化创意产业基本上还是以传统文化资源、传统工艺技术为主,特色优势不明显,与发达地区相比,缺少创新性和创造力,产业集聚较弱、产业布局不均衡,以及缺乏龙头带动、企业规模偏小、专业人才紧缺等问题。

2. 创新基础

安徽数字创意产业整体创新基础能力较弱,50%以上数字创意企业集中在数字创意产业基地,全省拥有11个国家级工业设计中心、2个国家级文化和科技融合发展示范基地、1个国家级广播影视科技创新实验基地,以及合肥工业设

计城、蚌埠曹山工业设计小镇等不同规模且具有专业特色的园区平台。

四、本产业进一步发展需要解决的技术问题

1. 数字文化创意技术装备的创新支撑不足

4K/8K 领域,传输与存储、编解码/芯片、显示技术等方面处于弱势,关键技术体系存在短板;超高清视频在采集、制作、传输、呈现等环节的协同创新不足。在 VR 技术装备领域,近眼显示、感知交互、渲染处理和内容制作等技术有待进一步突破;包含芯片、传感器、显示器件、光学器件等软硬件在内的系统集成能力不足,高端 VR 整机设备和感知交互设备缺乏。

2. 优秀内容供给和服务能力有待加强

安徽省超高清视频内容制作企业多为初创型企业,规模小、分布散、实力弱,前端设备购置、后期制作、版权购买等成本高昂,投资产出回报周期较长,初创企业多难以为继,导致原创优质内容供给能力不足。此外,全省内容聚合与分发平台企业较少,难以满足内容服务市场的需求。

第四章　安徽建设国家产业创新中心的必要性

安徽处于多重国家战略叠加的枢纽地带。近年来,安徽省锚定"三地一区"战略定位,聚力打造具有重要影响力的科技创新策源地、新兴产业聚集地、改革开放新高地和经济社会发展全面绿色转型区,加快建设"七个强省",着力培育壮大新质生产力,高水平推进创新型省份建设。国家产业创新中心作为激发创新动能的重要引擎,能够有效助力安徽集聚创新资源,构建协同创新网络,加快产业技术研发,推动产业技术变革,促进技术创新成果服务产业发展,提升新兴产业竞争力,培育壮大经济发展新动能,为加快建设现代化美好安徽筑势赋能。

第一节　安徽建设科技创新策源地的需要

科技创新策源地是科技创新活动的策划和起源之地,具有原始创新能力和引领辐射能力。科技创新策源地聚焦国家和区域发展的关键性、战略性领域,实现科学研究的从无到有,既有理论的创新,也有技术的突破,对国家和区域创新能力建设具有重要意义。[37]广义上的科技创新策源地是在科学、技术、创新三个方面都表现突出的区域,不仅是实现科学上的领先,还集聚着最先进的高科技产业和最具创新能力的企业家。[38]

建设科技创新策源地,不仅需要高校、科研院所、企业等创新主体的协同联动,也需要人才、资金、平台等创新资源的集聚支持,各种创新要素形成良性互动。国家产业创新中心聚焦战略性领域,是整合联合行业内的创新资源、构建高效协作创新网络的重要载体,能够为科技创新策源地建设提供有力支撑。

安徽建设科技创新策源地,是安徽省委省政府贯彻习近平总书记考察安徽重要讲话指示精神提出着力打造具有重要影响力的"三地一区"的首要任务[39],

也是安徽加快建设科技强省的重要内容。当前,上海、江苏、浙江等诸多省市都提出打造科技创新策源地的目标,并将其列入长期规划和重点工作中,安徽要抢抓机遇加快布局,促进各区域创新资源流动,进一步激活和整合现有创新资源,加大吸纳外部创新资源力度。近年来,安徽大力度推进"双招双引",加快优质要素资源集聚,为建设科技创新策源地开源赋能,但仍存一些不足之处。

一是创新资源和创新投入还不足。例如人才方面,与沪苏浙相比,安徽人才队伍建设还存在较大差距。2022年,安徽研发人员全时当量25.2万人年,仅为江苏和浙江的32.43%和39.25%;每万就业人口中从事研发活动人员79.5人年,仅为江苏和浙江的46.33%和48.09%;两院院士39人,仅为沪苏浙的22.03%、32.77%和66.10%。再如资金方面,相较于沪苏浙,从资金投入总量看,安徽研发经费投入1152.5亿元,仅为沪苏浙的58.16%、30.05%和47.69%;从投入强度看,安徽研发经费投入强度比沪苏浙分别低1.88、0.56和0.55个百分点。安徽研发经费构成中,企业是研发经费投入的主体,超80%的经费投入来源于企业,而融资贵融资难、资金来源不够多元化是导致研发资金投入存在差距的重要原因。

二是省内创新资源分布不平衡。建设科技创新策源地是全省层面的部署,不是只看一个或几个城市,而是要全省16个地市形成合力共同推动。但是,安徽省内创新资源分布不均的问题较为突出,尤其是皖北地区,创新资源集聚相对较弱。安徽省级及以上研发平台中,合肥占比超过30%,而淮北、宿州、淮南、池州、黄山等市均低于3%,尤其是宿州,仅占1.93%;"双创"载体中,合肥、芜湖、蚌埠的孵化器和众创空间占全省比重近一半;创新主体方面,淮北、亳州、蚌埠、淮南、铜陵、池州、黄山等地的规模以上工业企业数占全省比重均低于5%。

三是现有创新资源利用存在不足。安徽现有创新资源的整合力度不够,省内创新资源建设的协同性不强,难以充分发挥各类创新资源的效用,如何盘活现有创新资源是安徽建设科技创新策源地需要解决的重要问题。随着创新资源的不断累积,安徽建设"3+4+4"高能级创新平台,拥有近4000家省级及以上研发平台、近7000家科研机构、百余所普通高校和研究生培养单位,打造现代金融总部基地,已布局区域性金融机构总部和法人机构总部的超过50家。但是各类创新资源未能联动整合,存在割裂现象,资源浪费问题显现,难以充分发挥效应。例如,不同的研发平台分属不同的管理部门,可能有着类似的定位和功能,但是却难以共通资源形成合力;平台、企业、高校、科研院所、金融机构等各忙各的,缺少整合联动的平台,尚未形成高效协作网络。

而安徽建设国家产业创新中心有助于促进相关产业领域人才的快速集聚,并且能够通过创新人才政策的先行先试,充分调动人才创新创业的积极性;有助于广泛吸纳地方资金和社会资本参与安徽创新,不仅可以提高全社会的资金投入,也能推动中小企业的发展壮大,进一步促进创新资源集聚;有助于整合平台、企业、高校院所、金融机构等各类创新资源,形成合作网络,提高资源利用效率;有助于进一步加强省内各区域资源整合,优化资源配置,有效弥补安徽在创新资源方面存在的短板,有力促进安徽科技创新策源地建设。

第二节 安徽推进技术创新成果产业化的需要

技术创新成果产业化是将技术创新成果转化为现实生产力的过程,是连接科技创新与经济发展的重要一环,是推动产业结构优化调整和经济发展动能转变的关键手段,对于促进经济高质量发展具有重要意义。产业是科技创新发展的落脚点,科技是产业发展的驱动力。要围绕产业发展需求,以市场为导向进行技术创新[40],才能推动技术创新成果更快地转化为生产力。而加强产学研合作,完善中介服务体系是促进技术创新精准化服务实体经济发展的有效手段。国家产业创新中心是特定战略性领域颠覆性技术创新、先进适用产业技术开发与推广应用、系统性技术解决方案研发供给、高成长型科技企业投资孵化的重要平台,能够促进产业需求与技术创新成果的有效对接,提高技术创新成果产业化效率。

"安徽正处在厚积薄发、动能强劲、大有可为的上升期、关键期,将坚定走好以科技创新推动产业创新的路子,不断把势能转化为发展动能。"近年来,安徽围绕产业链部署创新链,围绕创新链部署产业链,完善体制机制,着力打通成果转化"最后一公里",推动更多的创新成果从实验室走向生产线,更多的产业技术需求与科研院所匹配成功,促进创新成果落地转化成新产业、新模式、新动能,但是仍存在一些不足之处。

一是创新主体合作还不够。安徽的企业、高校、科研院所等创新主体间联动还不够充分,创新资源尚未实现互通共享,使得一方面创新需求得不到满足,另一方面创新供给也无法得到应用,创新效率不高。高校、科研院所更多关注国家、省重点项目和科研任务,科研成果与安徽省产业发展、经济发展结合得不够紧密,使得成果转化效率不高;企业更加关注技术的实用性,关注创新成果是否能解决企业发展遇到的技术难题。从产学研合作情况来看,2022年,安徽规模以上工业企业中只有13.1%的企业开展了产学研合作,其中11.3%的企业与高校开展创新合作、5.6%的企业与研究机构开展创新合作。从成果转化来看,安徽技术合同成交额2913.0亿元,仅为上海和江苏的72.76%和74.90%。

二是技术创新成果产业化服务还不完善。科技成果转移转化体系不够健全、专业化机构相对欠缺、中试环节基础相对较弱等也是安徽部分科研成果未能在本地实现转化的重要原因。从服务机构看,安徽的科技要素市场建设还处于起步阶段,200余家科技中介服务机构中,提供技术评估、科技成果评价、科技投融资等高价值服务的机构分别仅有31.5%、37.6%和38.5%[41];安徽拥有12家国家技术转移示范机构,与上海(26家)、浙江(21家)、江苏(45家)、广东(20家)存在较大差距。从孵化载体看,安徽省级及以上孵化器151家,仅为江苏、浙江、上海的12.70%、61.63%和73.70%,国家级的孵化器仅有48家,为江苏、浙江、上海的19.75%、39.34%和77.42%;省级及以上众创空间253家,仅为江苏和浙江的21.51%和40.16%,国家级的众创空间仅有68家,仅为江苏和浙江的24.55%和35.23%。

而安徽建设国家产业创新中心有助于提升创新成果供需对接的效率,打造"政产学研资"紧密合作的创新生态,为科技和产业的对接提供良好的平台;有助于聚焦某一产业领域,促进省内创新主体与省外乃至国外创新主体间开展合作,进行产业共性技术的开发和推广,提高科技创新解决实体经济发展问题的针对性,推动更多创新成果在安徽落地生根,转化为实际生产力;有助于在某一产业领域中推动仪器设备、试验场地、试制车间等创新资源向高校、科研院所和企业开放,促进技术成果向市场扩散;有助于开展知识产权集中运用,整合高校、科研院所、企业等创新主体产出的创新成果,推动技术创新成果产业化,促进科技产业深度融合发展。

第三节 安徽打造新兴产业聚集地的需要

产业的集聚效应有利于促进资源共享和合作创新,推动人才链、产业链、创新链深度融合,促进新质生产力的不断提升。加强产业聚集可以推动产业链上下游企业集聚,共享资源、技术和经验,进而加速创新创造,对于优化区域产业结构,提升产业聚集地的创新能力和竞争力具有重要意义。新兴产业是新质生产力发展的重要载体,常常通过颠覆性技术的创新推动生产力的发展。打造新兴产业聚集地要树立全产业发展理念,发挥其带动力和辐射力,不仅要大力发展战略性新兴产业,前瞻布局未来产业,也要促进新兴产业带来的新技术在传统产业转型升级中的应用。国家产业创新中心是推动新兴产业集聚发展、培育壮大经济发展新动能的重要力量,能够有力支撑新兴产业的集聚和发展,以新质生产力推动高质量发展。

打造具有影响力新兴产业聚集地是安徽打造"三地一区"的重要内容,也是安徽加快建设制造强省的重要支撑。近年来,安徽着力以科技创新引领发展,以产业创新开创新局,一手抓传统优势产业智能化升级,一手抓战略性新兴产业培育壮大,全面塑造创新发展新优势,但仍存在一些不足之处。

一是新兴产业竞争力还不够强。虽然新兴产业对安徽经济发展的贡献越来越大,但是与沪苏浙等发达省市相比,产业竞争力仍然不强。2022年,安徽省高新技术产业增加值占规上工业的比重为47.4%,比浙江省低17.9个百分点;安徽省工业战略性新兴产业产值占工业总产值的41.6%,比上海市低1.4个百分点。"中国企业500强"榜单中,安徽入围的企业包括海螺集团、铜陵有色、奇瑞集团、安徽建工、淮北矿业、淮河能源、六安钢铁、中科电力装备集团、安徽交控集团,仍以传统优势产业企业为主。

二是产业链条不够完善,关键核心技术和行业共性技术供给不足。企业关联度较低,很多核心零部件需要从外地采购。如合肥集成电路产品产量虽然居全国第九位,但在如平板显示、家电、汽车等产业中,大多数集成电路产品采购自外地。核心技术对产业的支撑不够,产业链水平有待进一步提升。如在医药产业链中,前端产业占比较大,主要以初级加工产品、低端产品为主,生物制药和医疗器械等产业链高端产业收入在整个产业中只占比21%;机器人产业中,占总成本70%的减速器、伺服电机、控制器三大关键零部件主要依赖进口[42];量子产业中,特殊半导体材料、光量子芯片、低温制冷设备等存在"卡脖子"情况。汽车芯片、光伏IGBT组件、人工智能大模型等核心环节仍存在断点、卡点,人工智能、新型显示、集成电路等产业关键设备、基础材料、软件等主要依赖进口,瓶颈制约突出。在传统的家电产业中,智能技术、等离子体技术、变频技术、节能环保技术、新材料与新能源应用、关键零部件升级等核心技术受制于人,控制系统组件、传感系统组件、精密步进(微)电机(马达)、热泵系统组件、高精小型泵阀组件、精密模具制造与成型、物联网通讯模块等智能家电(居)关键核心部件缺乏,高端芯片、智能传感器等长期依赖进口,导致产业链的延伸和价值链的提升困难重重。

三是技术研发改造经费投入力度还不够。应用研究是把基础研究成果转化为实用技术的必要环节,对于开拓新技术、发展新产业和革新现有生产技术具有重要意义。从研发投入构成来看,安徽研发经费支出中应用研究仅占比8.39%。在传统产业的改造升级中,安徽省规上工业企业技术改造经费支出约为300亿元,与部分工业强省,如广东省(541亿元)、江苏省(455亿元)、山东省

(322亿元)还存在差距。

四是省内产业发展区域联动性不强。区域发展不平衡问题日渐突出,阻碍了全省产业的有序发展壮大,皖北地区产业集聚度低,产业层次总体偏低,多处于产业链中低端,附加值不高。省内产业联动较弱,协作水平不高,产业互补性不强,尚未形成良好的联动发展态势。

而安徽建设国家产业创新中心有助于促进相关产业领域开展实验室技术熟化、产业前沿技术研发和竞争前商品试制,创制产业技术标准,推动产业技术变革,加快产业关键领域和重点环节核心技术攻关,能够有效助力安徽加强技术创新对产业发展的支撑;有助于聚焦某一产业领域发展需求,整合多方资源,加强省内或产业链内人才、技术、资本等的流通,促进资源互动和联通,加强产业发展协同性,全面提升全省产业竞争力,加快新兴产业聚集地建设。

第五章　国内外产业创新中心建设模式的借鉴和启示

近年来,世界各国越来越认识到构建产业创新链,营造产业技术创新生态系统的重要性,并纷纷做出尝试和改革,力求在世界产业技术发展中获得或保持竞争优势,在基础研究、应用基础研究、前沿交叉领域以及颠覆性技术创新领域不断增加投入,对促进产业发展的创新平台组建模式进行持续探索。反观国内,我国为推动特定战略性领域颠覆性技术创新、开展先进适用技术开发与推广应用,培育孵化了一批高成长性科技企业。截至2022年底,先后打造了一批国家产业创新中心,国内10余省(市)也相应发布省(市)级产业创新中心建设工作指引、申报指南或实施细则。在政策的支持下,这些国家和省级产业创新中心日益成为我国产业创新的重要支撑。目前,安徽省已分两批认定29家省级产业创新中心。为了进一步促进科技产业融合,激发创新动能,争创国家级产业创新中心,课题组分析了国内外产业创新中心的建设模式和运行机制,总结了国内各省(市)产业创新中心的创新政策和建设经验,对安徽省建设产业创新中心有着积极的参考借鉴意义。

第一节　国外产业创新中心的建设模式

随着新一轮科技革命和产业变革,全球化竞争呈现出新的发展态势,主要发达国家和创新型国家相继出台重大举措,加快推动产业科技创新。国外学者没有对产业创新中心有明确的界定,但存在相关提法,本书对照国家产业创新中心的主要任务和功能,对国外类似的组织或机构进行探讨,为我国建设产业创新中心提供参考借鉴。

一、德国弗劳恩霍夫应用研究促进协会

弗劳恩霍夫应用研究促进协会(以下简称"协会")是德国也是欧洲最大的科研组织,主要从事技术导向型应用研究[44],聚焦支撑产业发展的共性技术研发,帮助企业解决自身发展中的技术问题和经营问题。

1. 组织架构

协会设有1个总部和76个研究所(截至2021年底),其组织架构如图5-1所示[45],各组织体的设置都有着明确的任务和目的。

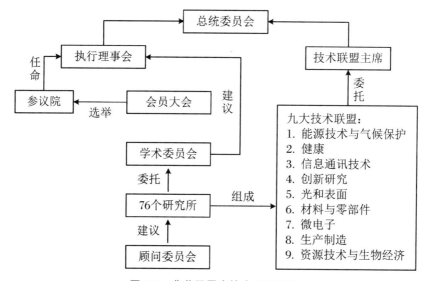

图 5-1　弗劳恩霍夫协会组织架构

总统委员会是运行协调机构,由执行理事会成员和9个技术联盟主席组成,参与执行理事会的决策过程,执行理事会拟做出的重要决定的实施需得到2/3以上联盟负责人的支持。

执行理事会是日常管理机构,由1位主席和3位高级副主席组成,其职责是起草规划和编制财务预算,争取政府经费并分配,聘任所长。

参议院是最高决策机构,包括30名成员,由来自世界各地的科学家、企业家、政府代表以及公共部门的杰出人物组成,主要职责是制定基本研发政策,决定研究所的建立、变动、合并以及解散,对协会章程等重要文件提出修改建议等。

会员大会是最高权力机构,分为正式会员、普通会员与荣誉会员,其中正式会员由参议院和执行理事会成员、研究所所长和高级管理人员以及顾问委员会

的成员组成,普通会员对个人和支持协会的合法组织开放,会员大会的职责是选举参议院成员,推举荣誉会员、章程的修改表决等。

研究所是具体实施研发项目的单位,所长通常由大学的知名教授担任,是研究所的行政负责人。

学术委员会是协会的内部咨询机构,由各研究所所长、高级管理人员及科研人员代表组成,其职责是论证发展规划和科研事项,对新所成立和旧所关闭提出意见。

顾问委员会是各研究所的外部咨询机构,由科学界、商业界和公共部门的代表组成,其任务是对研究所的各项工作提出建议。

2. 资金来源

协会的资金来源包括"竞争性资金"和"非竞争性资金"两类,"非竞争性资金"主要为联邦和各州政府提供的科技事业基金以及国防部等部门下拨的专项资助等,"竞争性资金"主要为政府和企业委托的研发合同收入。以 2021 年为例,全年 29 亿欧元预算经费中,有 25 亿欧元来自合同项目即"竞争性资金"。"非竞争性资金"主要用于支持前瞻性的研究工作,以确保其科研水平处于领先地位;由于"竞争性资金"是协会的主要经费来源,因此需要协会像企业一样积极开拓市场,争取更多的委托项目。

3. 运作模式

虽然弗劳恩霍夫协会最初是由政府组建的,但协会与政府之间实质上是一种主体平等的现代契约关系,其采取的是企业化理念的运行模式。会员大会是协会的最高权力机关,类似于企业的股东大会;参议院是协会的最高决策机构,类似于企业的董事会;执行理事会负责协会的日常管理工作,类似于企业的经理层;学术委员会是协会的最高咨询机构,类似于企业的监事会;总统委员会类似于董事会扩大会。在内部经费分配上,"非竞争性资金"无条件地分配给各研究所,以保证前瞻性、基础性研究;"竞争性资金"将以各研究所承担工业部门的合同经费比例为依据来分配。

二、英国弹射中心

英国弹射中心计划启动于 2010 年,由英国政府资助,英国技术战略委员会(后更名为创新署)建设。中心旨在促进英国的科技成果产业化,加快打造科技与经济紧密结合的技术创新体系。[46]弹射中心的主要任务包括促进企业获得顶尖的技术、帮助企业开发应用研究项目、为企业提供各级技能培训、推动企业与科研机构协同发展,成为世界领先的科学和工程研究基地。截至 2021 年底,英国已建成11个弹射中心(如表5-1所示)[47-49],中心建设秉承新建与改建相结合的原则,如高附加值制造业中心以及卫星应用中心利用了已有投资和基础,而细胞与基因疗法以及未来城市中心是完全新建的弹射中心。

表5-1 英国弹射中心一览表

序号	成立年份	名称	建设区域
1	2011	高附加值制造业中心	包括七个分中心:先进成型研究中心(AFRC)位于格拉斯哥,先进制造研究中心(AMRC)和核先进制造研究中心(NAMRC)位于谢菲尔德,流程创新中心(CPI)位于塞奇菲尔德,再制造技术中心(MTC)位于布里斯托,国家综合中心(NCC)位于安斯蒂,华威制造集团(WMG)位于考文垂
2	2012	细胞与基因疗法中心	伦敦、斯蒂夫尼奇、布伦特里和爱丁堡
3	2012	联域创推中心	伦敦、米尔顿凯恩斯、利兹和格拉斯哥
4	2012	近海可再生资源中心	格拉斯哥、布莱斯、莱文、彭布罗克郡、西康沃尔、赫尔、萨福克、阿伯丁郡和山东省
5	2013	卫星应用中心	迪科特、格拉斯哥、达勒姆郡、莱斯特、朴次茅斯和西康沃尔
6	2013	未来城市中心	伦敦
7	2014	数字化中心	伦敦、布莱顿、约克、桑德兰和北爱尔兰
8	2015	能源系统中心	伯明翰和德比
9	2015	精准医疗中心	总部位于剑桥生物医学园,在曼彻斯特、格拉斯哥、利兹、卡迪夫、牛津和贝尔法斯特等地设有区域中心
10	2016	医药研发中心	阿尔德利
11	2016	复合半导体应用中心	纽波特

1. 组织架构

弹射中心是一个非营利性实体机构,虽然是英国政府倡导设立,但拥有独立的运营权,每个中心负责自身业务规划、自身资产负债、设备管理和设施所有权及知识产权。[50,51]

弹射中心的组织架构包括:治理委员会、技术战略委员会、监督委员会。治理委员会由一个自治的、企业导向的董事会来领导,该委员会由企业用户和技术专家组成,实施中心工作并监督其活动方案。技术战略委员会由执行董事处理其内部管理职责。监督委员会由富有经验的专家组成,包括产业界的专家,研究理事会、商业创新技能部以及创新署的专家,以咨询身份对技术战略委员会和中心网络运行提供建议。

2. 资金来源

英国弹射中心的资金来源包括"竞争性资金"和"非竞争性资金",与德国弗劳恩霍夫应用研究促进协会类似。在每个弹射中心的资金来源中,英国创新署核心资金("非竞争性资金")、公私合作资助科研项目资金("竞争性资金")、企业资助研究合同资金("竞争性资金")各占三分之一。英国创新署核心补助资金主要用于基础设施和设备投入,投入比例与各个弹射中心在建设过程中是否使用已有设施和设备相关[46];公私合作资助科研项目资金和企业资助研究合同资金主要用于人力成本和启动项目运行的成本。

3. 运作机制

弹射中心的运营管理采取"政府 + 企业"的模式。英国创新署设有咨询监督委员会,负责弹射中心的监管管理。每个弹射中心都是自主经营的法人实体,运行机制类似于企业,由董事会以及执行管理团队负责具体运营,与普通企业的区别是非营利性。各弹射中心在具体运作过程中有很大的自主性,拥有决策权和知识产权管理权。由于弹射中心的性质是非营利性的,因此,不能进行利润的分配,所有收入必须投入中心的运行和发展中去。

三、美国制造创新研究院

2012 年,美国启动了"制造业——美国"计划,在全国范围内开展国家制造业创新研究院建设,旨在打通基础研究和产业化链条,解决基础研究和商业化之间的空缺,提升美国制造业创新能力。[52]截至 2020 年底,美国共建立了 16 个创新研究院(如表 5-2 所示)[53,54],吸纳会员超过 2000 个。

表 5-2 美国制造创新研究院一览表

序号	成立年份	名称	聚焦领域	牵头部门
1	2012	美国制造创新研究院	增材制造	国防部
2	2014	未来轻质材料制造创新研究院	轻量化材料	国防部
3	2014	数字化制造创新研究院	数字化制造和设计	国防部
4	2014	电力美国创新研究院	宽禁带半导体	能源部
5	2015	先进复合材料制造创新研究院	先进聚合物复合材料	国防部

续表

序号	成立年份	名称	聚焦领域	牵头部门
6	2015	集成光子制造创新研究院	集成光电子	国防部
7	2015	柔性混合电子制造创新研究院	柔性混合电子材料和器件	国防部
8	2016	先进功能纤维制造创新研究院	纤维材料与制造工艺	能源部
9	2016	清洁能源智能制造创新研究院	智能制造	能源部
10	2016	过程强化部署快速推进创新研究院	模块化化学过程强化	能源部
11	2016	国家生物制药创新研究院	生物制药	商务部
12	2016	先进可再生制造创新研究院	组织工程	国防部
13	2017	减少内含能量与排放创新研究院	可持续制造	能源部
14	2017	先进机器人制造创新研究院	机器人	国防部
15	2020	网络安全制造创新研究院	网络安全	能源部
16	2020	国防生物工业制造创新研究院	生物技术	国防部

1. 组织架构

创新研究院由先进制造国家项目办公室管理,其职能是制定总体规则,保证所有创新研究院都按照既定的使命和愿景前进,同时,还承担国家关于先进制造业战略的实施,以及和先进制造业相关的合作交流等[52]。

每个创新研究院相对自治,其日常管理由独立的非营利组织负责,要求该非营利组织必须是美国本土的机构,并具备极强的整合"产学研政"各界资源的能力,如未来轻质材料制造创新研究院的牵头机构是美国爱迪生研究所,它同时也是一个增材制造联盟的牵头机构[52];电力美国创新研究院的牵头机构是北卡罗来纳州立大学,该学校在相关技术和工程领域有长期的研究,在学术界有一定的影响力,而且和业内很多组织机构建立了良好的合作关系。

创新研究院设有董事会,由"产学研政"各方代表担任,主要职责是决策、运营、会员管理、知识产权管理、投资、技术选择、资金分配、进度跟踪等。执行董事则由负责日常管理的非营利组织带头人担任。

2. 资金来源

创新研究院由政府和业界共同出资,政府先拿出0.7亿～1.2亿美元招标资金,要求申请者配套比例不得低于1∶1,在5～7年内分期投入(如图5-2所示)。早期政府投入的比例大,然后逐年减少,争取在5～7年内完全停止政府方面的资金投入,最后制造创新研究院将脱离联邦财政,依靠会员会费、付费服务、合同、预研生产、研究资助、知识产权转让和捐赠等实现独立运作。[52]

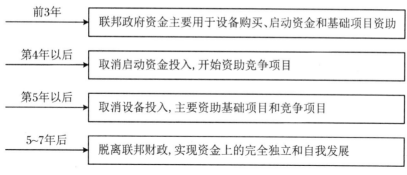

图 5-2 制造创新研究院政府资金资助模式

3. 运作模式

创新研究院是按公私合作方式,采用"政府+产业界+学术界+非营利组织"联合治理的模式,以政府为主导、以企业为主体,非营利组织运营管理,创新研究院不是一个简单的产业联盟,而是要形成比产业联盟更加丰富的网络,每个创新研究院之间的互相合作是关键,合作包括共同治理、经验分享、研发成果分享等,各创新研究院之间不是竞争关系,而是在各自侧重的领域互为支撑,共同致力于国家制造创新网络[52],最终共同形成一个"产学研政"合作共赢的创新生态系统。

创新研究院实行分级会员制,根据缴纳会费的不同将会员分为若干级别,以此区分会员间不同的权利和义务。这种广泛吸纳各种类型与规模的机构共同参与制造创新合作是美国制造业创新研究院运作的基础。[52] 截至2020年底,16家创新研究院的会员单位数量已达2013个,包括大型与小型制造商(制造商占比62%,其中近三分之二为中小型企业)、社区学院和主要研究型大学(占比23%),以及各州和地方经济发展实体(占比15%),这些公私合作伙伴关系几乎涵盖了美国产业根基的所有组成部分。[53]

第二节 国内产业创新中心的建设模式

2016—2022年,国家发展和改革委员会先后批复组建位于宁夏回族自治区银川市的国家智能铸造产业创新中心、广东省广州市的国家先进高分子材料产业创新中心、天津市的国家先进计算产业创新中心、河南省新乡市的国家生物育种产业创新中心以及四川省成都市的国家精准医学产业创新中心。经过几年建设,这些国家产业创新中心在推动区域新兴产业集聚发展、增强经济发展新动能方面做出了积极有益的探索。

一、国家产业创新中心建设模式

1. 国家智能铸造产业创新中心

(1) 功能定位。2016年12月1日,国家智能铸造产业创新中心经国家发展和改革委员会批复成立。该中心的功能定位是建设面向铸造行业、区域制造业的工业云平台,成为智能制造(铸造)系统解决方案供应商,并围绕行业智能转型的关键共性问题,培育智能制造(铸造)软硬件研发孵化器,在行业集聚区域建设若干国家智能铸造产业创新分中心,为打造数字化智能化示范工厂、示范园区,引领行业转型升级,促进"四新"经济发展提供动力和支撑。

(2) 组织管理。国家智能铸造产业创新中心设立组织架构包括:① 咨询委员会,由成员单位的代表、具有独立身份的产业界和科技界杰出人士等组成,对产业的发展方向、重要运行机制、重大项目等进行讨论协商,并提出意见。② 专家委员会,由国内外学术界、企业、股东推荐的专家组成,负责研究行业技术发展趋势和行业转型升级的信息,对产业创新中心项目研究提出指导性意见。③ 智能铸造联盟/分会,产业创新中心联合中国铸造协会设立智能铸造联盟或分会,设立理事会、秘书处等。④ 董事会,董事会由7名董事组成,董事由公司股东会选举产生,每届任期3年。董事任期届满,可以连任。董事会设董事长1名,由共享装备股份有限公司推荐,经全体董事的超过半数选举产生,每届任期3年。任期届满,可以连任。⑤ 监事会,设监事1名,每届任期3年。任期届满,可以连任。监事的职权由公司章程作出规定。⑥ 经营管理机构,设总经理一名,由董事会聘任或解聘。董事可受聘兼任总经理、副总经理或者其他高级管理人员。总经理及其他高级管理人员每届任期3年,可以连任。总经理对董事会负责,总经理职权由公司章程作出规定。

(3) 资金筹措。国家智能铸造产业创新中心属于其他有限责任公司,注册资本为23000万元人民币。该中心以"跨界融合、共建共享、联通各方、服务产业"为共识,由12家股东共同出资组建。资金筹措上,一方面包括12家股东共同出资的注册资本金,其中出资额和股权占比为共享装备有限公司(11800万元,51.30%)、新兴铸管股份有限公司(2700万元,11.74%)、上海汉得信息技术股份有限公司(2300万元,10%)、宁夏顺亿资产管理有限公司(1200万元,5.22%)、银川育成投资有限公司(1000万元,4.35%)、烟台冰轮智能机械科技有限公司(1600万元,4.35%)、天津宝信铸造股份有限公司(500万元,2.17%)、机械工业第六设计研究院有限公司(500万元,2.17%)、深圳领威科技有限公司(500万元,2.17%)、日月重工股份有限公司(500万元,2.17%)、天津万立鑫晟新材料技术研究院有限公司(500万元,2.17%)、中国铸造协会(500万元,2.17%)。另一方面,中心通过市场化运作,在铸造、智能制造、互联网平台等方面提供系统解决方案和服务,带来经营收入。

(4)运营模式。国家智能铸造产业创新中心以共享装备股份有限公司为牵头单位,联合中国铸造协会,与新兴铸管、烟台冰轮、汉得信息等行业骨干企业共同组建,重点建设智能制造研究院、创新服务中心、云服务中心、培训服务中心、金融服务平台等5大平台。建立"关键共性技术研发、成果转移转化、产业化应用示范"的运行机制,实施"智享计划"成果转化模式,由中国铸造协会牵头,组建中国智能铸造产业联盟,目前吸纳134家成员单位,涵盖IT、金融、高校、科研院所、协会、智能制造等行业,通过和高校合作共建实训基地、共享学院/新工科/智慧教室、协同双师培养、研发创新等,促进高校科研团队、教学团队与企业生产主体、金融机构之间的资源共享、互惠互利,激发传统铸造业创新活力,形成面向铸造行业的开放共享、线上线下相结合的运营模式。

(5)人才培养。国家智能铸造产业创新中心实施产教融合的人才培养模式。2021年,先后与吉林大学、西安电子科技大学等6所高校签订了"智享计划"(累计签订30家),组织开展金工实训、工程实训、毕业设计等线上线下人才培养活动24期,涉及人数近2000人。上线"区域继续教育平台",线上、线下组织区域工程技术人员专业技术继续教育培训近20期,培训学时超过13300学时;打造中小学研学模式,获批银川市中小学研学旅行基地、国家产教融合型企业。此外,与宁夏职业技术学院合作建设智能制造与工业互联网展厅及创客园项目,共同打造智慧教学典型案例;与陕西工业职业技术学院签订、启动共建"5G+智能成型"产教融合实训基地项目等。

2. 国家先进高分子材料产业创新中心

(1)功能定位。2017年12月,国家先进高分子材料产业创新中心经国家发展和改革委员会批复成立。该中心的功能定位是以提高高分子材料领域自主创新能力为目标、以促进产业升级为核心,面向全产业链开展创新与服务,致力于打造高分子材料产业新型创新联合体。

(2)组织管理。国家先进高分子材料产业创新中心属于其他有限责任公司,注册资本50000万元。股东包括8家公司,金发科技股份有限公司持股82%,珠海金发生物材料有限公司持股6%,广州毅昌股份有限公司持股4%,秦皇岛天秦装备制造股份有限公司持股2%,广东粤商高新股份有限公司持股

2%,广东民营投资股份有限公司持股2%,化工行业生产力促进中心持股1%,广东正茂精机有限公司持股1%。

（3）资金筹措。首先,国家先进高分子材料产业创新中心的资金来源包括8家股东共同出资的注册资本金。其中,金发科技股份有限公司出资41000万元,珠海金发生物材料有限公司出资3000万元,广州毅昌股份有限公司出资2000万元,秦皇岛天秦装备制造股份有限公司出资1000万元,广东粤商高新股份有限公司出资1000万元,广东民营投资股份有限公司出资1000万元,化工行业生产力促进中心出资500万元,广东正茂精机有限公司出资500万元。其次,中心还通过市场化运作带来持续性经营收入。

（4）运营模式。国家先进高分子材料产业创新中心有限公司作为运营主体,中心设立四大创新平台,为产业链客户提供覆盖整个产业链上各个环节的高分子材料创新研发整体解决方案。① 关键共性技术协同创新平台。以体制机制创新为依托,着力构建和完善产业技术创新的市场导向机制,围绕航天、航空、汽车、5G、物联网、大数据、新能源、海洋工程等行业,开展联合技术攻关,加速技术突破与创新。② 成果转移转化平台。集聚科技成果产业化发展所需的金融、人才、孵化器等要素资源,构建开放共享的产业发展平台,营造良好产业发展生态,落实科技成果转移转化工作。③ 创新孵化平台。以品牌运作、市场运营和创业投资等方式把实验室的技术和产品变为市场化的商品,推动商业模式创新和市场化应用创新。④ 产业创新公共服务平台。为产业创新中心成员单位和产业链上下游关联企业、研究单位,以及有关需求方等提供技术开发、人才培养、融资与投资、国际交流与合作、检验检测等服务,形成促进产业发展的创新生态。

（5）人才培养。金发科技股份有限公司作为国家先进高分子材料产业创新中心大股东,秉承"自主创新、技术领先、产品卓越"的研发理念,每年研发投入约占销售收入的4%,为技术驱动公司发展持续提供动力源泉。截至2022年6月,累计申请国内外专利4937件,领先国内制造业企业。该公司不断创新和持续完善人才激励机制,以价值分享理念吸引了大批优秀人才,2012—2022年,引进培养了博士118名、硕士799名,企业员工人数翻两番,人均薪酬翻一番。

3. 国家先进计算产业创新中心

（1）功能定位。2018年10月,国家先进计算产业创新中心经国家发展和改革委员会批复成立。该中心的功能定位是面向高端计算、存储、安全、数据中心等先进计算领域,围绕建立国产芯片计算技术供应链和产业链提升国际竞争力的战略目标,开展先进计算核心关键共性技术研究、超融合体系架构研究、软硬件适配研究、行业应用系统集成研究、跨领域融合创新,助力"数字中国"建设,为探索科技创新、行业信息化建设、产业转型升级、数字经济发展提供强有力支撑。

(2) 组织管理。国家先进计算产业创新中心属于法人独资企业,法人主体是曙光信息产业股份有限公司,持股比例达100%,注册资本50000万元人民币。该中心采用网络化布局,集群式模式发展,目前已经在北京、天津、苏州、青岛、合肥、深圳、上海、成都等地进行布局,构建先进计算产业大协同网络。

(3) 资金筹措。国家发展和改革委员会负责国家先进计算产业创新中心建设的指导、监督和考核工作,并协调、落实相关建设条件和税收、科技、人才等相关优惠政策。通过国家财政杠杆作用,间接引导了社会和地方资本支持国家先进计算产业创新中心建设。此外,该中心组建了双创空间和投融资平台,通过市场化运营方式,登陆资本市场募集资金,开展自主经营活动。2021年度,中科曙光(603019)在资本市场采用非公开发行方式发行人民币普通股(A股)募集资金47.51亿元。2021年,实现营业收入112亿元,同比增长10.23%;归属于上市公司股东的净利润11.58亿元,同比增长40.78%;扣非后归属于上市公司股东的净利润7.73亿元,同比增长46.98%。由此可见,国家先进计算产业创新中心的资金来源包括中科曙光国家先进计算产业创新中心有限公司注册资金、政府资金、社会资本以及国家先进计算产业创新中心的运营收入等方面。

(4) 运营模式。国家先进计算产业创新中心采用以企业为主体、资本为纽带、重大任务为牵引、技术与资本深度融合、平台与成果开放共享的运行机制,由中科曙光牵头,联合行业中下游企业、高等院校和科研院所,以及相关金融资本、知识产权、科技中介等服务机构,实现创新链、产业链、政策链、资金链四链融合,构建"小核心、多平台、大网络、广覆盖"协同创新研发模式。该中心通过企业联盟合作,形成小核心企业共识。比如在联盟框架下,中科曙光与天津大学围绕高层次人才培养、科技产业和资源共享,基于先进技术、大数据、物联网、人工智能等前沿技术开展全面合作。"多平台"指的是建设先进计算技术研发应用平台、科技成果转移转化平台、知识产权运营平台、公共服务共享平台、双创空间与投融资平台以及人才服务六大平台。最后,通过逐步在国内城市和海外实现多区域布局,推进先进计算产业大协同网络广覆盖。

(5) 人才培养。国家先进计算产业创新中心的人才培养属于人才联合培育模式,围绕核心任务和战略目标,以产业需求为导向,组织产学研力量联合攻克关键共性技术,进行多技术融合创新以及跨界融合创新,形成一批产业创新成果;发布先进计算相关标准,形成较为完整的先进计算标准体系和专利池运营体系;打造先进计算领域的战略科技力量,培养造就战略科技人才和世界一流的创新团队,推动形成一个合作紧密、覆盖面广、可持续发展的先进计算协同创新生态网络。

4. 国家生物育种产业创新中心

（1）功能定位。2018年10月，国家生物育种产业创新中心经国家发展和改革委员会批复成立，成为农业领域首个国家产业创新中心。该中心的功能定位是立足河南、服务全国、面向全球，培育和打造未来引领种业发展的战略科技力量，解决我国种业领域"卡脖子"技术，保障国家粮食安全；加强体制机制创新，实现科技、产业、资本等高度融合，生物育种与产业化同步发展，打造成为全球生物育种创新引领型新高地、我国种业发展体制机制创新的"试验田"和具备国际竞争力的种业"航母"集群。

（2）组织管理。国家生物育种产业创新中心属于其他有限责任公司，注册资本81000万元。股东包括4家公司，河南省农业综合开发有限公司持股比例66.67%，河南农业高新技术集团有限公司持股比例16.67%，新乡市创新投资有限公司持股比例11.67%，新乡平原发展投资有限公司持股比例5%。

（3）资金筹措。首先，国家生物育种产业创新中心的4家股东共同出资作为河南生物育种中心有限公司注册资本金。其中，河南省农业综合开发公司出资4亿元，新乡市创新投资有限公司与新乡平原发展投资有限公司共同出资1亿元，河南农业高新技术集团有限公司出资1亿元。其次，河南省财政围绕资金保障，出台一系列举措，包括：对省农业综合开发公司参与生物育种中心建设给予一定支持；将生物育种中心建设项目列为省重大科技基础设施建设项目，统筹省相关财政资金予以重点支持，支持额度原则上不低于国家补助资金；将生物育种中心符合条件的科研成果转化项目纳入财政科技资金和有关涉农资金扶持范围，发挥郑洛新国家自创区创新创业基金、现代农业发展基金、农业综合开发基金作用，引导带动金融资金、社会资本支持生物育种中心发展；统筹现有科技资金对生物育种中心建设期贷款给予适当贴息支持，将符合条件的科技信贷业务纳入省"科技贷"范围，引导银行等金融机构优先支持生物育种中心及下属板块成立的科技型企业发展壮大等。

（4）运营模式。国家生物育种产业创新中心是由河南省农业科学院牵头，联合行业上下游企业、高校和科研院所及相关金融资本、知识产权机构共同组建的产业创新中心。中心积极探索"双跨单聘""两权分处"的研发和用人机制。"双跨单聘"就是现有事业单位人员可保留原身份和待遇，由产业创新中心聘用，到产业创新中心工作，并接受产业创新中心的企业化管理。"两权分处"即实行成果的产权和开发受益权分离，使科技成果第一产权单位归属发明人原单位，开发受益权归产业创新中心，激发创新活力，促进成果转化。这些举措加速创新人才团队向中心集聚，破解现有事业单位人员向企业流动的瓶颈障碍，既发挥体制内科研机构研发优势,又激发科研人员创新活力。

(5)人才培养。国家生物育种产业创新中心实行全球化揽才政策,引进高端人才团队。一方面,河南省人民政府出台《关于加快建设国家生物育种产业创新中心的若干意见》,对生物育种中心引进海内外顶级高层次人才、领军人才和创新创业团队有一系列支持政策。另一方面,该中心积极同国内外知名高校在育种研究、人才培养、学术交流等方面开展全方位合作。中心成立作物分子育种研究院,在全球招聘首席育种专家,全职引进世界领先种企荷兰瑞克斯旺集团前常务董事、德国区总经理 George Koch 博士,领衔组建蔬菜育种团队;从荷兰瓦赫宁根大学、中国农科院、华中农大引进专家作为特聘研究员或客座教授;与荷兰瓦赫宁根大学签署了项目攻关合作协议等。

5. 国家精准医学产业创新中心

(1)功能定位。2022 年 1 月,国家精准医学产业创新中心经国家发展和改革委员会批复成立。该中心的功能定位是面向国家重大战略部署、对标国际前沿技术方向、紧贴精准医学发展重大需求,聚焦精准诊断、精准治疗、精准评价和精准医学战略资源库建设等重点领域发力,努力成为全国精准医学创新策源地、精准医学创新成果转化示范高地、精准医学产业集聚地、全球精准医学高精尖人才集聚区和国家医疗健康领域战略核心智库。

(2)组织管理。国家精准医学产业创新中心属于其他有限责任公司,注册资本 50000 万元人民币。股东包括 10 家公司。其中,成都利康实业有限责任公司持股 30%,上海医药集团股份有限公司持股 20%,成都高新投资集团有限公司持股 15%,四川天府健康产业投资集团有限责任公司持股 12%,成都科技服务集团有限公司持股 10%,成都华西海圻医药科技有限公司持股 5%,深圳华大基因股份有限公司持股 2%,中源协和细胞基因工程股份有限公司持股 2%,四川希氏异构医疗科技有限公司持股 2%,迈克生物股份有限公司持股 2%。

(3)资金筹措。首先,国家精准医学产业创新中心的资金来源包括 10 家股东共同出资的注册资本金。其中,成都利康实业有限责任公司出资 15000 万元,上海医药集团股份有限公司出资 10000 万元,成都高新投资集团有限公司出资 7500 万元,四川天府健康产业投资集团有限责任公司出资 6000 万元,成都科技服务集团有限公司出资 5000 万元,成都华西海圻医药科技有限公司出资 2500 万元,中源协和细胞基因工程股份有限公司、四川希氏异构医疗科技有限公司、迈克生物股份有限公司分别出资 1000 万元;其次,华西精准医学产业创新中心有限公司携手成都科技创新投资集团有限公司、成都高新策源投资集团有限公司共同出资设立首期规模 10 亿元的精准医学产业创新基金,旨在通过基金投资,支持优秀项目、团队和合作伙伴,建圈强链,扩大联盟规模,培育具有全球竞争力的创新型企业,共同推动精准医学领域关键核心技术和成果快速转化。再次,四川省政府在《关于进一步支持科技创新的若干政策》中明确,获批国家产业(技术)创新中心的,按国家资金支持标准给予1∶1配套资金。对省级产业创新中心,给予创新能力建设项目总投资额的30%、最高2亿元的资金支持。最后,中心通过市场化运作带来经营收入。

(4)运营模式。华西精准医学产业创新中心有限公司作为国家精准医学产业创新中心运营主体,采取企业主导、院校协作、多元投资、成果分享新模式,整合精准医学行业各类创新资源,构建"政医产学研资用"协同创新体系。一是建设精准诊断、精准治疗、精准评价3个关键共性技术平台和1个精准医学战略资源库支撑平台。二是组建专业科研人才团队,重点突破细胞治疗、靶向治疗药物筛选关键技术等6项"卡脖子"关键核心技术攻关,建立生物技术创新药临床前安全性评价、药物筛选与有效性评价等4个精准评价体系。三是建设分中心、技术平台公司和项目公司等二级公司,打造"航母式"精准医学产业集群。

(5)人才培养。一是组建专业化的成果转移转化机构与团队。成立华西医院成果转化部和西部医药技术转移中心,通过产学研用协同创新,推动科技成果转移转化。成果转化部的职责包括知识产权成果转化,负责管理科技成果转化基金以及公司化运营成果转化平台。二是建立成果转化标准化的管理体系。出台著名的"华西9条"政策,提高了成果转移转化的奖励比例,80%~90%的收益奖励给完成团队。建立科技项目知识产权管理流程,从项目申报、项目立项、项目实施体验收到后评估方面,都进行了知识产权的布局和管理。三是加强多元化的国际交流与深度合作。加强同政府部门、科技园区、投融资机构、技术转移机构、知名的医药企业、知识产权机构,以及国内外知名高校和研究机构的交流合作,积极培养精准医学行业科技人才团队。

6. 紫金山实验室

南京的紫金山实验室虽然不是国家产业创新中心,但是研究其建设模式和运行机制对建设安徽省产业创新中心有着积极的借鉴意义。

(1)功能定位。紫金山实验室,成立于2018年8月28日,是江苏省和南京市共同打造的重大科技创新平台。该实验室以未来网络、新型通信和网络通信内生安全为主攻方向,通过聚集全球高端人才,开展前瞻性、基础性研究,突破关键核心技术,开展重大示范应用,促进成果在国家经济建设中落地,力图成为国家科技创新的重要力量,争创国家实验室。

(2)组建方式。以江苏省未来网络创新研究院、东南大学和解放军战略支援部队信息工程大学团队为核心力量,以刘韵洁院士、尤肖虎教授、邬江兴院士为牵头人,建设未来网络、新型通信和网络安全3个核心功能实验室,同时与南京大学、中国人民解放军陆军工程大学、南京邮电大学、中国电子科技集团第十四所、中国电子科技集团第二十八所、中国电子科技集团第五十五所等高校院所和企业开展伙伴实验室的共建。

(3) 研究领域。紫金山实验室的研究领域聚焦未来网络、新型通信和网络安全等研究方向。具体科研方向如下:

① 未来网络:网络操作系统与多云交换基础网络平台;服务定制网络、智能安全、人工智能等在工业互联网中的应用;协议无关转发等在网络中的应用。

② 新型通信:毫米波通信、感知与探测、天地融合通信系统、太赫兹通信、人工智能在通信中的应用、高能效移动通信。

③ 网络安全:互联网内生安全机制、无线通信物理层安全机制、人工智能在网络安全中的应用。

(4) 组织架构。该实验室为事业单位法人机构,不设行政级别,实行市场化机制管理模式,按照政府事业单位的相关规定设立党组织。该实验室实行理事会领导下的主任负责制。该实验室的组织架构如图5-3所示。

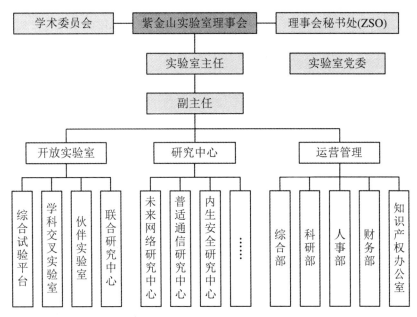

图5-3 紫金山实验室组织架构图

① 理事会:由省政府决定成立,是实验室管理运行最高决策机构,负责确定章程和重大战略方向,审议年度任务、经费预算等重大事宜。理事会由省市有关部门、实验室负责人以及业界专家等相关人士组成,有理事长1～2人,副理

事长3人,理事若干人。理事会成员实行任期制,每届任期为5年。理事会在南京科学技术委员会设秘书处,负责理事会的日常工作。

② 学术委员会:是实验室科学研究的学术指导与咨询机构,由国内外信息领域顶尖科学家组成,由理事会任命,任期5年,主要负责对实验室的科研学术活动进行独立的决策咨询和目标监督活动。

③ 战略咨询委员会:战略咨询委员会是实验室科学研究活动的战略咨询机构,其基本职能是根据国际科学发展动态,协助实验室把握科研战略方向,规划实验室中长期建设布局,为实现实验室建设目标服务。

④ 实验室主任:在理事会领导和学术委员会指导下,实验室设主任1名,常务副主任1名、副主任若干名。主任负有履行实验室建设和管理的全面责任和权利。

⑤ 职能部门:设立包括综合管理部、人力资源部、财务管理部、战略与科研管理部(知识产权运营)、公共关系与国际合作部、法务管理部等职能部门。

(5) 运行机制。运行机制包括以下几个方面:

① 人员管理与考核机制:实验室人员从工作性质上分为管理类和学术类两个基本类型。管理类人员主要指从事实验室各种相关管理和服务类工作的人员,学术类人员主要指实验室从事相关学术研究、科研开发、项目建设的人员。实验室人员分为专职人员和兼职人员。专职人员指从社会公开招聘的全职人员;兼职人员(双聘人员)指在符合国家和军队相关政策的前提下,实验室的建设单位派出的科研人员,国内外大学与研究机构的项目合作人员。

实验室管理类人员实行市场化的薪酬待遇,参考国内同类实验室的薪资标准,专职高级管理人员年薪50万~100万元、中级管理人员年薪30万~50万元、初级管理人员年薪10万~30万元,视具体人员岗位职责、工作能力、学历经历和业绩贡献,在区间内调整。实验室学术类人员的待遇,除了按照南京市相关人才引进政策享受的人才待遇外,实验室将参照国内外高水平高校、科研机构年薪标准提供高于国内类似实验室具有全球竞争力的薪酬待遇。实验室专职高级领军学术人员年薪100万~200万元、中级骨干科研人员年薪40万~100万元、初级科研人员年薪20万~40万元。

在人员聘用与管理方面,实验室建立不唯职称、不唯帽子论的开放、流动、灵活、高效的人才聘用管理机制,针对实验室各发展阶段,以任务需要为牵引进行人力资源配置,形成按需设岗、合同管理、动态调整、能上能下用人模式,确保实验室的高质高效运行;制定针对团队引进人才成效的跟踪机制;建立完善的客座研究人员、访问学者制度;建立吸引国内外拔尖人才的博士后研究人员管理机制和协同单位间的研究生合作培养制度,充实和优化研究队伍,提升实验室的活力。

在人员考核与评价方面,建立人员分类考核的评价体系。科研人员以合同任务目标完成情况作为绩效考核的主要依据;实验技术人员、后勤服务保障人员以服务对象为主体进行绩效考核评价;管理人员以对岗位任务与岗位职责的履责情况为绩效考核主要依据。对从事基础研究与前沿技术研究的科研人员,弱化中短期目标考核,建立持续稳定的经费支持机制。同时,在聘用、考核、晋升等方面,以项目和任务目标路线图执行情况为依据,兼顾投入产出比与投资效益。

② 重大任务遴选机制:重大研发任务应有明确的科学目标或工程技术目标,实行分段考核、滚动投入,分前沿探索类和目标导向类两类,包容研究失败,但高度强调诚信承诺的负面清单管理制度。学术委员会依据建设方案目标和相关规定对项目进行阶段考核,实验室依据本阶段考核的结果做出下一阶段项目的滚动支持或调整方案。

③ 成果转化与激励机制:实验室设立成果转化运作专门机构和专职岗位,打造专业化团队,提供专业化服务,推动科技成果更好更快地向市场转化,鼓励取得重大应用成果的人才团队申请认定新型研发机构,促进科技成果与新型研发机构"两落地"。建立科技成果评价体系,实行有利于释放活力的科研人员激励机制。

④ 知识产权共享机制:实验室专职人员与兼职人员所取得的知识产权与科研成果由实验室统筹管理。专职人员所取得知识产权归属于实验室,兼职人员发表的论文联合署名,所取得的知识产权与派出单位共享。建立实验室内部的知识产权管理制度,会同参与研究的各方主体共同签订知识产权管理协议,明确各方主体在知识产权保护、运用中的责任和义务,以及知识产权的权利归属、使用和利益分配。积极推动科研成果在实验室参与研究各类主体间的共享共用,真正实现风险共担、利益共享。

⑤ 协同与合作机制:实验室坚持"开放、协同、共享"的理念,根据重大任务协同攻关需求,通过多形式、多渠道、多主体整合高校、科研院所与企业资源,设立伙伴实验室,形成协同的合作与联合机制。实验室的合作与联合包括两个层次:一是国内范畴的合作与联合,加强国内同行领域以及交叉学科间的科技资源、条件资源的联合;二是国际范畴的合作与联合,强调"以我为主"的联合,逐步形成自身的相对优势。

(6) 资金保障。紫金山实验室的建设以地方政府的财政投入为主,落实稳定、持续的财政资金投入,在此基础上,力争国家相关经费的支持。同时,该实验室充分利用市场机制,积极探索成立实验室发展基金,拓宽实验室建设的投融资渠道。

二、国内主要省市产业创新中心政策比较

2018年1月,国家发展和改革委员会印发《国家产业创新中心建设工作指引(试行)》(以下简称《指引》),提出在战略性领域组建国家产业创新中心,按照"需求对接、国家统筹"的方式,采取"成熟一个、组建一个"的原则进行建设布局。截至2021年底,国家发展和改革委员会已批复建设5家国家产业创新中心,分别是天津市国家先进计算产业创新中心、河南省新乡市国家生物育种产业创新中心、宁夏回族自治区银川市国家智能铸造产业创新中心、广东省广州市国家先进高分子材料产业创新中心和四川省成都市国家精准医学产业创新中心。

在国家政策的指引下,截至2022年11月,江苏省、安徽省、湖北省、河北省、河南省、江西省、四川省、吉林省、陕西省、天津市等10省(市)已经公开发布相应的省(市)级产业创新中心建设工作指引、申报指南或实施细则。这些省(市)在推动省(市)级产业创新中心建设的过程中,在政策上进行了大量探索。在政策的支持下,省级产业创新中心日益成为国家产业创新中心的重要支撑(如表5-3所示)。

通过对这些政策进行比较分析,可以看出,这些省(市)在省(市)级产业创新中心建设方面,发展定位大都是面向省(市)级重点发展领域和国家战略性领域,将现有的创新资源进行有效整合联合,构建"政产学研用金"高效协同的创新网络,在颠覆性技术创新、先进适用技术研发应用、科技企业孵化培育等方面取得重点突破,打通"研发—工程化—产业化"通道,引领区域产业创新升级和经济高质量发展。

建设模式上,基本都采用创新联合体形式,江苏省、湖北省、河北省、河南省明确由企业主导或者由创新型领军企业牵头组建,安徽省、四川省、吉林省、陕西省、天津市提出牵头单位不局限于行业龙头企业,由行业中具有显著创新优势、具备整合联合行业创新资源能力的单位牵头,联合现有创新平台、省内外领军企业、产业链上下游企业、高校院所、金融机构等,共同形成紧密合作的创新网络。吉林省特别提出由牵头单位直接管理,实行主任负责制,组织各参与方有序开展创新活动。

运行机制上,鼓励以独立法人实体形式运行,运行机制方面要有具备符合行业创新特点的人才激励机制、成果共享机制、协同创新机制等。其中,安徽省、河北省、湖北省、吉林省、陕西省对研发资金投入机制、人才激励机制、创新资源开放共享机制、成员单位利益分配机制进行进一步细化,更具有可操作性。

表 5-3 国内 10 省市产业创新中心政策比较

省份	发展定位	建设模式	运行机制	资金支持	建设保障	政策出处
江苏省	面向国家和省战略性领域，整合建高效创新资源，开展高效创新网络，先进适用产业技术开发与应用，系统性解决方案研发供给，高成长性科技企业投资孵化，推动新兴产业集聚发展，培育壮大经济发展新动能	采取企业主导、院校协作、多元投资、军民融合、成果分享的创新模式	法人实体运行，运行机制方面要具备符合行业创新特点的人才激励机制、协同创新成果共享机制等	江苏省发展和改革委员会优先支持省级产业创新中心承担国家关键核心技术攻关、研发产业化等重大专项，对获批国家产业创新中心的，按照"一事一议"方式支持	鼓励金融机构、各类创业投资基金、产业投资基金以及地方和社会资本，参与省级产业创新中心建设和运行，鼓励省级和企业家捐助产业创新中心建设和运行	江苏省发展和改革委员会关于印发《江苏省产业创新中心建设工作指引（试行）》的通知（苏发改规发〔2020〕4号）
安徽省	面向人工智能、新型显示、集成电路、新材料等十大战略性新兴产业领域，整合现有行业高效创新网络，构建产业技术创新、先进适用产业技术开发与应用，系统性解决方案研发供给，高成长性科技企业投资孵化，推动新兴产业集聚发展，培育壮大经济发展新动能	由行业龙头企业或科研院所牵头，联合现有工程研究中心、企业技术中心等创新平台，吸纳省内外产业链上下游企业、高校院所、新型研发机构、金融机构等	以法人实体运行：(1)建立稳定的资金投入机制，以共同投入为主，并扩大资金来源；鼓励设立产业基金。(2)建立健全人才激励机制、先行先试人才激励政策。(3)建立仪器设备、试验场地、试制车间创新资源开放共享制度	(1)安徽省发展和改革委员会对新批复的省产业创新中心给予资金补助。对绩效考核评价优秀的给予资金奖励，重点奖励对技术研发和成果转化做出重大贡献的个人和团队。(2)对被认定为国家产业创新中心的给予一定资金奖励。(3)国家创新能力建设专项目按照国家资金配套给予地方资金配套	(1)鼓励金融机构、创业投资基金、产业投资基金以及其他社会资本，参与省产业创新中心建设和运行。(2)各设区市结合省产业创新中心建设运行需求，在资金、土地、税收、科研、人才等方面给与政策支持	安徽省发展和改革委员会关于印发《安徽省产业创新中心建设工作指引（试行）》的通知（皖发改创新〔2020〕4号）

续表

省份	发展定位	建设模式	运行机制	资金支持	建设保障	政策出处
湖北省	面向集成电路、智能汽车、智能制造、生物医药、北斗航天、通用航空、商业航天、整合省内外行业上下游企业、高校、科研院所以及金融机构等各类创新主体共同组建创新网络，构建高效创新资源创新创业供给，开展高频覆性技术创新，先进适用技术解决方案研发供给，推动成长性科技企业投资孵化，推动新兴产业集聚发展，培育壮大经济发展新动能	由创新型领军企业牵头，联合省内外行业上下游企业、高校、科研院所以及金融机构等各类创新主体共同组建	以法人实体形式运行：（1）建立稳定的研发投入机制，鼓励设立研发基金、投资基金、天使基金等。（2）建立健全人才激励机制。先行先试各类人才激励政策。（3）建立成员单位之间利益分配机制。（4）建立仪器设备、试验场地、试制车间创新资源开放共享制度	（1）湖北省发展和改革委员会每年从省预算内投资计划中列支专项经费支持省产业创新中心建设，重大研发项目落地和创新成果产业化，资金采取政府无偿补助的方式进行，不占有产业创新中心股权。对省产业创新中心产生的重要科技成果转化项目可以连续给予支持。（2）对省产业创新中心牵头组建和参与产业发展和其他建设技术研发与产业化建设项目，湖北省发展和改革委员会也将通过其他渠道优先予以资金支持。	（1）鼓励各类股权投资引导基金、创业投资和金融投资机构加大对省产业创新中心的重大科技研发成果的投资力度。（2）优先推荐省产业创新中心承担国家高技术产业发展项目和省相关专项项目。（3）鼓励科技和产业主管部门、地方和行业主管部门委托产业创新中心承担各类科技创新任务。（4）鼓励开展国际交流与合作，高水平合作，引进、联合研发技术和创新团队	湖北省产业创新中心建设工作指引

94

第五章　国内外产业创新中心建设模式的借鉴和启示

续表

省份	发展定位	建设模式	运行机制	资金支持	建设保障	政策出处
河北省	面向特定战略性领域，整合行业创新资源，构建高效协同创新网络，开展颠覆性技术创新，先进适用产业技术开发与应用，系统性技术解决方案研发供给，高成长性科技企业投资孵化，推动新兴产业集聚发展，培育壮大经济发展新动能	采取企业主导、院校协作、多元投资、军民融合、成果分享新模式	以法人实体形式运行：（1）建立研发投入机制，广泛吸纳社会和地方资金。（2）鼓励提供创新服务，承担国家和省级专项目，出售孵化企业股份等方式扩大资金来源。（3）建立人才激励机制，开展人才激励探索。（4）建立仪器设备、试验场所等创新资源开放共享制度	对获批的省级产业创新中心创新能力建设项目，省战略性新兴产业发展专项资金按项目投资30%，最高2000万元的额度给予补助资金。对列入国家、按国家批复建设计划的，给予省专项资金补助支持。资金需求量大的文件给予省专项资金补助支持。"一事一议"报请省政府研究解决	（1）主管单位结合其建设和运行需求，在资金、土地、税收、科研、人才等要素方面给予必要的政策支持。（2）鼓励金融机构、各类股权投资引导基金以及其他社会资本，共同支持产业创新中心建设，鼓励行业骨干企业和企业捐助支持省产业创新中心建设与运行	关于印发《河北省产业创新中心建设工作指引》的通知
河南省	面向国家和河南省产业发展战略性领域，整合创新资源，构建高效创新网络，开展颠覆性技术创新，先进适用产业技术开发与应用，系统性技术解决方案研发供给，高成长性科技企业投资孵化，推动新兴产业集聚发展，壮大经济发展新动能	采取创新联合体建设模式，依托龙头企业组建，联合产业链上下游企业、高校科研院所等各类创新主体，广泛吸纳地方各类资金和社会资本联合共建	以法人形式运行，在人才激励、成果转化、科技金融等方面探索协同创新、转移转化和收益分配等方面新机制	（1）采取"一案一策"方式，对产业创新中心建设，开展运行经费补助支持，并在省级科技创新平台建设、承担相关战略性重大项目、落地重大项目等方面提供支持。（2）对于运行良好、绩效突出的产业创新中心加强政策集成支持	（1）引导社会资本支持产业创新中心建设，充分发挥各类产业基金的引导作用，为产业创新中心打造多元化的融资渠道。（2）鼓励园区通过减免房租、土地支持、资金保障等方式支持，鼓励产业优先在产业创新中心所在产业园区进行技术转移扩散和首次商业化应用	河南省发展和改革委员会关于组织开展首批省产业创新中心申报工作的通知（豫发改高技〔2022〕456号）

续表

省份	发展定位	建设模式	运行机制	资金支持	建设保障	政策出处
江西省	面向江西省战略性产业领域,整合行业创新资源,构建高效创新网络,开展颠覆性技术创新,先进适用产业技术开发与应用,系统性给出产业技术解决方案研发,提高成长性科技型企业投资孵化,推动战略新兴产业集聚发展,培育壮大经济发展新动能	牵头单位在行业中具有显著的创新优势和较大的影响力,具备充分利用和整合行业创新资源的能力,联合现有重点实验室、工程技术研究中心、企业技术中心以及行业、地方以及高校、科研院所等科研机构共同组建	以法人实体形式运行。(1)建立研发投入机制,广泛吸纳社会和地方资金。(2)鼓励提供创新服务,出售国家和省项目、股份等方式扩大资金来源。(3)建立人才激励机制,先行先试人才激励政策。(4)建立仪器设备、试验场所等创新资源开放共享制度	省发展和改革委员会适时组织省级运行评价,择优给与创新能力项目支持	(1)鼓励各类股权投资引导基金、创业投资和金融机构加大对省产业创新中心重大科技研发成果的投资力度。(2)优先推荐省产业创新中心承担国家和省高技术产业发展项目和省专项项目。(3)鼓励科技部门、地方行业产业主管部门委托产业创新中心承担各类科技创新任务	江西省发展和改革委员会与江西省科学技术厅印发《江西省产业创新中心建设工作指引(试行)》的通知(赣发改高技〔2019〕1105号)

续表

省份	发展定位	建设模式	运行机制	资金支持	建设保障	政策出处
四川省	面向四川省16个重点产业和数字经济,以及国家《战略性新兴产业重点产品和服务指导目录》2017年第1号》明确的产业领域,打通研发一工程化一产业化创新链条,促进区域产业发展壮大	由行业中具有显著创新优势、较大影响力,以及强投资实力和创新速度、产业化的创新型领军单位牵头组建,充分整合行业创新资源,构建行业高效协作创新网络	以法人实体形式运行,建立符合行业创新特点的人才激励机制,成果共享机制。强化企业主体地位,以资本为纽带,建立联合开发、优势互补、成果共享、风险分担的技术创新机制,实现股权多元化	(1)对获批国家产业创新中心的,按国家支持标准给予1:1配套资金。(2)对省级创新中心给予创新能力建设项目总投资额的30%,最高2亿元的资金支持	与国家发展和改革委员会关于印发《国家产业创新中心建设工作指引(试行)》的通知(发改高技规〔2018〕68号)保持一致	关于印发《四川省产业创新中心申报指南(2020—2022年)》的通知(川发改全创〔2020〕309号)四川省人民政府《关于进一步支持科技创新的若干政策》的通知(川府发〔2020〕8号)
吉林省	面向吉林省战略性领域和未来产业竞争新优势的某一特定产业或技术领域,整合行业创新资源,构建高效创新网络,开展共性技术创新、先进适用产业技术开发与应用,系统性地解决方案研发供给,高成长性科技企业投资孵化,推动新兴产业集聚发展,培育壮大经济发展新动能	采取市场主导和政府政策引导相结合的方式运作,由牵头单位直接管理,实行主任负责制,组织各方参与创新活动。组建牵头单位应在行业中具有显著的创新优势和较大的影响力,整合现有各类创新平台、联合企业、领军车间和高校院所等	以独立法人实体形式运行:(1)建立稳定的研发投入机制,广泛吸纳社会资本,鼓励设立投资基金、天使基金等。(2)鼓励提供创新服务,承担国家和省级项目,出售制解行业股份等。(3)建立人才激励机制,先行先试人才激励政策。(4)建立仪器设备、验实验场地、试制车间创新资源开放共享制度	(1)吉林省发展和改革委员会适时组织省级产业创新中心运行评优,择优给予省级产业专项资金支持。(2)吉林省发展和改革委员会通过资金补助,引导地方和社会资本投资产业创新中心建设	(1)各主管部门结合其建设运行需求,在资金、土地、税收、人才、科研等方面给予政策支持。(2)鼓励依托省产业创新中心的科技和产业主管部门、地方科研和产业创新承担各类科技创新任务。(3)鼓励开展国际交流与合作,支持省级产业创新中心通过项目合作、高水平技术和团队引进,联合研发等形式开展产业技术创新	吉林省发展和改革委员会关于印发《吉林省产业创新中心建设工作指引(试行)》的通知(吉发改高技〔2020〕420号)

续表

省份	发展定位	建设模式	运行机制	资金支持	建设保障	政策出处
陕西省	面向陕西省战略性领域和未来产业竞争新优势的某一个特定产业领域，整合高效创新资源，构建高效创新网络，开展颠覆性技术创新，先进适用产业技术开发与应用，系统性解决方案供给，高成长性科技企业投资孵化，推动新兴产业集聚发展，培育壮大经济发展新动能	组建牵头单位应在行业中具有显著的创新优势和较大的影响力，具备充分利用和整合行业创新资源的能力，联合创新型领军企业、知名高等院校、科研院所、产业链上下游企业、新型研发机构、金融机构共同组建	以企业法人实体形式运行： (1)建立稳定的研发投入机制，广泛吸纳社会资本，鼓励设立投资基金。 (2)承担国家和省级项目，出售创新服务，提供创新股份等方式扩大资金来源。 (3)建立人才激励机制，先行先试人才激励政策。 (4)建立仪器设备、试验场地、试制车间创新资源开放共享制度	(1)省发展和改革委员会每两年对运行情况进行一次综合评价，对评价优秀的中心给予表彰奖励，连续两年评价不合格的，撤销中心称号。 (2)省发改委通过资金补助、引导地方和社会资本投资产业创新中心建设	(1)各上级主管部门会共建设运行需求，在资金、土地、税收、科研、人才等方面给予政策支持。 (2)鼓励各开发区基地支持产业创新中心建设专业化园区，在土地、资金、人才等方面加大支持力度。 (3)鼓励金融机构、各类创业投资基金、产业投资基金以及其他社会资本，参与其建设和运行，鼓励企业家有关助其建设和运行	陕西省发展和改革委员会关于印发《陕西省产业创新中心建设工作指引(试行)》的通知(陕发改高技〔2019〕814号)
天津市	围绕本市主导产业，尤其是未来产业发展中具备竞争优势和技术领域的产业创新网络，开展行业创新资源，高效性技术创新，无适用技术开发与应用，系统性解决方案供给，高成长性科技企业投资孵化，推动新兴产业集聚发展，培育壮大经济发展新动能	牵头单位在行业中具有显著优势和较大影响力，联合本市省级工程研究中心、企业技术中心等创新平台、高校院所创新力量，吸纳行业骨干企业，形成紧密合作的创新网络	以法人实体形式运行，建立符合行业创新特点的人才激励机制，成果共享机制，协同创新机制，具备技术研发与产品开发、成果转化与商业化、创业投资与知识产权管理与孵育等功能	(1)对申请天津市智能制造专项资金的市级产业创新中心的创新能力建设项目，安排不高于项目总投资30%的补助资金，每年不超过500万元，连续支持3年。 (2)对认定为国家级产业创新中心的，给予1:1地方资金配套	与国家发展和改革委员会关于《国家产业创新中心建设工作指引(试行)》(发改高技规〔2018〕68号)保持一致	天津市发展和改革委员会关于建设天津市级产业创新中心的实施细则

资金支持上,对省(市)级产业创新中心均有资助政策,比如湖北省从省财政经费中列支专项经费支持。安徽省、河南省对新批复的省级产业创新中心有政府无偿补助,对绩效考核优秀的省级产业创新中心再予以奖励,安徽省特别提出要重点奖励对技术研发和成果转化做出重大贡献的个人和团队。江苏省、四川省、天津市通过项目资金,特别是"创新能力建设项目"资金对省(市)级产业创新中心予以补助。四川省支持力度最大,按照创新能力建设项目总投资额的30%进行支持,最高可达2亿元。天津市安排不高于项目总投资的30%进行支持,每年不超过500万元,连续支持3年。河北省、吉林省、陕西省的补助资金不占股权,引导地方和社会资本投资产业创新中心建设。

建设保障上,根据《国家产业创新中心建设工作指引(试行)》要求,相应主管部门均结合省级产业创新中心的建设运行需求,在资金、土地、税收、科研、人才等方面给予相应政策保障。比如,陕西省、河南省鼓励开发区和产业园区通过减免房租、土地支持、资金保障等方式支持,鼓励产业创新中心创新成果优先在产业园区进行技术转移扩散和首次商业化应用。湖北省、吉林省鼓励省级产业创新中心开展国际交流与合作,支持其通过项目合作、高水平技术和团队引进、联合研发等形式开展产业技术创新。

三、国内主要省市产业创新中心数量及类别

截至2022年11月,江苏省、浙江省、安徽省、湖北省、河南省、四川省、天津市等7省(市)产业创新中心的数量及分布情况如表5-4所示。

表5-4 国内7省(市)产业创新中心数量及分布情况

省(市)	数量和领域分布
江苏省	江苏省发展和改革委员会首批认定14家省级产业创新中心,6家省级产业创新中心培育单位,包含集成电路领域2家,物联网领域2家,新基建5G领域1家,新材料领域3家,环保领域1家,高端装备领域4家,新能源领域3家,生物医药领域4家
浙江省	浙江省认定4家产业创新中心,分别在半导体及特色工艺领域、生物医药领域、新能源汽车和零部件领域、先进系统芯片领域
安徽省	安徽省发展和改革委员会分两批共认定29家省级产业创新中心,包含新一代信息技术领域6家,新材料领域11家,人工智能领域1家,新能源和节能环保领域领域2家,高端装备制造领域5家,新能源汽车和智能网联汽车领域3家,生命健康领域1家
湖北省	申报建设武汉综合性国家产业创新中心,方案已上报国家发展和改革委员会

续表

省（市）	数量和领域分布
河南省	河南省发展和改革委员会首批认定8家省级产业创新中心，包含新能源汽车领域1家、高端装备制造2家、新材料领域5家
四川省	四川省发展和改革委员会批复组建首个省级产业创新中心——四川省精准医学产业创新中心
天津市	天津市唯一获批的产业创新中心，即天津市生物医药智能化产业创新中心

第三节 对安徽省建设国家产业创新中心的启示

近年来，安徽科技创新能力显著增强，新兴产业加速集聚，创新环境不断优化，平台载体蓬勃发展。为进一步发挥产业创新中心对促进安徽科技产业融合、激发创新动能的作用，截至2022年11月，安徽省已分两批认定安徽省计算存储产业创新中心、安徽省液晶显示产业创新中心等29家省级产业创新中心。安徽省要争创国家级产业创新中心，应在创新政策、建设模式、操作方案等方面持续发力。

一、省级政府政策上启示

第一，财政奖补作为地方政府支持产业创新中心建设的主要手段，对落实政府政策部署、推动产业创新中心建设和运营有直接促进作用，充分体现了"集中力量办大事"的分配原则。安徽省可以设置省级财政专项经费，专款专用。每年从省预算内投资计划中列支专项经费支持省产业创新中心组建、重大研发项目落地和创新成果产业化，资金支持采取政府无偿补助的方式进行，不占有产业创新中心股权。面向人工智能、新型显示、集成电路、新材料等十大战略性新兴产业领域整合专项资金，实施省级产业创新中心"创新能力建设项目"，对申请相应领域的省级产业创新中心创新能力建设项目，安排不高于项目总投资30%的补助资金，连续支持3年以上。

第二，安徽省还可以利用首台（套）一揽子政策对产业创新中心予以支持。[54]目前，安徽省提出金融支持政策，鼓励各类股权投资引导基金、创业投资引导基金和金融机构加大对省产业创新中心重大科技研发成果的投资力度，加强在资金、土地、税收、科研、人才等方面的保障,还可以充分利用首台(套)政策,推动省级产业创新中心成果转移转化和首次商业化密切挂钩,为省级产业创新中心的建设和运行拓宽支持渠道。

第三,围绕产业链和创新链,进一步优化人才政策。产业创新中心联合了国家和地方现有的创新平台,广泛吸纳高等院校、科研院所的创新力量,形成紧密合作的人才网络。因此,安徽产业创新中心在人才政策布局方面:一方面要针对人工智能、新型显示、集成电路、新材料等十大战略性新兴产业领域需要的领军人才、科技创新人才、项目建设紧缺人才、技术转移人才、经营管理人才等,围绕人才引进、培养、使用、激励、评价、服务全过程,进一步完善制度框架和政策体系;另一方面要针对产业链和创新链的关键环节,健全激励机制,采取技术入股、项目工资制以及按成果转化收益分成等模式提高收入所得,形成"高奖励激励—高投入产出"的科技创新、产业发展和人才进步的良性循环机制。

二、中心建设模式上启示

第一,产业创新中心应专注于一个特定的战略性技术领域,避免创新资源分散。[56]技术领域的甄别,要充分听取产业界和学术界的意见,并向更广的利益相关者公开咨询。所选定的技术领域要符合安徽省战略性新兴产业发展的现实与长远需求,能够切实促进安徽省战略性新兴产业创新能力的提升。产业创新中心的牵头单位应在该领域内长期从事本领域相关技术的研究开发,在行业内具有较大的影响力与权威性,有较好的产学研合作基础,能够充分整合和利用领域内的各种创新资源。[56]

第二,产业创新中心应围绕"政产学研用金"创新生态组建,推动技术成果转移转化和产业化。产业创新中心的首要任务是推动产业链、创新链、资金链和政策链深度融合,打造"政产学研用金"紧密合作的创新生态。英国弹射中心和美国制造创新研究院均设立了由学术界、产业界、政府和非营利组织等多方代表联合组成的管理机构,强调通过产学研协同、跨学科合作来解决单个研究院的成果转化、资源共享等问题。国家产业创新中心可以依托现有国家重大科技专项的实施部署,打造跨领域、多主体、全产业链集成的产业创新生态,通过加强重大专项之间以及重大专项与其他科技计划任务之间的跨界融合,推动技术和产业深度协同与跨界融合创新,提升产业链系统创新能力。首先,建议充分依托地方资源,充分考虑当地在相关产业、人才、科技等方面的优势,以及创新链上下游的配套情况,以便于先进技术成果的转化与应用。其次,通过多种渠道和方式,吸收本领域内的产业链上下游企业、高校、科研机构、产业联盟和金融机构等,形成"政产学研用金"协同合作的创新生态系统,围绕新技术转化和应用,加强信息共享、设施开放、项目合作等,使得创新生态系统顺利运转[56]。

第三,产业创新中心应采取灵活的运作机制,充分发挥产业引领和企业主导作用。天津国家先进计算产业创新中心以龙头企业和联盟为建设主体,银川国家智能铸造产业创新中心由行业骨干企业共同组建,河南新乡国家生物育种产业创新中心虽然由科研院所牵头组建,但是按照"政府主导、市场化运作、企业化管理"的原则,实行理事会决策制,强化"科研与市场"协同衔接。安徽省产业创新中心建设应侧重企业引领带动,顺应市场机制,激发创新活力。

第四,产业创新中心采取"政府引导＋市场化运营"的建设模式,实现"自我造血"功能。美国和英国的创新中心虽然由政府主导建设,但政府并不直接领导和干预具体运作,而是选择非营利的实体法人机构独立运行,政府主要参与过程监督,这样可以使创新中心在具体运作过程中有很大的自主性。设立实体法人便于对创新中心各项工作的运营,能及时根据情况调整需求变化和商业模式。天津国家先进计算产业创新中心、河南新乡国家生物育种产业创新中心、广州先进高分子材料产业创新中心、成都国家精准医学产业创新中心和银川国家智能铸造产业创新中心的资金来源可分为以下几个方面:一是来自政府的资金;二是产业创新中心股东成员的入股资金、会员费等,主要用于初期建设的技术研发费、员工薪酬、管理费等支出;三是社会资本,包括以资金形式入股成立天使基金、产业引导基金等,从而满足中试和产业转移环节的资本规模要求;四是产业创新中心的运营收入。因此,安徽产业创新中心建设早期以政府和股东投入为主,建成运行后尽快具备盈利能力,鼓励其通过承担重大项目、技术转让、提供公共服务、孵化企业等方式,开展自主经营活动,实现可持续发展。

三、具体操作方案上启示

第一,完善顶层设计,明确发展定位。美国制造创新研究院实行的是网络化发展,汇集所有的利益相关方,形成一个创新的生态系统,由网络领导委员会监督管理整个创新网络层面的公共事务,协同解决高风险的制造业挑战,形成统一的解决方案,使得创新成果最终在美国转化生产。除此之外,美国制造创新研究院设立地点的选择,充分考虑了当地在相关产业、人才、科技等方面的优势以及创新链上下游的配套情况,如美国未来轻量制造创新中心设在底特律,与该地区是美国汽车产业集聚区密切相关。因此,国家产业创新中心在布局时也应充分考虑地方资源和优势,可以设在本领域产业集聚的代表性地区,以便于先进技术成果的转化与应用。安徽省建设国家产业创新中心,可以在人工智能、新型显示、集成电路、新材料等十大战略性新兴产业领域内有竞争优势的产业领域培养,也可以在抢占未来发展制高点的产业领域中培育。[57]核心是打造

"政产学研用金"深度融合的创新生态,开展产业关键核心技术攻关,推动技术创新成果转移转化。重点是搭建有利于创新突破的组织架构,推进企业与高校院所等外部创新资源建立联系,充分协调产业研究、发展和创新的关系[57]。创新生态系统的有效运行离不开有效的管理模式,在主任负责制下组织各参与方有序开展创新活动,遵循市场发展与创新规律,建立有效的利益分配机制、市场运行机制,保证产业创新中心的持续发展。

第二,建立"产业+科技"的产业创新中心支撑体系。产业创新中心的发展既需要有产业基础,也需要以科技作为支撑,产业创新中心的发展与科技创新不可分割。[58]安徽省建设国家产业创新中心,应充分发挥合肥综合性国家科学中心和大科学装置群的基础研究高精尖、高端科技人才集聚、科学实验装置先进的集成效应,强化产业技术成果沿途下蛋机制,健全"揭榜挂帅"攻坚机制,对接国家和省级产业、科技人才计划,建立产业创新中心的平台和人才支撑体系,促进企业与高校、科研院所开展多种形式的合作研发活动。

第三,加强对产业创新中心考核评价与创新支持。从德国、英国、美国创新机构的运作模式可以看出,推动其商业化运营才能实现可持续发展。英国弹射中心和美国制造业创新研究院在建设初期都得到了政府财政资金支持,但政府的资金不会直接进入商业化应用阶段,而是用于基础性研究、设备购置及启动建设等,5~7年后机构实现完全独立和自我发展,后期都强调要实现自我的可持续发展。国家产业创新中心在建设进入稳定期之后,也应通过开拓市场实现自给自足、可持续发展。应加强对产业创新中心建设考核管理,在财政支持上实施有标准、可考核、分阶段、分档次的持续性投资方式,采取"前期拨付+后期补助"的方式,事前提绩效要求,前期预拨部分扶持资金。制定考核关键节点,依据评估指标精准判断创新中心的建设绩效,再根据各节点的绩效评估结果,分批拨付后期补助,将补助资金额度与绩效水平直接挂钩,全面提升产业创新中心考核管理的持续性和精准度。另外,在推动关键共性技术研发成果转移转化和产业化方面完善支持机制,对产业创新中心的研发活动、人才引培、无形资产采购等创新活动提供全方位支持,提高财政资金的使用效益。

第六章　安徽建设国家产业创新中心的可行性

建设国家产业创新中心对安徽发展新质生产力,打造"七个强省",实现高质量发展具有重要意义。近年来,安徽锚定"三地一区"战略定位,积极推动传统产业转型升级,新兴产业加速集聚,产业结构不断优化;企业、高校、科研院所等创新主体活力迸发,人才队伍支撑有力,产业创新能力持续提升;高能级研发平台加快建设,产业创新平台不断完善,各类创新平台汇聚众多创新资源;积极建设省产业创新中心,打造国家产业创新中心的"预备队",创新环境不断优化,资金保障有力,中介服务体系不断完善。安徽在产业结构、创新能力、创新平台、创新环境等方面具有良好的基础和条件,再加上安徽省委、省政府等各级领导的高度重视,安徽建设国家产业创新中心具有较强的可行性。

第一节　安徽十大新兴产业基础良好

拥有良好的产业结构,较为完善的产业体系,有影响力的产业或产业集群是建设国家产业创新中心的基础条件。"十三五"以来,安徽产业结构不断优化。2016—2021年,安徽三大产业结构由10.6∶48.4∶41调整为7.8∶41.0∶51.2,实现由"二三一"到"三二一"的重要转变,服务业所占比重超过50%。传统产业转型升级,现代产业体系基本形成,数字经济加快发展,重大新兴产业专项、重大新兴产业工程、重大新兴产业基地、国家战略性新兴产业集群的梯次推进格局基本形成。

传统产业加速转型升级。近年来,安徽大力实施创新驱动发展战略,着力提升自主创新能力,围绕传统优势产业,部署创新链,推动传统优势产业融合发展、创新发展,走出一条具有安徽特色的自主创新道路,逐步实现传统优势产业转型升级。实施"互联网+制造"行动计划,加快推进汽车、钢铁、家电、有色、建材等传统产业数字化、网络化、智能化改造,发挥信息技术在传统产业转型升级中的"助推器"作用。围绕突破有色、钢铁、装备制造等传统产业转型升级的痛点与"瓶颈",着力引进在产业链中占据关键地位且行业排名前列的龙头企业和链主企业,实现自主创新、承接转移与结构升级的有机统一,探索形成了"培育龙头企业—引进大项目—完善产业链—培育产业集群—打造产业基地"的传统产业改造升级发展新路径。在冶金、化工、建材等重点行业实施绿色制造工程,推广运用先进适用节能低碳技术、工艺和装备,提升了传统产业的能源利用效率和清洁生产水平,促进了传统产业的绿色低碳化转型。[59]随着新一代信息技术的融入,传统技术不断更新升级,再加上不断创新的商业模式的助力,安徽省的传统产业逐步转型升级,更加高端化和智能化。

新兴产业加速集聚。安徽围绕十大新兴产业,创新招商引资、招才引智的手法、步法、打法,奋力打造新兴产业聚集地。2021年,安徽省十大新兴产业用不到50%的规模以上工业企业数,创造了60%左右的产值和70%的利润。"十三五"期间,安徽战略性新兴产业产值年均增长17.3%,比同期规模以上工业产值增速高出约7个百分点。2016—2021年,安徽战略性新兴产业产值占规模以上工业产值的比重由23.31%提高到41.00%(见图6-1)。合肥集成电路、新型显示器件、人工智能和铜陵先进结构材料4个国家战略性新兴产业集群快速发展,2020年,新增规模以上企业29家,规模以上企业总数约500家,实现营收约

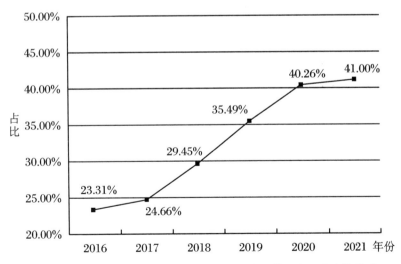

图6-1 2016—2021年安徽战略性新兴产业占规模以上工业产值比重
数据来源:安徽省发展和改革委员会网站。

3000亿元,实现利润约130亿元,在建亿元以上项目约260个,累计完成投资超2300亿元。一批产业特色鲜明、集聚程度较高的产业集群专业镇已成为县域经济发展的重要引擎。截至2020年底,安徽产业集群专业镇集聚企业4.33万家,实现营业收入6354.15亿元。"十四五"期间,安徽还计划建设新型显示、集成电路、新能源汽车和智能网联汽车、人工智能、智能家电5个世界级战略性新兴产业集群。不断优化的产业结构、日益完善的产业体系和富有竞争力的产业集群为安徽建设国家产业创新中心提供了坚强的支撑。

第二节 安徽产业创新能力不断增强

科技创新是产业升级的"助推器",产业高质量发展离不开科技创新的支撑和引领。"十三五"以来,安徽创新能力显著提升。2021年,安徽省区域创新能力继续居全国第8位,连续10年位居全国第一方阵。创新主体积极活跃、创新人才不断汇聚是安徽产业创新能力加速提升的重要动力和源泉。

创新主体活力迸发。产业创新不仅需要企业、政府积极参与,还需要研究机构、大学,以及相关社会组织等多个主体共同参与创新活动。[60]截至2021年底,安徽拥有规模以上工业企业19553家、高新技术企业11368家、战略性新兴产业企业5390家、科技型中小企业11475家;研究生培养单位21个、普通高校(含独立学院)121所、各类中等职业教育(不含技工学校)271所;科研机构6769个,其中中央驻皖院所16家。随着创新主体队伍不断壮大,创新能力和水平不断提升,创新成果加速产出。2021年登记科技成果17755项,企业依旧是科技成果登记主力军,登记数量占总数量的94.73%。安徽专利授权量153475件,其中发明专利23624件,分别较2016年提高151.67%和54.49%(见图6-2);万人有效发明专利拥有量19.9件,累计有效发明专利121732件,较2016年分别提升212.40%和211.30%。2021年,全省共吸纳技术合同22730项,合同成交额2175.6亿元,输出技术合同23663项,合同成交额1754.55亿元,分别较2016年提升74.70%、978.79%、82.50%和707.17%(见图6-3)。其中,全省企业共吸纳技术合同18262项,合同成交额1790.02亿元,分别占全部吸纳技术合同的80.34%和82.28%;全省企业共输出技术合同17427项,技术合同成交额1612.01亿元,分别占全部输出技术合同的73.65%和91.88%。企业作为创新的主力军,创新成效显著。科技创新是产业发展的有力支撑,多元的创新主体、日益壮大的创新队伍、不断迸发的创新活力,为安徽建设国家产业创新中心注入新的发展动能、激发创新活力。

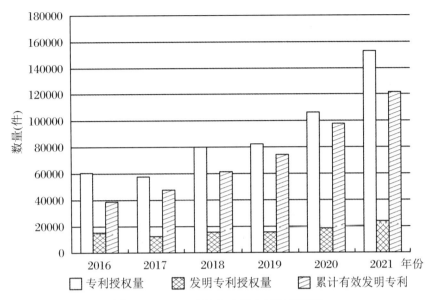

图 6-2　2016—2021 年安徽专利授权情况

数据来源:《安徽省科技统计公报》《安徽省知识产权统计报告》。

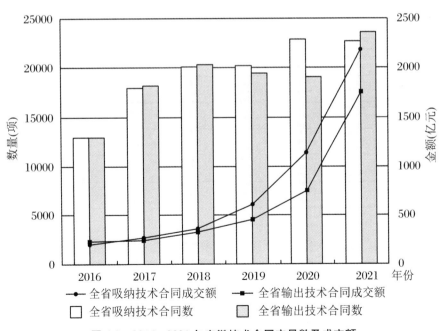

图 6-3　2016—2021 年安徽技术合同交易数及成交额

数据来源:《安徽省科技统计公报》《安徽省技术合同交易统计公报》。

人才队伍支撑有力。人才是第一资源,创新是第一动力,人才是创新发展的动力源泉。"十三五"以来,安徽大力实施人才优先发展战略,加快推进人才发展体制机制改革,精准引进高端人才,着力培养后备人才,人才队伍建设得到扎实推进,人才创新活力得到充分激发。完善人才政体系。出台了系列政策推动全省科技人才事业发展,积极落实和实施人才"30 条""科学中心 10 条"等政策和新时代"江淮英才计划"等人才计划和工程,创新人才队伍不断壮大。各类人才总量快速提升。截至 2021 年底,安徽专业技术人才总量达 451.4 万人,较 2016 年增长了 41.06%(见图 6-4),其中高层次人才 47.5 万人。研发人员队伍持续壮大。截至 2021 年底,安徽从事研发活动人员 27.9 万人,较 2016 年增长 30.99%。高层次科技人才队伍不断扩张。截至 2021 年底,安徽共拥有中国科学院院士和中国工程院院士 39 人,省院士工作站柔性引进院士 364 人次,较 2016 年增长 115.38%。扶持高层次科技人才团队 320 个,较 2016 年增长 377.61%(见表 6-1)。多样化的创新人才和不断壮大的人才队伍激发了创新活力,为安徽建设国家产业创新中心赋能。

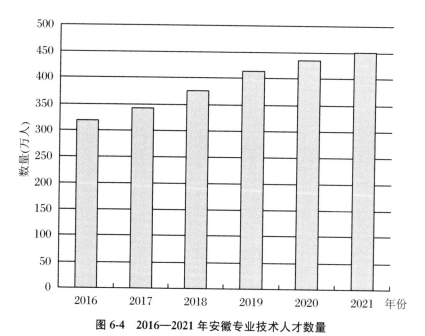

图 6-4 2016—2021 年安徽专业技术人才数量

数据来源:《安徽省国民经济和社会发展统计公报》《安徽省科技统计公报》。

表 6-1 2016—2021 年安徽高层次科技人才队伍情况

指标	2016年	2017年	2018年	2019年	2020年	2021年
中国科学院院士(人)	21	20	19	24	24	24
中国工程院院士(人)	10	11	11	13	13	14
两院院士(人)	1	1	1	1	1	1
柔性引进院士数（人次）	169	235	295	295	355	364
扶持高层次科技人才团队(个)	67	115	170	220	274	320

数据来源：《安徽省科技统计公报》。

第三节　安徽高能级创新平台快速集聚

创新平台能够有效聚集创新资源，汇聚各方主体共同参与创新，提升创新效能。"十三五"以来，安徽大力建设各类创新平台，吸引创新资源汇聚，强化产学研合作，在提高原始创新能力、加快产业技术储备、破解产业共性关键技术难题、支撑产业创新发展上取得了积极成效，能够为安徽建设国家产业创新中心提供强有力的支撑。

高能级研发平台加快建设。安徽拥有国家实验室、合肥综合性国家科学中心等重大创新平台，大科学装置形成了"3＋4＋4"建设格局，即已建成全超导托卡马克、稳态强磁场、同步辐射等3个装置，正在推进建设聚变堆主机关键系统综合研究设施等4个装置，谋划建设合肥先进光源等4个装置，大科学装置数量居全国前列。能源、人工智能、大健康研究院加快建设，环境、未来技术研究院组建运行，涌现出量子计算原型机、动态存储芯片等一批重大科技创新成果。启动建设量子信息与量子科技创新研究院、天地一体化信息网络合肥中心、离子医学中心、大基因中心等重大创新平台。

产业创新平台不断完善。鼓励和支持高校、科研院所和企业建设重点实验室、工程实验室、工程研究中心、工程技术研究中心、企业技术中心等，促进科技创新与产业发展相融合。在不断优化传统产业创新平台布局的同时，实现了新一代信息技术等十大新兴产业全覆盖，形成了"顶天与立地"相结合，涵盖创新全链条的多层次产业创新平台体系。截至2021年底，安徽共拥有各类省级以上研发平台3468家,其中国家级216家,分别较2016年增加了1245家、57家。拥有国家级重点实验室(含国家研究中心)12家、国家级工程实验室15家、国家级工程研究中心35家、国家级工程技术研究中心9家、国家级企业技术中心96家、国家级工业设计中心14家、国家级质量监督检验中心27家、国家级国际联合研究中心6家、国家级制造业创新中心2家(见图6-5)。探索建设产学研协同创新平台,推动中国科学院合肥技术创新工程院、中国科学技术大学先进技术研究院、清华大学合肥公共安全研究院等平台发展,围绕企业需求开展研发,强化产业技术攻关。截至2021年底,安徽省已建设创新联合体4家、新型研发机构132家、产业创新中心29家、协同创新中心32家、产业共性技术研究院12家、省部共建协同创新中心7家。各类创新平台为安徽建设国家产业创新中心汇聚创新人才、提供高质量创新成果,推动产业创新发展。

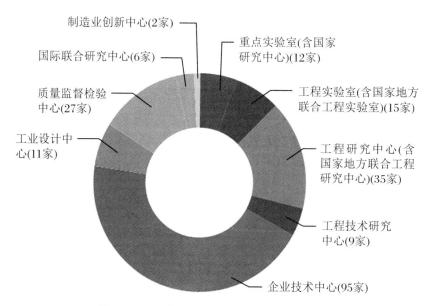

图6-5 2021年安徽国家级研发平台构成情况

数据来源:《安徽省科技统计快报》。

第四节　安徽省委、省政府等多主体高度重视

良好的创新中介服务、有力的财政和金融支持是建设国家产业创新中心重要的保障。"十三五"以来,安徽将自主创新摆在突出位置,各方高度重视,加大投入力度,完善创新服务体系,强化中试孵化、对接交易、科技金融支撑,营造良好的创新创业环境,为安徽建设国家产业创新中心营造氛围。

积极建设省产业创新中心。为提高安徽省产业创新能力和核心竞争力,推动"科创+产业"融合发展,安徽省近年来积极建设省产业创新中心,整合、联合行业创新资源,构建高效协作创新网络,开展关键核心技术攻关、技术创新成果转移转化、创新体制机制改革、知识产权集中运营、军民科技协同创新等,着力推进产业链、创新链、资金链和政策链"四链合一",打造"政产学研用金"深度融合的创新生态,是推动新兴产业集聚发展、培育壮大经济发展新动能的重要力量,是全省创新平台的"排头兵"、国家产业创新中心的"预备队"。按照围绕产业链部署创新链、围绕创新链布局产业链的原则,安徽省发展改革委已批复建设安徽省产业创新中心29家(见表6-2)。此外,"十四五"期间,安徽将组建十大新兴产业综合性产业创新中心,围绕新一代信息技术、新能源汽车和智能网联汽车、数字创意、高端装备制造、新能源和节能环保、绿色食品、生命健康、智能家电、新材料、人工智能等十大新兴产业领域,充分发挥创新优势,构建技术支撑体系,增强十大新兴产业核心竞争力,推动十大新兴产业高质量发展,为安徽建设国家产业创新中心充实后备力量。

表6-2　安徽省产业创新中心名单

序号	名　　　称	牵　头　单　位
1	安徽省计算存储产业创新中心	长鑫存储技术有限公司
2	安徽省锂电池绿色循环利用产业创新中心	安徽华铂再生资源科技有限公司
3	安徽省智能可穿戴产业创新中心	安徽华米信息科技有限公司
4	安徽省生物基聚合材料产业创新中心	安徽丰原集团有限公司
5	安徽省动力电池及其关键材料产业创新中心	合肥国轩高科动力能源有限公司

续表

序号	名　　　　称	牵　头　单　位
6	安徽省可再生能源发电产业创新中心	阳光电源股份有限公司
7	安徽省食品工业数字化产业创新中心	三只松鼠股份有限公司
8	安徽省离子医学装备产业创新中心	合肥中科离子医学技术装备有限公司
9	安徽省新能源汽车橡胶零部件产业创新中心	安徽中鼎密封件股份有限公司
10	安徽省智能农业装备产业创新中心	中联农业机械股份有限公司
11	安徽省陶铝新材料产业创新中心	安徽相邦复合材料有限公司
12	安徽省智能网联汽车产业创新中心	芜湖雄狮汽车科技有限公司
13	安徽省硅基新材料产业创新中心	凯盛科技股份有限公司
14	安徽省液晶显示产业创新中心	合肥鑫晟光电科技有限公司
15	安徽省智能工业车辆产业创新中心	安徽合力股份有限公司
16	安徽省第三代半导体材料与核心器件产业创新中心	西安电子科技大学芜湖研究院
17	安徽省MEMS核心器件产业创新中心	华东光电集成器件研究所
18	安徽省仿生科技高保暖新材料产业创新中心	吉祥三宝高科纺织有限公司
19	安徽省微波遥感卫星及数据应用产业创新中心	中国电子科技集团公司第三十八研究所
20	安徽省高端罐式专用车产业创新中心	芜湖中集瑞江汽车有限公司
21	安徽省有色金属新材料产业创新中心	铜陵有色金属集团控股有限公司
22	安徽省氢能及燃料电池产业创新中心	安徽明天氢能科技股份有限公司
23	安徽省绿色化工催化新材料产业创新中心	安庆曙光化工股份有限公司
24	安徽省通用航空产业创新中心	中电科芜湖钻石飞机制造有限公司
25	安徽省稀土新材料产业创新中心	安徽大地熊新材料股份有限公司
26	安徽省高端磁性材料产业创新中心	中钢天源股份有限公司
27	安徽省麻精药品注射剂研发产业创新中心	国药集团国瑞药业有限公司

续表

序号	名　　　称	牵　头　单　位
28	安徽省新型功能陶瓷材料产业创新中心	安徽壹石通材料科技股份有限公司
29	安徽省智能化温度仪表产业创新中心	安徽天康(集团)股份有限公司

资料来源:安徽省发展和改革委员会网站。

创新环境不断优化。财政科技投入有保障,2021年安徽财政科技投入资金突破400亿元,达到415.5亿元,较2016年增长60.12%,科学技术支出占全省财政支出的比重为5.5%,较2016年提升0.8个百分点。创新中介服务不断完善,截至2021年底,安徽共有科技企业孵化器223家,其中国家级38家、省级97家,分别较2016年增加18家和44家(见表6-3)。2021年安徽孵化器场地总面积为400.89万平方米,对在孵企业培训人数达12.4万人次,孵化器在孵企业7296家,在孵企业累计获得财政资助金额10.04亿元,累计获得投融资企业达2739家。2021年,全省共有省级以上众创空间251家,其中国家级53家,较2016年增加29家(见图6-6);众创空间总面积达111.02万平方米,总收入4.22亿元。截至2021年底,众创空间内累计创业团队人数达17697人,累计获得投融资的创业团队达1580个,累计获得投融资的初创企业达1196个。强化科技金融支撑,设立总规模不低于2000亿元的省新兴产业引导基金体系,建立省科技贷款风险补偿资金池,推动银行保险业机构组建科技金融专营机构,努力把更多创新成果就地转化为现实生产力。大力推进开放创新,不断完善合作交流平台,积极建设开放合作园区,鼓励省内各地市与长三角区域城市围绕产业转移对接开展合作。全面推进开发区优化整合,支持合肥新站高新区、安庆高新区等一批承接产业转移园区转型提升,优化产业空间布局,完善配套设施,夯实产业承接载体。[61]日益优化的创新环境为产业创新提供沃土,为安徽建设产业创新中心构筑坚实的保障。

表6-3 2016—2021年安徽孵化器综合情况

指　　标	2016年	2017年	2018年	2019年	2020年	2021年
孵化器数量(家)	118	151	161	186	215	223
其中:国家级(家)	20	25	25	32	38	38
省级(家)	53	59	81	80	75	97
孵化器场地总面积(万平方米)	285.1	338.1	378.1	396.0	460.0	400.9

续表

指　　标	2016年	2017年	2018年	2019年	2020年	2021年
在孵企业数（家）	4114	5251	5807	5998	6955	7296

数据来源：《安徽省科技统计公报》。

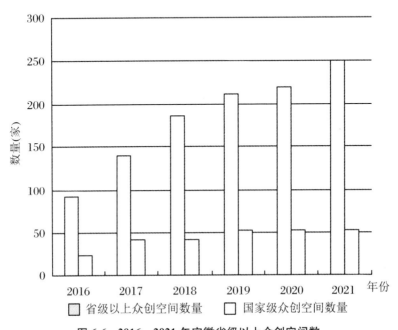

图 6-6　2016—2021 年安徽省级以上众创空间数

数据来源：《安徽省科技统计公报》《安徽省众创空间发展报告》。

第七章　安徽省产业创新中心布局思路研究

发挥创新平台服务产业发展、引领行业创新的重要作用,进一步增强区域创新能力,加快培育和发展新质生产力。根据国家发展和改革委员会《国家产业创新中心建设工作指引(试行)》的文件要求,在战略性领域组建产业创新中心,服务关键共性技术、前沿引领技术、现代工程技术、颠覆性技术创新,促进科技成果转化,发展新产业、培育新动能。围绕安徽省十大新兴产业发展亟须、产业链供应链"断链、堵链"、技术突破价值大、商业化潜力突出的领域,整合组建产业创新中心,充分发挥创新优势,加快构建科技创新攻坚力量体系,增强十大新兴产业核心竞争力,推动十大新兴产业高质量发展,构建一批各具特色、优势互补、结构合理的战略性新兴产业增长引擎。

第一节　安徽争创国家产业创新中心总体思路

一、指导思想

高举中国特色社会主义伟大旗帜,以习近平新时代中国特色社会主义思想为指导,深入贯彻党的二十大和二十届三中全会精神,全面贯彻习近平总书记关于科技创新的重要论述和对安徽作出的系列重要讲话指示批示精神,认真落实党中央、国务院决策部署,坚持党对科技创新工作的全面领导,深入实施创新驱动发展战略,坚持把科技创新作为第一动力,坚定下好创新"先手棋",按照"四个面向"要求,以建设高水平创新型省份为目标,以强化科技创新策源能力为主线,以提升基础研究能力和突破关键核心技术为主攻方向,以自主创新与开放协同双轮驱动,以深化科技体制机制改革为根本动力,建设科技创新攻坚力量体系和科技成果转化应用体系。贯彻落实安徽省"十四五"规划要求,力争在新一代信息技术、新能源汽车和智能网联汽车、高端装备制造、新材料、人工智能、生命健康、智能家电、新能源和节能环保、绿色食品、数字创意等领域以及细分领域建设若干个产业创新中心,增强十大新兴产业核心竞争力,为安徽构建新兴产业集聚地蓄势赋能。

二、基本原则

坚持党的领导,推进自立自强。坚持党对科技创新工作的全面领导,推动科技创新治理体系和治理能力现代化,营造良好的创新生态环境,为深入实施创新驱动发展战略提供坚强政治保证。

坚持四个面向,强化支撑引领。面向世界科技前沿、面向经济主战场、面向国家重大需求、面向人民生命健康,加强研发系统布局,打好关键核心技术攻坚战,打通从科技强到企业强、产业强、经济强的通道,引领经济社会高质量发展。

坚持新发展理念。把新发展理念贯穿新阶段现代化美好安徽建设全过程和各领域,切实转变发展方式,推动质量变革、效率变革、动力变革,实现更高质量、更有效率、更加公平、更可持续、更为安全的发展。

坚持创新核心地位。把发展基点放在创新上,加快推进以科技创新、产业创新为核心的全面创新,贯通第一要务、第一资源、第一动力,建成全国具有重要影响力的科技创新策源地和创新型省份,塑造更多依靠创新驱动、更多发挥先发优势的引领型发展。

坚持开放融合,促进协同创新。统筹发展和安全,以全球视野谋划和推动科技创新,深化科技合作,推进创新链、产业链、资金链、人才链、政策链"多链协同",提升科技创新治理效能。

三、总体目标

以建设高水平创新型省份为总目标,围绕安徽省十大新兴产业,由行业龙头企业或科研院所牵头组建,联合现有工程研究中心、企业技术中心等创新平台,吸纳省内外产业链上下游企业、高等院校、科研院所、新型研发机构、金融机构等,整合联合行业创新资源,坚持全球视野,建立稳定的资金投入机制、健全的人才激励机制、高效率的开放共享制度,重点开展创新网络构建、关键核心技术攻关、技术创新成果转移转化、创新体制机制改革、知识产权集中运营、军民科技协同创新等任务,提高产业创新能力和核心竞争力,推动"科创+产业"融合发展和新兴产业集聚发展,培育壮大经济发展新动能。

四、布局思路

综合前面相关研究,产业创新中心不同于国家综合性科学中心(玻尔模式),属于"巴斯德模式",是面向产业技术需求,聚焦颠覆性技术突破的应用性技术研发组织形式。立足安徽十大新兴产业发展基础和定位,分类建设产业创新中心。针对既具备产业发展基础,又拥有一定创新能力,且在全国范围内具备一定竞争优势的领先领域,积极争创国家级产业创新中心;针对具备一定的产业发展基础,创新能力相对较强的省内优势领域重点培育省级产业创新中心;针对产业基础较好,创新能力相对薄弱的新兴产业重点领域,培育若干产业创新中心。

第二节　国内领先领域争创国家级产业创新中心

国家产业创新中心主要布局建设在战略性领域,创新方向定位于获取未来产业竞争新优势的某一特定产业技术领域,国家发展改革委《国家产业创新中心建设工作指引(试行)》文件对组建国家产业创新中心提出了5个方面的基本要求:目标定位明确、基础条件良好、规模优势突出、组织体系清晰、运行机制健全等。安徽立足自身产业基础和创新基础,在国内领先领域争创国家级产业创新中心,服从和服务国家战略需求,以关键技术研发为核心使命,为国家提供战略科技力量支撑。

一、空间分布

按照组建国家产业创新中心基本要求:目标定位明确,技术成果和创新服务具有良好的市场前景,阶段发展目标可测度、可考核、可实现;基础条件良好,具有高水平领军人才和创新团队,拥有比较完善的研究、开发、试验条件;规模优势突出,组建资金、人才规模、设施投入等显著高于行业内现有的国家级产业创新平台;组织体系清晰,具备技术研发与产品开发、成果转化与商业化、创业投资与孵化、知识产权管理与运营等基本功能;运行机制健全,具备符合行业创新特点的人才激励机制、成果共享机制、协同创新机制等。遴选省内计算存储产业创新中心、量子通信产业创新中心以及动力电池及其关键材料产业创新中心等争创国家级产业创新中心,以上产业创新中心主要集中在合肥市(如表7-1所示)。

表7-1　国内领先领域争创国家级产业创新中心全省分布

城市	创新中心名称
合肥	安徽省计算存储产业创新中心 安徽省量子通信产业创新中心 安徽省动力电池及其关键材料产业创新中心

二、集成电路产业领域

◎ **安徽省计算存储产业创新中心**

(1)组建形式

以长鑫存储为中心牵头单位,联发科技、君正科技、兆易创新、杰发科技、合肥晶合、通富微电、华进半导体以及整机企业联宝电子等产业上下游关键企业构成中心的组成单位。以长鑫存储为主要投资方,承担中心的研发经费投入以及提供科研设备、场所等平台支撑。

(2)承担任务

技术任务:以长鑫存储牵头单位为主,联合其他组成单位现有企业技术中心,牵头或参与国家及省部级科研项目,围绕低功耗高速率 LPDDR5 DRAM 产品开发;15/14 nm DRAM 存储芯片先进工艺开发及产品研发;DRAM 存储芯片专用封装工艺铝重新布线层(Al RDL)工艺开发;5 nm 计算光刻国产化等国家"卡脖子"技术开展技术攻关,并进行科技成果转化,力争授权发明专利、新产品新技术、首台(套)重大技术装备达到一定标准,及时申报省部级以上科技奖,提高牵头单位的新产品销售收入占主营业务收入的比重。

成果转化:实现更好性能、更低成本的全闪存存储在网通设备、智能穿戴、工业控制、功能设备、智能家具、安防监控、人工智能以及车载应用领域的大规模生产。

人才培养:由中心牵头单位制定中心技术人才培养规划,立足安徽集成电路产业发展实际,紧密跟踪计算存储技术发展的前沿动态,有针对性地制定以产业竞争力为核心的集成电路产业技术人才培养规划。

三、量子信息产业领域

◎ **安徽省量子通信产业创新中心**

（1）组建形式

以科大国盾量子为中心牵头单位，国科量子、科大讯飞、科大擎天科技、科大国创软件等产业上下游企业构成中心组成单位。以科大国盾量子为主要投资方，承担中心的研发经费投入以及提供科研设备、场所等平台支撑。

（2）承担任务

技术任务：以科大国盾量子牵头单位为主，联合其他组成单位现有企业技术中心，牵头或参与国家及省部级科研项目，围绕高效光量子制备、编解码、量子仿真、量子密码系统安全检测技术；光纤在线量子密钥分发和量子安全密钥介质分发新模式；量子存储和量子中继技术等国家"卡脖子"技术开展技术攻关，并进行科技成果转化，力争授权发明专利、新产品新技术、首台（套）重大技术装备达到一定标准，及时申报省部级以上科技奖，提高牵头单位的新产品销售收入占主营业务收入的比重。

成果转化：延伸量子通信技术在政务、国防等特殊领域的安全应用，扩展到电信网、企业网、个人与家庭、云存储等应用领域，产生量子云计算、量子传感网等一系列全新的应用。

人才培养：由中心牵头单位制定中心技术人才培养规划，立足安徽量子通信产业发展实际，紧密跟踪量子通信技术发展的前沿动态，有针对性地制定以产业竞争力为核心的量子通信产业技术人才培养规划。

四、新能源汽车和智能网联汽车产业领域

◎ **安徽省动力电池及其关键材料产业创新中心**

（1）组建形式

以国轩高科为中心牵头单位，巨一科技、华霆动力、安徽锐能科技等产业的上下游企业构成中心组成单位。以国轩高科为主要投资方，承担中心的研发经费投入以及提供科研设备、场所等平台支撑。

（2）承担任务

技术任务：以国轩高科牵头单位为主，联合其他组成单位现有企业技术中心，牵头或参与国家及省部级科研项目，围绕废旧磷酸铁锂电池全元素综合利用技术；200 kW 大功率燃料电池电堆及核心零部件等关键技术；高安全半固态电池关键技术；高性能钠离子电池设计等"卡脖子"技术开展技术攻关，并进行

科技成果转化,力争授权发明专利、新产品新技术、首台(套)重大技术装备达到一定标准,及时申报省部级以上科技奖,提高牵头单位的新产品销售收入占主营业务收入的比重。

成果转化:实现动力电池长寿命、低成本、高安全的目标;实现新一代电化学储能技术在动力电池中的应用,推动氢燃料动力电池在新能源汽车中的大规模应用。

人才培养:由中心牵头单位制定中心技术人才培养规划,立足安徽动力电池产业发展实际,紧密跟踪汽车电动化技术发展的前沿动态,有针对性地制定以产业竞争力为核心的新能源汽车电动化技术人才培养规划。

第三节 安徽优势领域重点培育产业创新中心

省级产业创新中心是新时期推动新兴产业集聚发展、培育壮大新动能的重要力量,是全省创新平台的"排头兵"、国家产业创新中心的"预备队"。根据安徽省产业创新中心"揭榜挂帅"任务榜单要求,按照"揭榜挂帅"方式,采取"分批申报、成熟一个、组建一个"的原则布局,聚焦省内优势产业,依托龙头企业或科研院所,整合本行业创新资源,构建高效协作创新载体,推进科技攻关。

一、空间分布

遴选省内产业基础、创新基础相对优势领域重点培育省级产业创新中心。包括安徽省液晶显示产业创新中心、MEMS核心器件产业创新中心、第三代半导体材料与核心器件产业创新中心、新能源汽车橡胶零部件产业创新中心、智能网联汽车产业创新中心、氢能及燃料电池产业创新中心、智能可穿戴产业创新中心、安徽省多语种智能语音产业创新中心、智能化温度仪表产业创新中心、微波遥感卫星及数据应用产业创新中心、生物基聚合材料产业创新中心、陶铝新材料产业创新中心、仿生科技高保暖新材料产业创新中心、绿色化工催化新材料产业创新中心、稀土新材料产业创新中心、高端磁性材料产业创新中心、新型功能陶瓷材料产业创新中心、安徽省硅基新材料产业创新中心、有色金属新材料产业创新中心、锂电池绿色循环利用产业创新中心、可再生能源发电产业创新中心、智能农业装备产业创新中心、智能工业车辆产业创新中心、高端罐式专用车产业创新中心、通用航空产业创新中心、离子医学装备产业创新中心、麻精药品注射剂研发产业创新中心、食品工业数字化产业创新中心等 28 个产业创新中心，在全省的分布如表 7-2 所示。

表 7-2 安徽优势领域重点培育产业创新中心全省分布

城 市	创 新 中 心 名 称
合肥	安徽省液晶显示产业创新中心 安徽省智能可穿戴产业创新中心 安徽省微波遥感卫星及数据应用产业创新中心 安徽省多语种智能语音产业创新中心 安徽省稀土材料产业创新中心 安徽省可再生能源发电产业创新中心 安徽省智能工业车辆产业创新中心 安徽省离子医学装备产业创新中心
蚌埠	MEMS 核心器件产业创新中心 安徽省生物基聚合材料产业创新中心
芜湖	安徽省第三代半导体材料与核心器件产业创新中心 安徽省智能网联汽车产业创新中心 安徽省智能农业装备产业创新中心 安徽省高端罐式专用车产业创新中心 安徽省通用航空产业创新中心 安徽省食品工业数字化产业创新中心
淮南	安徽省麻精药品注射剂研发产业创新中心
马鞍山	安徽省高端磁性材料产业创新中心
安庆	安徽省绿色化工催化新材料产业创新中心
阜阳	安徽省仿生科技高保暖新材料产业创新中心 安徽省锂电池绿色循环利用产业创新中心
滁州	安徽省智能化温度仪表产业创新中心 安徽省新型功能陶瓷材料产业创新中心 安徽省硅基新材料产业创新中心
淮北	安徽省陶铝新材料产业创新中心
铜陵	安徽省有色金属新材料产业创新中心
宣城	安徽省新能源汽车橡胶零部件产业创新中心
六安	安徽省氢能及燃料电池产业创新中心

二、新型显示产业领域

◎ **安徽省液晶显示产业创新中心**

(1) 组建形式

以鑫晟光电为中心牵头单位,合肥京东方、彩虹(合肥)液晶玻璃、维信诺、视涯科技等上下游企业构成中心组成单位。以鑫晟光电为主要投资方,承担中心的研发经费投入以及提供科研设备、场所等平台支撑。

(2) 承担任务

技术任务:以鑫晟光电牵头单位为主,联合其他组成单位现有企业技术中心,牵头或参与国家及省部级科研项目,围绕大尺寸 8K 液晶显示产品对比度提升;UDC(Under display Camera)屏下摄像头实现真正全面屏显示技术开发;OLED 显示用玻璃基板(载板)关键技术以及超高解析度硅基 OLED 显示器件等开展技术攻关,力争授权发明专利、新产品新技术、首台(套)重大技术装备达到一定标准,及时申报省部级以上科技奖,提高牵头单位的新产品销售收入占主营业务收入的比重。

成果转化:推动新一代液晶显示技术在工业控制自动化,以及设计出符合医疗行业标准的液晶显示器,满足高标准医疗行业需求。

人才培养:由中心牵头单位制定中心技术人才培养规划,立足安徽显示产业发展实际,紧密跟踪液晶显示技术发展的前沿动态,有针对性地制定以产业竞争力为核心的液晶显示技术人才培养规划。

三、集成电路产业领域

◎ **安徽省 MEMS 核心器件产业创新中心**

(1) 组建形式

以华东光电集成器件研究所为中心牵头单位,北方微电子研究院、芯动联科、蚌埠希磁科技、安徽禹芯半导体科技等产业上下游关联企业,以及安徽省 MEMS 工程实验室、安徽省 MEMS 工程中心等科研院所构成中心组成单位。以华东光电集成器件研究所为主要投资方,承担中心的研发经费投入以及提供科研设备、场所等平台支撑。

(2) 承担任务

技术任务:以华东光电集成器件研究所牵头单位为主,联合其他组成单位现有企业技术中心,牵头或参与国家及省部级科研项目,围绕 MEMS 陀螺传感器芯片、MEMS 技术与 IC 技术的集成与融合、MEMS 微型超声波传感器、高性能磁传感器、宽温区硅压力传感器芯片、智能光纤传感器等传感器"卡脖子"技术领域开展技术攻关和成果产业化,力争传感器领域授权发明专利、新产品新技术、首台(套)重大技术装备达到一定标准,及时申报省部级以上科技奖,提高牵头单位的新产品销售收入占主营业务收入的比重。

人才培养:由中心牵头单位制定中心技术人才培养规划,立足安徽智能传感器产业发展实际,紧密跟踪世界传感器产业发展的前沿动态,有针对性地制定以产业竞争力为核心的智能传感器前沿技术人才培养规划。

◎ 安徽省第三代半导体材料与核心器件产业创新中心

(1)组建形式

以西安电子科技大学芜湖研究院为中心牵头单位,芜湖启迪半导体、安徽赛腾微电子、德纳美半导体等半导体产业上下游关联企业构成中心组成单位。以西安电子科技大学芜湖研究院为主要投资方,承担中心的研发经费投入以及提供科研设备、场所等平台支撑。

(2)承担任务

技术任务:以西安电子科技大学芜湖研究院牵头单位为主,联合其他组成单位现有企业技术中心,牵头或参与国家及省部级科研项目,围绕氮化镓(GaN)、碳化硅(SiC)等材料技术研究,研究 SiC 晶圆制造和 GaN 基板以及 5G 高抑制 n77 频带带通滤波器生产,基于 5G 通信的 LTCC 射频器件等核心器件技术攻关和成果产业化,力争在第三代半导体领域授权发明专利、新产品新技术、首台(套)重大技术装备达到一定标准,及时申报省部级以上科技奖,提高牵头单位的新产品销售收入占主营业务收入的比重。

人才培养:由中心牵头单位制定中心技术人才培养规划,立足安徽半导体产业发展实际,紧密跟踪世界第三代半导体产业发展的前沿动态,有针对性地制定以产业竞争力为核心的第三代半导体前沿技术人才培养规划。

四、新能源汽车和智能网联汽车产业领域

◎ 安徽省新能源汽车橡胶零部件产业创新中心

(1)组建形式

以安徽中鼎为中心牵头单位,安徽润康橡塑科技、宣城中橡新材料等橡胶材料产业上下游企业构成中心组成单位。以安徽中鼎为主要投资方,承担中心的研发经费投入以及提供科研设备、场所等平台支撑。

(2)承担任务

技术任务:以安徽中鼎牵头单位为主,联合其他组成单位现有企业技术中

心,牵头或参与国家及省部级科研项目,围绕丁基橡胶、乙丙橡胶、异戊橡胶技术研发和成果转化,以及解决溶聚丁苯橡胶严重依赖进口的问题,解决汽车领域橡胶稀缺难题,力争橡胶材料领域授权发明专利、新产品新技术、首台(套)重大技术装备达到一定标准,及时申报省部级以上科技奖,提高牵头单位的新产品销售收入占主营业务收入的比重。

成果转化:实现新的橡胶材料在新能源汽车轮胎中的应用,解决新能源汽车橡胶制品和轮胎全生命周期的绿色化和持续性发展难题,推动橡胶与轮胎产业整体水平迈向国际一流。

人才培养:由中心牵头单位制定中心技术人才培养规划,立足安徽橡胶产业发展实际情况,紧密跟踪世界先进化工材料产业发展的前沿动态,有针对性地制定以产业竞争力为核心的先进化工材料前沿技术人才培养规划。

◎ **安徽省智能网联汽车产业创新中心**

(1) 组建形式

以芜湖雄狮为中心牵头单位,奇瑞控股、奇瑞科技、奇瑞新能源、安徽省新能源汽车和智能网联汽车产业研究院等企业以及未来城市与智能网联产业研究院共同构成中心组成单位。以芜湖雄狮为主要投资方,承担中心的研发经费投入以及提供科研设备、场所等平台支撑。

(2) 承担任务

技术任务:以芜湖雄狮牵头单位为主,联合其他组成单位现有企业技术中心,牵头或参与国家及省部级科研项目,围绕智能网联汽车领域的感知传感器、决策控制芯片、线控底盘技术、软件和算法等关键核心技术开展技术攻关,实现完全自动驾驶和网联协同决策与控制,力争在智能网联领域授权发明专利、新产品新技术、首台(套)重大技术装备达到一定标准,及时申报省部级以上科技奖,提高牵头单位的新产品销售收入占主营业务收入的比重。

成果转化:力争实现智能网联汽车有条件自动驾驶甚至高度自动驾驶,最终实现完全自动驾驶。

人才培养:由中心牵头单位制定中心技术人才培养规划,立足安徽智能网联汽车产业发展实际情况,紧密跟踪世界智能网联汽车产业发展的前沿动态,有针对性地制定以产业竞争力为核心的智能网联汽车人才培养规划。

◎ **安徽省氢能及燃料电池产业创新中心**

(1) 组建形式

以安徽明天氢能为中心牵头单位,合肥奇瑞科技、安凯汽车等汽车企业以及安徽工研院六安院共同构成中心组成单位。以安徽明天氢能为主要投资方,承担中心的研发经费投入以及提供科研设备、场所等平台支撑。

（2）承担任务

技术攻关：以安徽明天氢能牵头单位为主，联合其他组成单位现有企业技术中心，牵头或参与国家及省部级科研项目，围绕氢燃料电池技术研发和产业化应用，研究制氢储氢、燃料电池堆、膜电极和燃料电池汽车整车系统集成控制以及质子交换膜、催化剂等基础材料技术关键技术，力争在氢能领域授权发明专利、新产品新技术、首台（套）重大技术装备达到一定标准，及时申报省部级以上科技奖，提高牵头单位的新产品销售收入占主营业务收入的比重。

成果转化：推动氢燃料电池在汽车交通中的应用，氢燃料便携电池在小型家用电器、消费电子设备、无人机等方面应用，拓展延伸大型固定氢燃料电池电站、建筑应急备用电源。

人才培养：由中心牵头单位制定中心技术人才培养规划，立足安徽氢能产业发展实际情况，紧密跟踪世界氢能产业发展的前沿动态，有针对性地制定以产业竞争力为核心的专项人才培养规划。

五、人工智能产业领域

◎ 安徽省智能可穿戴产业创新中心

（1）组建形式

以安徽华米为中心牵头单位，合肥华恒电子、安徽顺源芯科、合肥鲸鱼微电子等构成中心组成单位。以安徽华米为主要投资方，承担中心的研发经费投入以及提供科研设备、场所等平台支撑。

（2）承担任务

技术攻关：以安徽华米牵头单位为主，联合其他组成单位现有企业技术中心，牵头或参与国家及省部级科研项目，围绕功能纤维、智能高分子、智能传感、可穿戴器件等领域开展关键技术攻关，聚焦交互型可穿戴智能材料与器件、柔性有机热电材料的制备与性能研究、水凝胶基柔性器件、柔性热电器件，力争在智能可穿戴领域授权发明专利、新产品新技术、首台（套）重大技术装备达到一定标准。

成果转化：推动智能可穿戴技术在智能珠宝、智能头盔、盲人手杖、智能服饰等日常生活中的应用，推动人工智能技术的应用从医疗机构向大众生活延伸。

人才培养：由牵头单位制定中心技术人才培养规划，立足安徽智能可穿戴产业发展实际情况，紧密跟踪发展前沿动态，有针对性地制定以产业竞争力为核心的专项人才培养规划。

◎ **安徽省智能化温度仪表产业创新中心**

(1) 组建形式

以安徽天康为中心牵头单位,鑫国集团、京仪股份、伟岸仪表、汉威电子等构成中心组成单位。以安徽天康为主要投资方,承担中心的研发经费投入以及提供科研设备、场所等平台支撑。

(2) 承担任务

技术攻关:以安徽天康牵头单位为主,联合其他组成单位现有企业技术中心,牵头或参与国家及省部级科研项目,围绕新兴传感器技术、功能安全技术及安全仪、精密加工技术和特殊工艺技术、分析仪器功能部件及应用技术,提高仪器整机的稳定性和可靠性,同时开发针对不同应用领域的谱图和数据库以及具有自校准、自检测、自诊断、自适应功能智能化技术,力争在仪器仪表领域授权发明专利、新产品新技术、首台(套)重大技术装备达到一定标准。

成果转化:聚焦高端数字化仪表、智能控制仪表,开发新一代智能仪表,推动智能仪器仪表在航空航天、海洋监测、交通运输等领域的专用计量测试应用。

人才培养:由中心牵头单位制定中心技术人才培养规划,立足安徽仪器仪表产业发展实际,紧密跟踪发展前沿动态,有针对性地制定以产业竞争力为核心的专项人才培养规划。

◎ **安徽省微波遥感卫星及数据应用产业创新中心**

(1) 组建形式

以中国电子科技集团公司第三十八研究所为中心牵头单位,安徽军工集团、中国电子科技集团第十六研究所、安徽航天信息、合肥江航飞机等构成中心组成单位。以中电科第三十八研究所为主要投资方,承担中心的研发经费投入以及提供科研设备、场所等平台支撑。

(2) 承担任务

技术攻关:以中电科第三十八研究所牵头单位为主,联合其他组成单位现有企业技术中心,牵头或参与国家及省部级科研项目,提升影像处理的实时化、智能化、融合化水平,打造有效利用遥感数据资源的核心技术和软件平台,围绕遥感卫星分布式控制力矩陀螺可重构技术、高分辨率光学卫星在轨智能处理技术,充分运用大数据、人工智能、云计算等高新技术,推动卫星遥感应用技术创新,力争在卫星遥感领域授权发明专利、新产品新技术、首台(套)重大技术装备达到一定标准。

成果转化：推进遥感技术在智慧植保、灾害测报和生态安全中的深度应用，探讨其在植被病虫害监测、预警、防控领域的学科融合和技术创新。

人才培养：由中心牵头单位制定中心技术人才培养规划，立足安徽卫星遥感产业发展实际，紧密跟踪发展前沿动态，有针对性地制定以产业竞争力为核心的专项人才培养规划。

◎ **安徽省多语种智能语音产业创新中心**

（1）组建形式

以科大讯飞为中心牵头单位，中科类脑、新华三、海康威视等产业上下游企业构成中心组成单位。以科大讯飞为主要投资方，承担中心的研发经费投入以及提供科研设备、场所等平台支撑。

（2）承担任务

技术任务：以科大讯飞牵头单位为主，联合其他组成单位现有企业技术中心，牵头或参与国家及省部级科研项目，围绕智能语音图像识别、语音合成、智能语音控制和交互等多语种智能语音关键技术开展技术攻关，实现更深层次的人机交互，力争授权发明专利、新产品新技术、首台（套）重大技术装备达到一定标准，及时申报省部级以上科技奖，提高牵头单位的新产品销售收入占主营业务收入的比重。

成果转化：实现多语种系统构建，推动多语种智能语音在语音交互、语言翻译等场景中的成熟应用。

人才培养：由中心牵头单位制定中心技术人才培养规划，立足安徽智能语音产业发展实际情况，紧密跟踪智能语音产业发展的前沿动态，有针对性地制定以产业竞争力为核心的智能语音技术人才培养规划。

六、新材料产业领域

◎ **安徽省生物基聚合材料产业创新中心**

（1）组建形式

以安徽丰原集团为中心牵头单位，安徽雪郎生物、泰格生物、涂山制药、银创生物等构成中心组成单位。以安徽丰原集团为主要投资方，承担中心的研发经费投入以及提供科研设备、场所等平台支撑。

（2）承担任务

技术攻关：以安徽丰原集团牵头单位为主，联合其他组成单位现有企业技术中心，牵头或参与国家及省部级科研项目，围绕生物基聚氨酯原料与产品制造关键技术、生物基尼龙材料改性技术、木质纤维素制备高强度可降解材料科术研究,纤维素、半纤维素和木质素低耗、高效、高纯度分离技术,力争在生物基新材料领域授权发明专利、新产品新技术、首台(套)重大技术装备达到一定标准。

成果转化:推动生物基新材料医用材料、包装材料、农用生物降解中的广泛应用。

人才培养:由中心牵头单位制定中心技术人才培养规划,立足安徽生物基新材料产业发展实际情况,紧密跟踪发展前沿动态,有针对性地制定以产业竞争力为核心的专项人才培养规划。

◎ **安徽省陶铝新材料产业创新中心**

(1) 组建形式

以安徽相邦为中心牵头单位,安徽美信铝业、力慕新材料、银丰铝业、富士特铝业等构成中心组成单位。以安徽相邦为主要投资方,承担中心的研发经费投入以及提供科研设备、场所等平台支撑。

(2) 承担任务

技术攻关:以安徽相邦牵头单位为主,联合其他组成单位现有企业技术中心,牵头或参与国家及省部级科研项目,围绕铝电解电容器用电极箔产业链环节技术要点,解决高纯铝、电子铝箔和电极箔各环节的关键技术问题,聚焦高纯铝基电子材料、铝基复合材料、陶铝新材料关键技术研究,力争在铝基新材料领域授权发明专利、新产品新技术、首台(套)重大技术装备达到一定标准。

成果转化:开发生产新能源领域铝电解电容器用绿色电极箔新产品,推动高纯铝基电子材料、铝基复合材料在轨道交通、电子信息及汽车轻量化等领域的广泛应用。

人才培养:由中心牵头单位制定中心技术人才培养规划,立足安徽铝基新材料产业发展实际情况,紧密跟踪发展前沿动态,有针对性地制定以产业竞争力为核心的专项人才培养规划。

◎ **安徽省仿生科技高保暖新材料产业创新中心**

(1) 组建形式

以吉祥三宝为中心牵头单位,安徽天助纺织科技集团、宜民高科纺织等构成中心组成单位。以吉祥三宝为主要投资方,承担中心的研发经费投入以及提供科研设备、场所等平台支撑。

(2) 承担任务

技术攻关:以吉祥三宝牵头单位为主,联合其他组成单位现有企业技术中心,牵头或参与国家及省部级科研项目,围绕防水透湿纳米材料、发热纺织材料、凉爽纺织材料、聚乳酸环保绒、纳米气凝胶复合绝热毡等功能性新材料技术研究,力争在保暖新材料领域授权发明专利、新产品新技术、首台(套)重大技术装备达到一定标准。

成果转化:推动高保暖新材料在外套、内衣、沙发布、地毯、薄毯、被子等传统家纺市场中的广泛应用。

人才培养:由中心牵头单位制定中心技术人才培养规划,立足安徽功能性新材料产业发展实际情况,紧密跟踪前沿动态,有针对性地制定以产业竞争力为核心的专项人才培养规划。

◎ **安徽省绿色化工催化新材料产业创新中心**

(1) 组建形式

以安庆曙光化工为中心牵头单位,安庆化工、安通化工、长虹化工等构成中心组成单位。以安庆曙光化工为主要投资方,承担中心的研发经费投入以及提供科研设备、场所等平台支撑。

(2) 承担任务

技术攻关:以安庆曙光化工牵头单位为主,联合其他组成单位现有企业技术中心,牵头或参与国家及省部级科研项目,围绕重要材料单体和精细化学品合成中原子经济性高、环境友好的"绿色催化"关键共性技术,致力于开发高效催化剂和先进反应工艺研究,如废弃环保催化剂金属回收与载体再用技术,工业废气脱硝脱二噁英双功能催化剂研发,力争在化工催化新材料领域授权发明专利、新产品新技术、首台(套)重大技术装备达到一定标准。

人才培养:由中心牵头单位制定中心技术人才培养规划,立足安徽化工新材料产业发展实际情况,紧密跟踪发展前沿动态,有针对性地制定以产业竞争力为核心的专项人才培养规划。

◎ **安徽省稀土新材料产业创新中心**

(1) 组建形式

以安徽大地熊为中心牵头单位,安徽龙磁科技、安徽万磁电子等构成中心组成单位。以安徽大地熊为主要投资方,承担中心的研发经费投入以及提供科研设备、场所等平台支撑。

(2) 承担任务

技术攻关:以安徽大地熊牵头单位为主,联合其他组成单位现有企业技术中心,牵头或参与国家及省部级科研项目,围绕国家重点研发计划"稀土新材料"重点专项"多主相钕铁硼磁体重稀土极致应用关键技术"的研发工艺,力争在稀土新材料领域授权发明专利、新产品新技术、首台(套)重大技术装备达到一定标准。

人才培养:由中心牵头单位制定中心技术人才培养规划,立足安徽稀土新材料产业发展实际,紧密跟踪发展前沿动态,有针对性地制定以产业竞争力为核心的专项人才培养规划。

◎ 安徽省高端磁性材料产业创新中心

(1)组建形式

以中钢天源为中心牵头单位,宝武马钢、四方铁基新材料、中国铁塔安徽分公司等构成中心组成单位。以中钢天源为主要投资方,承担中心的研发经费投入以及提供科研设备、场所等平台支撑。

(2)承担任务

技术攻关:以中钢天源牵头单位为主,联合其他组成单位现有企业技术中心,牵头或参与国家及省部级科研项目,围绕磁性材料制造关键装备、新型磁性材料产业化制造技术、前沿磁性材料及器件等方面开展技术攻关,力争在高端磁性新材料领域授权发明专利、新产品新技术、首台(套)重大技术装备达到一定标准。

人才培养:由中心牵头单位制定中心技术人才培养规划,立足安徽高端磁性材料产业发展实际情况,紧密跟踪发展前沿动态,有针对性地制定以产业竞争力为核心的专项人才培养规划。

◎ 安徽省新型功能陶瓷材料产业创新中心

(1)组建形式

以安徽壹石通为中心牵头单位,安徽百特、安徽陶陶新材料、安徽陶普新材等构成中心组成单位。以安徽壹石通为主要投资方,承担中心的研发经费投入以及提供科研设备、场所等平台支撑。

(2)承担任务

技术攻关:以安徽壹石通牵头单位为主,联合其他组成单位现有企业技术中心,牵头或参与国家及省部级科研项目,围绕耐高温的先进陶瓷基复合材料等进行技术攻关以及燃气轮机高温合金空心叶片用陶瓷型芯制备,力争在陶瓷新材料领域授权发明专利、新产品新技术、首台(套)重大技术装备达到一定标准。

成果转化:推动新型陶瓷材料在微电子技术、激光技术、光纤技术、光电子技术、传感技术、超导技术和空间技术的发展应用。

人才培养:由中心牵头单位制定中心技术人才培养规划,立足安徽陶瓷材料产业发展实际情况,紧密跟踪发展前沿动态,有针对性地制定以产业竞争力为核心的专项人才培养规划。

◎ **安徽省有色金属新材料产业创新中心**

（1）组建形式

以铜陵有色为中心牵头单位,铜陵精达特种电磁线、铜陵化学工业集团、铜陵泰富特种材料等构成中心组成单位。以铜陵有色为主要投资方,承担中心的研发经费投入以及提供科研设备、场所等平台支撑。

（2）承担任务

技术攻关:以铜陵有色牵头单位为主,联合其他组成单位现有企业技术中心,牵头或参与国家及省部级科研项目,围绕电子级铜基材料、铝基高端金属、镁基修复材料、高强韧钛合金结构材料、核级锆合金材料以及高纯溅射靶材等金属材料"卡脖子"技术开展技术攻关,力争在有色金属新材料领域授权发明专利、新产品新技术、首台（套）重大技术装备达到一定标准。

成果转化:推动有色金属材料在集成电路、汽车、核电、航空航天等领域的国产替代。

人才培养:由中心牵头单位制定中心技术人才培养规划,立足安徽有色金属材料产业发展实际情况,紧密跟踪发展前沿动态,有针对性地制定以产业竞争力为核心的专项人才培养规划。

◎ **安徽省硅基新材料产业创新中心**

（1）组建形式

以凯盛科技为中心牵头单位,蚌埠中建材、方兴科技、中航三鑫、晟光科技等硅基新材料产业上下游企业构成中心组成单位。以凯盛科技为主要投资方,承担中心的研发经费投入以及提供科研设备、场所等平台支撑。

（2）承担任务

技术任务:以凯盛科技牵头单位为主,联合其他组成单位现有企业技术中心,牵头或参与国家及省部级科研项目,围绕新能源硅基材料、新型显示硅基材料技术等展开技术攻关,突破半导体硅基材料中大尺寸硅单晶缺陷控制和杂质工程技术,以及特种硅基材料技术,力争硅基领域授权发明专利、新产品新技术、首台（套）重大技术装备达到一定标准,及时申报省部级以上科技奖,提高牵头单位的新产品销售收入占主营业务收入的比重。

成果转化:实现硅基材料在新能源汽车动力电池中的广泛应用,最终实现对碳基材料的替代。

人才培养:由中心牵头单位制定中心技术人才培养规划,立足安徽硅基产业发展实际情况,紧密跟踪硅基产业发展的前沿动态,有针对性地制定以产业竞争力为核心的硅基材料前沿技术人才培养规划。

七、新能源和节能环保产业领域

◎ 安徽省锂电池绿色循环利用产业创新中心

(1) 组建形式

以安徽华铂再生为中心牵头单位,安徽省华鑫铅业、华成再生资源综合利用、安徽省冶金科学技术研究所等构成中心组成单位。以安徽华铂再生为主要投资方,承担中心的研发经费投入以及提供科研设备、场所等平台支撑。

(2) 承担任务

技术攻关:以安徽华铂再生牵头单位为主,联合其他组成单位现有企业技术中心,牵头或参与国家及省部级科研项目,围绕锂电池退役判定标准及检测技术、可梯级利用电池剩余价值评估技术、单体电池的自动化拆解和材料分选技术,提高回收废弃锂电池直接再生利用的能力,简化回收工艺,降低废旧电池的回收成本等方面展开研究,力争在电池回收利用领域授权发明专利、新产品新技术。

成果转化:联合新能源汽车及动力锂电池、动力锂电池分选及拆解、梯次利用公司等主体,共建逆向大数据系统,实现可追溯管理。

人才培养:由中心牵头单位制定中心技术人才培养规划,立足安徽锂电池产业链发展实际情况,紧密跟踪发展前沿动态,有针对性地制定以产业竞争力为核心的专项人才培养规划。

◎ 安徽省可再生能源发电产业创新中心

(1) 组建形式

以阳光电源为中心牵头单位,隆基、晶科、国轩高科以及可再生能源接入电网技术国家地方联合工程实验室等构成中心组成单位。以阳光电源为主要投资方,承担中心的研发经费投入以及提供科研设备、场所等平台支撑。

(2) 承担任务

技术攻关:以阳光电源牵头单位为主,联合其他组成单位现有企业技术中心,牵头或参与国家及省部级科研项目,围绕电子级晶硅材料国产化、安全大规模氢液化关键技术、生物质气化技术、基于云平台的能量管理系统与实时在线仿真技术等方面展开研究,力争在可再生能源发电领域授权发明专利、新产品新技术。

成果转化:提高光伏、氢能、风电、生物质技术在能源中的比例,推动构建新能源占比逐渐提高的新型电力系统,加快形成以储能和调峰能力为基础支撑的电力发展机制。

人才培养：由中心牵头单位制定中心技术人才培养规划，立足安徽可再生能源产业链发展实际，紧密跟踪发展前沿动态，有针对性地制定以产业竞争力为核心的专项人才培养规划。

八、高端装备产业领域

◎ 安徽省智能农业装备产业创新中心

（1）组建形式

以中联农业机械为中心牵头单位，芜湖宏大机械设备制造、欧宝机电、三行轴承等构成中心组成单位。以中联农业机械为主要投资方，承担中心的研发经费投入以及提供科研设备、场所等平台支撑。

（2）承担任务

技术攻关：以中联农业机械牵头单位为主，联合其他组成单位现有企业技术中心，牵头或参与国家及省部级科研项目，围绕大型高端农机国产化，聚焦农用柴油发动机高压共轨喷射技术、动力换挡和无级变速技术、农机装备液压系统技术等大型农机关键技术、核心零部件及高端农机装备等方面展开技术攻关，力争在高端农机装备领域授权发明专利、新产品新技术。

成果转化：围绕高端农机关键技术研究，加大力度改造农机制造工艺装备，提高农机制造工艺装备水平。

人才培养：由中心牵头单位制定中心技术人才培养规划，立足安徽农机装备产业链发展实际，紧密跟踪发展前沿动态，有针对性地制定以产业竞争力为核心的专项人才培养规划。

◎ 安徽省智能工业车辆产业创新中心

（1）组建形式

以合力叉车为中心牵头单位，日立建机、安徽全柴动力等车辆装备骨干构成中心组成单位。以合力叉车为主要投资方，承担中心的研发经费投入以及提供科研设备、场所等平台支撑。

（2）承担任务

技术攻关：以合力叉车牵头单位为主，联合其他组成单位现有企业技术中心，牵头或参与国家及省部级科研项目，围绕提高工业软件设计国产自给率，车载芯片等核心部件，工业车辆驾驶操作安全辅助警示系统、高级辅助驾驶系统等软件系统以及 60000 kN 铝合金差压半固态流变、触变铸锻一体机装备，APM300 车辆转向架车桥国产化等展开技术攻关，力争在工业车辆领域授权发明专利、新产品新技术。

成果转化:扩大智能工业车辆在自动化组装、焊接、涂装、输送、仓储的智能制造领域的应用范围,满足室内外无人搬运复杂场景需求。

人才培养:由中心牵头单位制定中心技术人才培养规划,立足安徽工业车辆产业链发展实际,紧密跟踪发展前沿动态,有针对性地制定以产业竞争力为核心的专项人才培养规划。

◎ **安徽省高端罐式专用车产业创新中心**

(1)组建形式

以芜湖中集瑞江为中心牵头单位,安徽爱瑞特专用汽车新能源、芜湖亚夏专用汽车、芜湖皖发机械等构成中心组成单位。以芜湖中集瑞江为主要投资方,承担中心的研发经费投入以及提供科研设备、场所等平台支撑。

(2)承担任务

技术攻关:以芜湖中集瑞江牵头单位为主,联合其他组成单位现有企业技术中心,牵头或参与国家及省部级科研项目,围绕绿色、节能、高效发展趋势,聚焦专用车电动化燃料电池、氢燃料等环保动力源,智能化方面的电子信息控制系统,汽车结构轻量化设计及优化,新型制造及生产工艺技术等方面,力争在专用车技术领域授权发明专利、新产品新技术。

成果转化:推动铝合金、不锈钢及高强度钢等新材料在重车领域应用,提高车速、降低油耗,推动新能源技术、人工智能技术在专用车运输、装载、作业环节的应用示范,降低生产成本。

人才培养:由中心牵头单位制定中心技术人才培养规划,立足安徽专用车产业发展实际情况,紧密跟踪发展前沿动态,有针对性地制定以产业竞争力为核心的专项人才培养规划。

◎ **安徽省通用航空产业创新中心**

(1)组建形式

以中电科芜湖钻石飞机为中心牵头单位,芜湖联合飞机、海鹰航空、芜湖创联航空装备产业研究院等构成中心组成单位。以中电科芜湖钻石飞机为主要投资方,承担中心的研发经费投入以及提供科研设备、场所等平台支撑。

(2)承担任务

技术攻关:以中电科芜湖钻石飞机牵头单位为主,联合其他组成单位现有企业技术中心,牵头或参与国家及省部级科研项目,围绕国产化大飞机复杂型腔薄壁机匣的技术、发动机动密封系统的制备、特种飞机系统集成与应用技术、大中型无人机飞控、集中测试、试验试飞技术等"卡脖子"技术展开攻关,力争在航空装备领域授权发明专利、新产品新技术。

成果转化：推动航空装备技术开发过程中的控制、测量、图像处理、元器件等相关技术进步，带动工业智能控制系统的升级换代。

人才培养：由中心牵头单位制定中心技术人才培养规划，立足安徽航空制造产业发展实际情况，紧密跟踪发展前沿动态，有针对性地制定以产业竞争力为核心的专项人才培养规划。

九、生命健康产业领域

◎ 安徽省离子医学装备产业创新中心

（1）组建形式

以合肥中科离子医学为中心牵头单位，美亚光电、中科美菱、安科生物等构成中心组成单位。以合肥中科离子医学为主要投资方，承担中心的研发经费投入以及提供科研设备、场所等平台支撑。

（2）承担任务

技术攻关：以合肥中科离子医学牵头单位为主，联合其他组成单位现有企业技术中心，牵头或参与国家及省部级科研项目，围绕医疗CT球管阳极靶盘、数字PCR仪及配套传染性疾病检测系统及试剂、超高清内镜功能供给系统、人体能量代谢监测系统（人体代谢舱）等医学装备领域开展技术攻关，力争在医学装备领域授权发明专利、新产品和新技术。

成果转化：争取实验室里的技术更多地与医疗机构相互配合和支持，建立与临床的互动机制。

人才培养：由中心牵头单位制定中心技术人才培养规划，立足安徽医学装备产业发展实际情况，紧密跟踪发展前沿动态，有针对性地制定以产业竞争力为核心的专项人才培养规划。

◎ 安徽省麻精药品注射剂研发产业创新中心

（1）组建形式

以国瑞药业为中心牵头单位，平光制药、安徽赛乐普制药、安徽东盛友邦制药等构成中心组成单位。以国瑞药业为主要投资方，承担中心的研发经费投入以及提供科研设备、场所等平台支撑。

（2）承担任务

技术攻关：以国瑞药业牵头单位为主，联合其他组成单位现有企业技术中心，牵头或参与国家及省部级科研项目，围绕新型麻醉类、神经类和精神类等管制中枢神经药物技术，克服传统产品注射痛、脂质代谢困难，实现更安全、更高效,力争在麻精药品领域授权发明专利、新产品新技术。

人才培养:由中心牵头单位制定中心技术人才培养规划,立足安徽麻精药品领域发展实际,紧密跟踪发展前沿动态,有针对性地制定以产业竞争力为核心的专项人才培养规划。

十、绿色食品产业领域

◎ **安徽省食品工业数字化产业创新中心**

(1)组建形式

以三只松鼠为中心牵头单位,洽洽食品、安徽憨豆熊电子商务、安徽盼盼食品等构成中心组成单位。以三只松鼠为主要投资方,承担中心的研发经费投入以及提供科研设备、场所等平台支撑。

(2)承担任务

技术攻关:以三只松鼠为牵头单位为主,联合其他组成单位现有企业技术中心,运用物联网、云计算、人工智能、区块链技术等数字化技术对食品原料物性、营养特性、人群营养特征等信息数据化和整合分析,进而与食品生物合成、食品重组,以及智能化加工、智慧化物流、智慧化包装等深度融合,力争在食品生产领域授权新产品和新技术。

成果转化:逐步通过数字技术与实体食品企业的深度融合来形成具有精准化创制典型特征的数字化食品产业模式,满足和促进食品行业和企业本身的可持续发展。

人才培养:由中心牵头单位制定中心技术人才培养规划,立足安徽食品产业发展实际,紧密跟踪发展前沿动态,有针对性地制定以产业竞争力为核心的专项人才培养规划。

第四节 安徽新兴产业重点领域拟建培育产业创新中心

深入落实创新驱动发展战略,完善制造业创新平台体系建设,推动制造业高质量发展。紧紧围绕安徽现代产业体系发展需要,聚焦十大新兴产业有产业基础的重点产业以及重点行业转型升级需求,鼓励骨干企业、科研院所等创新主体自愿组合、自主合作,建立新型创新载体,突出协同创新,以新机制、新模式组建创新平台,做强一批具有产业技术带动力和影响力的创新型企业,储备一批核心技术知识产权,提高制造业自主创新能力。

一、空间分布

围绕安徽新兴产业,遴选具有一定产业基础的重点领域,拟培育产业创新中心,包括柔性显示产业创新中心、量子计算产业创新中心、自动驾驶激光雷达传感器产业创新中心、扁铜线电机产业创新中心、轻量化新能源汽车产业创新中心、类脑产业创新中心、神经网络芯片产业创新中心、智能传感器产业创新中心、大数据产业创新中心、铁基新材料产业创新中心、电子级化学品产业创新中心、智慧能源产业创新中心、煤矿低浓度瓦斯发电利用产业创新中心、节能电机产业创新中心、环境监测设备及其关键零部件产业创新中心、无机矿物质综合应用产业创新中心、工业机器人触觉传感器产业创新中心、航空发动机动密封组件产业创新中心、仿肌腱驱动柔性机器人产业创新中心、智能健康家电产业创新中心、高效电机产业创新中心、压缩机产业创新中心、生物医药产业创新中心、现代中药产业创新中心、生物种业产业创新中心、超高清视频产业创新中心等 26 个产业创新中心,在全省的分布如表 7-3 所示。

表 7-3 安徽新兴产业重点领域拟建培育产业创新中心

城　市	创　新　中　心　名　称
合肥	安徽省柔性显示产业创新中心
	安徽省量子计算产业创新中心
	安徽省自动驾驶激光雷达传感器产业创新中心
	安徽省扁铜线电机产业创新中心
	安徽省类脑产业创新中心
	安徽省神经网络芯片产业创新中心
	安徽省智能传感器产业创新中心
	安徽省大数据产业创新中心
	安徽省电子级化学品产业创新中心
	安徽省智慧能源产业创新中心
	安徽省节能电机产业创新中心
	安徽省环境监测设备及其关键零部件产业创新中心
	无机矿物质综合应用产业创新中心
	安徽省智能健康家电产业创新中心
	安徽省生物医药产业创新中心
	安徽省生物种业产业创新中心
	安徽省超高清视频产业创新中心

续表

城　市	创新中心名称
芜湖	安徽省轻量化新能源汽车产业创新中心 安徽省工业机器人核心部件触觉传感器产业创新中心 安徽省航空发动机动密封组件产业创新中心 安徽省仿肌腱驱动的柔性机器人产业创新中心 安徽省高效电机产业创新中心 安徽省压缩机产业创新中心
阜阳	安徽省现代中药产业创新中心
淮北	安徽省煤矿低浓度瓦斯发电利用产业创新中心
六安	安徽省铁基新材料产业创新中心

二、新型显示产业领域

◎ 安徽省柔性显示产业创新中心

（1）组建形式

以合肥维信诺为中心牵头单位，视涯信息科技、合肥彩虹液晶玻璃、江丰电子以及安徽省现代显示技术重点实验室等构成中心组成单位。以合肥维信诺为主要投资方，承担中心的研发经费投入以及提供科研设备、场所等平台支撑。

（2）承担任务

技术攻关：以合肥维信诺牵头单位为主，联合其他组成单位现有企业技术中心，围绕AMOLED柔性显示屏折叠技术、四面弯曲贴合工艺开发、OLED（柔性屏）3D薄板层压贴合设备研发、3D车载显示盖板＆曲面车载显示模组研发、可交互空中成像技术以及三维散射全息显示技术等开展研究，力争在柔性显示领域授权新产品新技术。

成果转化：逐步推广柔性显示技术在个人终端以及家用显示终端、新能源汽车终端等领域应用，持续贴近用户的个性化需求。

人才培养：由中心牵头单位制定中心技术人才培养规划，立足安徽柔性显示产业发展实际情况，紧密跟踪发展前沿动态，有针对性地制定以产业竞争力为核心的专项人才培养规划。

三、量子信息产业领域

◎ **安徽省量子计算产业创新中心**

（1）组建形式

以本源量子为中心牵头单位，国科量子、国仪量子以及合肥微尺度物质科学国家研究中心等构成中心组成单位。以本源量子为主要投资方，承担中心的研发经费投入以及提供科研设备、场所等平台支撑。

（2）承担任务

技术攻关：以本源量子牵头单位为主，联合其他组成单位及现有企业技术中心，围绕超导量子计算的超低温微波互联系统研发等关键核心技术开展研发，力争在量子计算领域授权新产品新技术。

成果转化：开发量子计算云平台，旨在开放共享量子计算资源，推动量子计算技术的应用与普及，推动量子计算多种应用场景。

人才培养：由中心牵头单位制定中心技术人才培养规划，立足安徽量子计算产业发展实际情况，紧密跟踪发展前沿动态，有针对性地制定以产业竞争力为核心的专项人才培养规划。

四、新能源汽车和智能网联汽车产业领域

◎ **安徽省自动驾驶激光雷达传感器产业创新中心**

（1）组建形式

以蔚来汽车为中心牵头单位，江淮、北科天绘（合肥）、中国科学院安徽光学精密机械研究所等构成中心组成单位。以蔚来汽车为主要投资方，承担中心的研发经费投入以及提供科研设备、场所等平台支撑。

（2）承担任务

技术攻关：以蔚来汽车牵头单位为主，联合其他组成单位现有企业技术中心，围绕发射芯片和接收芯片研发，发射器和探测器抗干扰性提高，64、128线的激光雷达研发以及固态化激光雷达等方面开展技术攻关，力争在激光雷达领域授权新产品新技术。

成果转化：提高国产激光雷达的稳定性，推动国产激光雷达大范围应用，逐步替代进口，早日实现L_4、L_5高级别自动驾驶甚至无人驾驶。

人才培养：由中心牵头单位制定中心技术人才培养规划，立足安徽激光雷达产业发展实际，紧密跟踪发展前沿动态，有针对性地制定以产业竞争力为核心的专项人才培养规划。

◎ **安徽省扁铜线电机产业创新中心**

(1) 组建形式

以铜陵精达为中心牵头单位,赛亚汽车科技、安徽洋晟电机、巨一自动化装备以及合肥工业大学新能源汽车工程研究院等构成中心组成单位。以铜陵精达为主要投资方,承担中心的研发经费投入以及提供科研设备、场所等平台支撑。

(2) 承担任务

技术攻关:以铜陵精达牵头单位为主,联合其他组成单位现有企业技术中心,围绕从圆形切换到矩形形状复杂工艺;涂覆绝缘层的均匀性;扁线弯折成发卡后,R角处应力集中,容易导致涂覆层破损等技术难点开展研究,力争在电机领域授权新产品新技术。

成果转化:推动高效率、高功率密度、低噪声、高集成性和低成本的扁线电机逐步实现量产,早日实现新能源汽车的轻量化和小型化。

人才培养:由中心牵头单位制定中心技术人才培养规划,立足安徽汽车电机产业发展实际,紧密跟踪发展前沿动态,有针对性地制定以产业竞争力为核心的专项人才培养规划。

◎ **安徽省轻量化新能源汽车产业创新中心**

(1) 组建形式

以奇瑞新能源汽车为中心牵头单位,芜湖宝骐汽车、晖煌材料科技(安徽)、安徽宝镁轻合金等构成中心组成单位。以奇瑞新能源为主要投资方,承担中心的研发经费投入以及提供科研设备、场所等平台支撑。

(2) 承担任务

技术攻关:以奇瑞新能源牵头单位为主,联合其他组成单位现有企业技术中心,围绕高性能铸造、锻造铝合金;低成本、高性能耐蚀镁合金;大型挤压铝合金稳定性技术、大型薄壁压铸铝合金件设计与成型技术;高强韧铸锻铝合金材料及其成型技术;高强镁板、高强镁合金开发等方面开展技术攻关。

成果转化:推进行业多种先进材料、先进工业综合手段,促进低碳减排先进车辆材料应用,助力新能源汽车新技术发展迈上一个新台阶。

人才培养:由中心牵头单位制定中心技术人才培养规划,立足安徽新能源汽车产业发展实际情况,紧密跟踪发展前沿动态,有针对性地制定以产业竞争力为核心的专项人才培养规划。

五、人工智能产业领域

◎ **安徽省类脑产业创新中心**

（1）组建形式

以中科类脑为中心牵头单位，科大国创、讯飞智元以及类脑智能技术及应用国家工程实验室等构成中心组成单位。以中科类脑为主要投资方，承担中心的研发经费投入以及提供科研设备、场所等平台支撑。

（2）承担任务

技术攻关：以中科类脑牵头单位为主，联合其他组成单位现有企业技术中心，围绕 AI 算法、AI 框架软件及 AI 芯片、类脑芯片核心技术开展研究，力争在人工智能领域授权新产品新技术。

成果转化：拓展类脑技术在仿生器件的应用范畴以及生活领域的实践。

人才培养：由中心牵头单位制定中心技术人才培养规划，立足安徽人工智能产业发展实际情况，紧密跟踪发展前沿动态，有针对性地制定以产业竞争力为核心的专项人才培养规划。

◎ **安徽省神经网络芯片产业创新中心**

（1）组建形式

以科大讯飞为中心牵头单位，芯碁微装、认知智能国家重点实验室等构成中心组成单位。以科大讯飞为主要投资方，承担中心的研发经费投入以及提供科研设备、场所等平台支撑。

（2）承担任务

技术攻关：以科大讯飞牵头单位为主，联合其他组成单位现有企业技术中心，围绕神经网络芯片技术（AI 芯片），突破面向云端训练、终端应用的神经网络芯片及配套工具等方面开展研究，力争在神经网络芯片领域授权发明专利、新产品新技术。

成果转化：推进神经网络芯片在企业管理、市场分析、决策优化、物资调运、自适应控制、专家系统、智能接口、神经生理学、心理学和认知科学研究等民用领域的应用。

人才培养：由中心牵头单位制定中心技术人才培养规划，立足安徽人工智能产业发展实际，紧密跟踪发展前沿动态，有针对性地制定以产业竞争力为核心的专项人才培养规划。

◎ 安徽省智能传感器产业创新中心

(1) 组建形式

以清华公共安全研究院为中心牵头单位,芯动联科、合肥微纳感知、希磁科技以及中国科学院合肥智能机械研究所等构成中心组成单位。以清华公共安全研究院为主要投资方,承担中心的研发经费投入以及提供科研设备、场所等平台支撑。

(2) 承担任务

技术攻关:以清华公共安全研究院牵头单位为主,联合其他组成单位现有企业技术中心,围绕智能传感器技术,加快研发并应用高精度、低成本的智能传感器,在生物、图像、微型化等方面开展关键技术研究,以及基于新材料、新需求、新原理的智能传感器研发。

成果转化:推动更多类型的智能传感器在设备检测、环境检测、物流检测、健康检测、智能家电、农业、医疗以及智慧城市中的广泛应用。

人才培养:由中心牵头单位制定中心技术人才培养规划,立足安徽智能传感器产业发展实际情况,紧密跟踪发展前沿动态,有针对性地制定以产业竞争力为核心的专项人才培养规划。

◎ 安徽省大数据产业创新中心

(1) 组建形式

以合肥城市云为中心牵头单位,华云数据、清博数据、安徽数据堂以及大数据分析与应用安徽省重点实验室等构成中心组成单位。以合肥城市云为主要投资方,承担中心的研发经费投入以及提供科研设备、场所等平台支撑。

(2) 承担任务

技术攻关:以合肥城市云牵头单位为主,联合其他组成单位现有企业技术中心,加大数据采集、数据存取、基础架构、数据处理、统计分析、数据挖掘、模型预测和结果呈现等整体技术以及大数据分析及挖掘、大数据展现和应用等关键技术研发力度。

成果转化:鼓励大数据企业围绕智慧城市、区块链、人工智能,加强业务驱动,开展场景应用创新。

人才培养:由中心牵头单位制定中心技术人才培养规划,立足安徽大数据产业发展实际情况,紧密跟踪发展前沿动态,有针对性地制定以产业竞争力为核心的专项人才培养规划。

六、新材料产业领域

◎ 安徽省铁基新材料产业创新中心

(1) 组建形式

以六安钢铁控股为中心牵头单位,四方铁基新材料、马鞍山钢铁股份、中国铁塔等构成中心组成单位。以六安钢铁控股为主要投资方,承担中心的研发经费投入以及提供科研设备、场所等平台支撑。

(2) 承担任务

技术攻关:以六安钢铁控股牵头单位为主,联合其他组成单位现有企业技术中心,围绕非晶纳米晶高性能铁基材料取向硅钢技术,特种钢、高端钢铁等高精尖产品,超精密抛光机中磨盘的钢结构以及高铁铣刀、高端轴承等开展技术研究,力争在先进钢铁材料领域授权新产品、新技术。

成果转化:推动先进钢铁材料应用于先进装备,满足航空、深海钻探、油田化工等领域应用的特种超高强度不锈钢需求。

人才培养:由中心牵头单位制定中心技术人才培养规划,立足安徽钢铁产业发展实际情况,紧密跟踪发展前沿动态,有针对性地制定以产业竞争力为核心的专项人才培养规划。

◎ 安徽省电子级化学品产业创新中心

(1) 组建形式

以合肥鼎材科技为中心牵头单位,安徽亚格盛、欣奕华、合肥三利普等构成中心组成单位。以合肥鼎材科技为主要投资方,承担中心的研发经费投入以及提供科研设备、场所等平台支撑。

(2) 承担任务

技术攻关:以合肥鼎材科技牵头单位为主,联合其他组成单位现有企业技术中心,重点围绕光刻胶,高纯磷烷特种气体、CMP抛光垫材料等电子信息领域所需的关键化学品和化工材料以及高分子导电液、PI前清洗剂等新型显示化学品开展技术研究,力争在电子级化学品产业领域授权新产品新技术。

成果转化:推动电子化学品国产化进程,满足家电、智能终端、太阳能、电动汽车等下游产业市场需求,发展高端电子化学品匹配IC、平板显示等电子产品需求。

人才培养:由中心牵头单位制定中心技术人才培养规划,立足安徽电子级化学品产业发展实际情况,紧密跟踪发展前沿动态,有针对性地制定以产业竞争力为核心的专项人才培养规划。

七、新能源和节能环保产业领域

◎ 安徽省智慧能源产业创新中心

（1）组建形式

以阳光电源为中心牵头单位,中建材(合肥)新能源、芜湖信义新能源、普乐新能源以及中科大太阳能光热综合利用实验室等构成中心组成单位。以阳光电源为主要投资方,承担中心的研发经费投入以及提供科研设备、场所等平台支撑。

（2）承担任务

技术攻关:以阳光电源牵头单位为主,联合其他组成单位现有企业技术中心,重点围绕开展复杂场景多能源转换耦合机理、多能源互补综合梯级利用集成与智能优化、智慧能源系统数字孪生、智慧城市高品质供电提升等技术研究,攻克智能化、网络化、模组化的多能转换关键设备制备;研究综合智慧能源系统能效诊断与碳流分析技术。

成果转化:建立面向多种应用和服务场景的区域智慧能源服务平台,实现电、热、冷、水、气、储、氢等多能源优化运行及智慧运维,全面提升能源综合利用率。

人才培养:由中心牵头单位制定中心技术人才培养规划,立足安徽能源产业发展实际情况,紧密跟踪发展前沿动态,有针对性地制定以产业竞争力为核心的专项人才培养规划。

◎ 安徽省煤矿低浓度瓦斯发电利用产业创新中心

（1）组建形式

以淮北矿业集团为中心牵头单位,淮河能源控股、安徽皖北煤电集团、中煤矿山建设以及安徽新能源利用与节能省级实验室等构成中心组成单位。以淮北矿业集团为主要投资方,承担中心的研发经费投入以及提供科研设备、场所等平台支撑。

（2）承担任务

技术攻关:以淮北矿业集团牵头单位为主,联合其他组成单位现有企业技术中心,重点围绕低浓度瓦斯的安全输送系统以及低浓度瓦斯过氧燃烧的瓦斯发电组开展技术研究。

成果转化:运用先进的瓦斯综合利用技术和装备,助力矿井瓦斯"零排放",实现环境保护、综合利用,消除井下安全隐患。

人才培养:由中心牵头单位制定中心技术人才培养规划,立足安徽瓦斯能源产业发展实际情况,紧密跟踪发展前沿动态,有针对性地制定以产业竞争力为核心的专项人才培养规划。

◎ **安徽省节能电机产业创新中心**

(1) 组建形式

以江淮电机为中心牵头单位,皖南电机、巨宏电器等产业链上下游科技企业和相关高校院所构成中心组成单位。以江淮电机为主要投资方,承担中心的研发经费投入以及提供科研设备、场所等平台支撑。

(2) 承担任务

技术攻关:以江淮电机牵头单位为主,联合其他组成单位现有企业技术中心,重点围绕高效电机技术及装备,如稀土永磁电机、永磁调速器、磁性材料,机电一体化技术、轻型化小型化技术、转矩传输技术、涡流技术、锰锌磁材、合金磁性材料技术等方面开展研究,力争在节能设备产业领域授权新产品和新技术。

成果转化:推动电机智能化节能技术改造,持续降低单位产出能源资源消耗,促进企业节能降耗降碳、提质增效,从源头减少二氧化碳排放。

人才培养:由中心牵头单位制定中心技术人才培养规划,立足安徽节能设备产业发展实际情况,紧密跟踪发展前沿动态,有针对性地制定以产业竞争力为核心的专项人才培养规划。

◎ **安徽省环境监测设备及其关键零部件产业创新中心**

(1) 组建形式

以安徽皖仪科技为中心牵头单位,大气环境污染监测先进技术与装备国家工程实验室、国家环境光学监测仪器工程技术研究中心等构成中心组成单位。以安徽皖仪科技为主要投资方,承担中心的研发经费投入以及提供科研设备、场所等平台支撑。

(2) 承担任务

技术攻关:以安徽皖仪科技牵头单位为主,联合其他组成单位现有企业技术中心,重点围绕高效、长寿命机动车尾气净化处理设备,突破碳捕集核心技术,激光诱导探测、臭氧激光雷达、便携式监测设备,环境监测关键元器件、技术、产品和装备等关键技术,力争在环境监测设备领域授权新产品新技术。

成果转化:扩展环境监测设备应用场景,加快核心零部件国产化进程,向自动化、智能化、信息化和网络化方向发展,满足对环境全方面监测的要求,并由地面环境监测转向遥感环境监测相结合方向发展。

人才培养:由中心牵头单位制定中心技术人才培养规划,立足安徽环境监测设备产业发展实际,紧密跟踪发展前沿动态,有针对性地制定以产业竞争力为核心的专项人才培养规划。

◎ 无机矿物质综合应用产业创新中心

(1) 组建形式

以中建材安徽非金属为中心牵头单位,安邦矿物产业链上下游企业和高校院所等构成中心组成单位。以中建材安徽非金属为主要投资方,承担中心的研发经费投入以及提供科研设备、场所等平台支撑。

(2) 承担任务

技术攻关:以中建材安徽非金属牵头单位为主,联合其他组成单位现有企业技术中心,重点围绕智能化危险废物收集系统和清洁焚烧装置、污泥半干法处理或炭化成套设备研发,城市生活污水脱氮除磷等深度处理技术和设备研发,力争在无机矿物质综合应用领域授权新产品新技术。

成果转化:推动无机非金属矿物材料复合化、节能化、低维化、智能化发展,实现大批量生产,满足在工程领域、智慧工业领域、国防装备领域的广泛应用。

人才培养:由中心牵头单位制定中心技术人才培养规划,立足无机矿物质综合应用产业发展实际情况,紧密跟踪发展前沿动态,有针对性地制定以产业竞争力为核心的专项人才培养规划。

八、高端装备产业领域

◎ 安徽省工业机器人核心部件触觉传感器产业创新中心

(1) 组建形式

以埃夫特为中心牵头单位,合肥欣奕华、巨一自动化以及哈工大机器人(合肥)国际创新研究院等构成中心组成单位。以埃夫特为主要投资方,承担中心的研发经费投入以及提供科研设备、场所等平台支撑。

(2) 承担任务

技术攻关:以埃夫特牵头单位为主,联合其他组成单位现有企业技术中心,重点围绕压电式、压阻式、电容式和光学原理式触觉传感器国产替代,克服国产传感器性能、可靠性、使用寿命短等问题,力争在工业机器人领域授权新产品和新技术。

成果转化:推动基于国产触觉传感器的工业机器人广泛应用于人机协作、物体抓取以及质量监控方面,提高工业机器人质量稳定性和批量生产能力。

人才培养：由中心牵头单位制定中心技术人才培养规划，立足安徽工业机器人产业发展实际情况，紧密跟踪发展前沿动态，有针对性地制定以产业竞争力为核心的专项人才培养规划。

◎ **安徽省航空发动机动密封组件产业创新中心**

（1）组建形式

以中电科钻石飞机为中心牵头单位，天航机电、航瑞航空、应流集团等构成中心组成单位。以中电科钻石飞机为主要投资方，承担中心的研发经费投入以及提供科研设备、场所等平台支撑。

（2）承担任务

技术攻关：以中电科钻石飞机牵头单位为主，联合其他组成单位现有企业技术中心，重点围绕航空发动机主流道密封、空气系统二次密封、主轴承油腔密封、附件传动机匣中传动附件输出轴密封等先进密封技术开展研究。

成果转化：提高封严装置性能，减少泄漏量，确保在更恶劣的工作环境中延长寿命，降低发动机油耗率，减少使用成本。

人才培养：由中心牵头单位制定中心技术人才培养规划，立足安徽通用航空产业发展实际情况，紧密跟踪发展前沿动态，有针对性地制定以产业竞争力为核心的专项人才培养规划。

◎ **安徽省仿肌腱驱动的柔性机器人产业创新中心**

（1）组建形式

以哈工大机器人（合肥）研究院为中心牵头单位，安徽行健智能机器人、芜湖瑞祥工业、芜湖摩卡机器人、埃夫特等构成中心组成单位。以哈工大机器人（合肥）研究院为主要投资方，承担中心的研发经费投入以及提供科研设备、场所等平台支撑。

（2）承担任务

技术攻关：以哈工大机器人（合肥）研究院牵头单位为主，联合其他组成单位现有企业技术中心，重点围绕仿生机构设计、关节驱动设计、身体关节的协调运动规划、对不平整地面外力扰动下的控制、智能作业、智能移动等开展研究，力争在仿生机器人领域授权新产品和新技术。

成果转化：推动柔性机器人在医疗康复、家庭护理和服务领域的广泛应用。

人才培养：由中心牵头单位制定中心技术人才培养规划，立足安徽仿生机器人产业发展实际情况，紧密跟踪发展前沿动态，有针对性地制定以产业竞争力为核心的专项人才培养规划。

九、智能家电产业领域

◎ 安徽省智能健康家电产业创新中心

(1) 组建形式

以海尔为中心牵头单位,美的、美菱以及中国家电研究院安徽分院等构成中心组成单位。以海尔为主要投资方,承担中心的研发经费投入以及提供科研设备、场所等平台支撑。

(2) 承担任务

技术攻关:以海尔牵头单位为主,联合其他组成单位现有企业技术中心,重点推动生物技术、医疗技术、IMABCDEA 技术、机电一体化技术、声光电技术、高精传感技术、网络技术与智能家电技术的系统集成研究。

成果转化:通过智能家电系统有效采集人体健康数据,对数据进行提取、分析、加工、溯源、计算、推理,诊断出人体健康状况,对恶疾、顽疾进行溯源追踪,提供诊疗建议,对人体健康风险及时预警。

人才培养:由中心牵头单位制定中心技术人才培养规划,立足安徽智能家电产业发展实际情况,紧密跟踪发展前沿动态,有针对性地制定以产业竞争力为核心的专项人才培养规划。

◎ 安徽省高效电机产业创新中心

(1) 组建形式

以芜湖德力电机为中心牵头单位,威灵(芜湖)电机制造以及安徽省电子产品监督检验所等构成中心组成单位。以芜湖德力电机为主要投资方,承担中心的研发经费投入以及提供科研设备、场所等平台支撑。

(2) 承担任务

技术攻关:以芜湖德力电机牵头单位为主,联合其他组成单位现有企业技术中心,重点开展改善电机结构、提升电机效率、降低电机噪声、提高运行可靠性,开展变频电机驱动研发,力争在高效电机领域授权新产品和新技术。

成果转化:实现变频电机软硬件完全自主化生产,最终实现一体式变频离心电机、直流无刷电机在冰箱、空调等家电的普及率大幅提升。

人才培养:由中心牵头单位制定中心技术人才培养规划,立足安徽智能家电产业发展实际情况,紧密跟踪发展前沿动态,有针对性地制定以产业竞争力为核心的专项人才培养规划。

◎ **安徽省压缩机产业创新中心**

（1）组建形式

以芜湖欧宝机电为中心牵头单位，合肥爱特压缩机、安徽威灵电机、芜湖尊贵电器等构成中心组成单位。以芜湖欧宝机电为主要投资方，承担中心的研发经费投入以及提供科研设备、场所等平台支撑。

（2）承担任务

技术攻关：以芜湖欧宝机电牵头单位为主，联合其他组成单位现有企业技术中心，重点突破压缩机控制系统的开发和零部件生产的技术难题，开发新型高效压缩如转子补气变频压缩机、线性压缩机等。

成果转化：开展压缩机变频方法和地域适应性的专项研究，从硬件和软件两个方面解决压缩机技术难题，实现整套压缩机系统自主化生产的目标。

人才培养：由中心牵头单位制定中心技术人才培养规划，立足安徽智能家电产业发展实际情况，紧密跟踪发展前沿动态，有针对性地制定以产业竞争力为核心的专项人才培养规划。

十、生命健康产业领域

◎ **安徽省生物医药产业创新中心**

（1）组建形式

以安科生物为中心牵头单位，智飞龙科马、天麦生物以及综合性国家科学中心大健康研究院等构成中心组成单位。以安科生物为主要投资方，承担中心的研发经费投入以及提供科研设备、场所等平台支撑。

（2）承担任务

技术攻关：以安科生物牵头单位为主，联合其他组成单位现有企业技术中心，重点围绕注射用重组人 HER2 单克隆抗体，无耐药的新型大分子抗生素构建，无机非金属纳米酶的设计，磁靶向光敏剂定点递送及敏化研究以及其他抗体药物、细胞治疗药物、疫苗研发等生物医药技术开展研究，力争在生物医药领域授权新产品和新技术。

成果转化：推出差异性明显的高质量新药，争取更多自主产权的新药向国际标准看齐。

人才培养：由中心牵头单位制定中心技术人才培养规划，立足安徽生物医药产业发展实际情况，紧密跟踪发展前沿动态，有针对性地制定以产业竞争力为核心的专项人才培养规划。

◎ **安徽省现代中药产业创新中心**

（1）组建形式

以贝克制药为中心牵头单位，安徽中信康药业、华佗国药、凯悦制药、仁济药业等构成中心组成单位。以贝克制药为主要投资方，承担中心的研发经费投入以及提供科研设备、场所等平台支撑。

（2）承担任务

技术攻关：以贝克制药牵头单位为主，联合其他组成单位现有企业技术中心，重点围绕提升中药材品种选育、提纯复壮、组培脱毒等种植技术水平，持续开发中药新产品，开展中成药二次开发等。

成果转化：推动中药在疑难杂症及慢性病中的治疗。

人才培养：由中心牵头单位制定中心技术人才培养规划，立足安徽中药产业发展实际情况，紧密跟踪发展前沿动态，有针对性地制定以产业竞争力为核心的专项人才培养规划。

十一、绿色食品产业领域

◎ **安徽省生物种业产业创新中心（河南有国家级）**

（1）组建形式

以隆平高科为中心牵头单位，荃银高科、丰乐种业、皖农种业等构成中心组成单位。以隆平高科为主要投资方，承担中心的研发经费投入以及提供科研设备、场所等平台支撑。

（2）承担任务

技术攻关：以隆平高科牵头单位为主，联合其他组成单位现有企业技术中心，重点围绕玉米耐密抗锈病种质创新技术与新品种选，安徽沿淮淮北地区玉米、大豆高温不育机理研究及多控智能不育系构建，安徽省特色茶树种质资源的养分利用与品质性状形成机制研究等方面。

成果转化：力争推出油菜、水稻、玉米、大豆新品种，推动安徽种业由数量型向质量效益型转变。

人才培养：由中心牵头单位制定中心技术人才培养规划，立足安徽种业发展实际情况，紧密跟踪发展前沿动态，有针对性地制定以产业竞争力为核心的专项人才培养规划。

十二、数字创意产业领域

◎ **安徽省超高清视频产业创新中心**

（1）组建形式

以乐堂动漫为中心牵头单位,金诺科技、松鼠娱乐、叠纸科技、淘云科技等构成中心组成单位。以乐堂动漫为主要投资方,承担中心的研发经费投入以及提供科研设备、场所等平台支撑。

（2）承担任务

技术攻关:以乐堂动漫牵头单位为主,联合其他组成单位现有企业技术中心,重点围绕数字文化创意技术装备,如传输与存储、编解码/芯片、显示技术,芯片、传感器、显示器件、光学器件等软硬件在内的系统集成以及超高清视频内容制作等方面。

成果转化:推动数字创意与农业农村、生命健康、科普教育等领域相结合,培育更多的新产品、新服务、新业态。

人才培养:由中心牵头单位制定中心技术人才培养规划,立足安徽数字创意产业发展实际情况,紧密跟踪发展前沿动态,有针对性地制定以产业竞争力为核心的专项人才培养规划。

第八章 安徽省建设国家产业创新中心的模式

模式是主体行为的一般方式,是理论和实践之间的中介环节,具有一般性、简单性、重复性、结构性、稳定性、可操作性的特征。国内外产业创新中心的建设经验表明,产业创新中心应专注于一个特定的战略性技术领域,围绕"政产学研用金"创新生态组建,充分发挥产业引领和企业主导作用,采取"政府引导+市场化运营"的建设模式,推动技术成果转移转化和产业化。近年来,安徽省将新兴产业作为培育发展新动能、打造未来新优势的关键领域,新能源汽车、集成电路、先进光伏和新型储能、新材料、新型显示等新兴产业快速崛起,形成集群式发展的强劲势头。安徽省建设国家产业创新中心的模式选择应借鉴国内外成功经验,并结合安徽省具体情况,实现一般性和特殊性的衔接,并根据实际情况的变化随时调整要素与结构,才更具有科学性和可操作性。

第一节 安徽省建设国家产业创新中心的定位

国家产业创新中心主要布局建设在战略性领域,创新方向定位于获取未来产业竞争新优势的某一特定产业技术领域。结合国家产业创新中心的布局方向和安徽省产业创新发展现状,安徽省应将建设关键核心技术攻关平台、科技成果转化平台、未来产业培育发展平台作为建设国家产业创新中心的定位。

一、关键核心技术攻关平台

围绕新一代信息技术、新能源汽车和智能网联汽车、数字创意、高端装备制造、新能源和节能环保、绿色食品、生命健康、智能家电、新材料、人工智能等十大新兴产业领域,以应用研究倒逼基础研究,深入推进关键核心技术攻关,在核心基础零部件(元器件)、关键基础材料、先进基础工艺和软件、产业技术基础等方面实现突破,带动产业链上下游的技术进步。

二、科技成果转化运用平台

聚焦国家重大战略需求和安徽省重点战略性新兴产业,探索具有安徽特色的科技成果转化机制和模式,推动重大创新成果转移转化,构建协同开放共享的成果转移转化格局,推动科技创新和经济社会发展深度融合。

三、未来产业培育发展平台

前瞻谋划未来产业,是国家面向未来特别是面向 2035 年远景目标提出的一个重要战略思想。安徽省建设国家产业创新中心,要加强顶层设计和统筹协调,提前布局并积极培育发展未来产业,加大量子信息、生物制造、先进核能等未来产业技术创新力度,推动类脑智能、大数据、云计算、工业互联网、区块链等技术变革。

第二节　安徽省建设国家产业创新中心的基本模式

习近平总书记指出"要围绕产业链部署创新链、围绕创新链布局产业链"。加快推动产业链与创新链、资金链和政策链深度融合,打造"政产学研用金"紧密合作的创新生态,是成功建设产业创新中心的关键。国家产业创新中心应整合联合现有创新平台,广泛吸纳高校院所等创新力量,形成紧密合作的创新网络。安徽省建设国家产业创新中心,可采取政府引导、企业主体、院校合作、金融配套、中介服务的模式(如图 8-1 所示)。

图 8-1　安徽省国家产业创新中心基本模式示意图

一、政府引导创环境

政府依据经济社会发展的整体目标,对战略性新兴产业制定总体规划,通过明确的政策导向、产业化及财政支持等方式,推动新兴产业发展。分产业设立领导小组,协调推进产业发展等具体事项。健全政策协同机制,定期开展产业支撑政策的绩效评估,对实施效果不明显的要及时废止。成立新兴产业专家咨询委员会,对产业发展的重点方向、重点任务、战略规划和政策制定提供咨询意见。建立十大新兴产业统计监测体系,定期对新兴产业发展情况和重大项目建设情况进行分析通报,开展产业链常态化风险监测评价。同时,开展考核激励评价,将新兴产业发展情况纳入省委对省辖市领导班子和领导干部的综合考核。

二、企业主体促创新

企业是科技和经济紧密结合的重要力量,是技术创新决策、研发投入、科研组织、成果转化的主体。企业依据自身发展的需求,瞄准行业技术前沿,组织联合研发,实现重点突破。企业致力于增强以原始创新为重点的自主创新能力,完善自主可控的产业链、供应链,全方位营造并形成自身优势。主动把握新趋势、新项目、新需求、新机遇,紧扣关键环节、突破核心技术、聚焦主责主业,以创新培育新发展动能,稳步提升企业的核心竞争力。通过运用新技术、新材料、新工艺、新设备,创造出高品质、高性价比的新产品,实现上下游企业的双赢或多赢,并打造出新的发展优势。

三、院校合作出成果

高校、科研院所是科研创新的主力军,在学术和研究领域具备显著优势,在形成、使用、处置科技成果等方面发挥自主作用,与企业等合作对创新成果进行转化。通过与企业合作承担科研项目,建立协同创新的合作实验室、研究中心或产业联盟等共同体,与企业共同建立以促进产业发展为目标、市场需求为导向的长效合作机制。开展技术攻坚攻关,为企业提供研究创新的技术指导等,将科研优势和企业力量相结合,形成产业创新的合力。提供高效的科技成果转化渠道,提供从早期研发到企业应用甚至知识产权管理、产品检测、企业内部管理、原材料提供等的一系列解决方案和一站式服务,将顶尖知识转化为实体产品,解决产学界的具体问题,满足行业和社会需求。

四、金融配套强保障

产业创新中心建设发展离不开资金支持,以金融机构为代表的产业投资方在政策推动下创新合作模式。财政资金引导的政策性天使投资基金和创业投资基金,对初创期、种子期科技型企业进行股权投资。上市公司、企业家、各类商协会组织可出资设立天使投资基金和风险投资基金,参股、控股产业链上下游小微企业。行业骨干企业、社会力量可建设孵化器,采取"孵化+投资"的模式,直接对在孵企业进行天使投资。

五、中介服务增效能

科技中介机构以专业知识、专门技能为基础,与各类创新主体和要素市场建立紧密联系,为科技创新活动提供重要的支撑性服务。科技中介机构为科技项目的研发提供科技创新条件,建立中间转化渠道,加速科技成果转移到生产环境中。科技中介机构也是科技成果转化的催化剂,为企业自主创新提供支撑服务,在有效降低创新风险、加速科技成果产业化过程中发挥关键作用,能够克服传统缺点,促进企业技术创新,同时节省技术流通环节,有效减少技术交易成本。科技中介机构还发挥沟通联结、咨询服务、协调重组、孵化等功能,为企业提供法律、资本市场、技术、信息等多方面的帮助与支持。

第三节 安徽省国家产业创新中心组建模式

安徽省国家产业创新中心的组建应遵循明确目标定位—遴选有优势的协作方—形成组建方案—成立注册—申报省级产业创新中心培育—接受政府支持监管—争创国家产业创新中心的流程,直至完成国家产业创新中心的组建。

一、围绕产业关键技术提需求和目标

产业创新中心主要在具有战略意义的领域布局和建设,其创新方向瞄准特定的产业技术领域,以便在未来的产业竞争中获得新的优势。应发挥好产业创新平台在关键核心技术攻关中的重要作用,着力攻克"卡脖子""进口替代"等国家重大战略需求和事关全省经济社会发展大局的重大战略任务,紧扣新一代信息技术、人工智能、新材料、节能环保、新能源汽车和智能网联汽车、高端装备制造、智能家电、生命健康、绿色食品、数字创意等产业高质量发展的重大创新需求,明确关键核心技术攻关方向,凝练重大创新任务,围绕产业发展特点和趋势以及安徽省产业创新需求,以科学的方式制定能测度、可评估、可实现的阶段性发展目标,发展目标应定量和定性相结合。围绕既定的需求和目标,产业创新中心在组建资金、人才规模、设施投入等方面应具备相应的规模优势,具有行业内高水平领军人才和创新团队以及较为完善的研究、开发、试验环境。

二、牵头方围绕技术攻关遴选协同方

产业创新中心组建的牵头方,应在科技创新方面具有明显优势,且具有较大的行业影响力,能够充分利用、整合行业内丰富的创新资源,在建设资金、仪器设备等方面为产业创新中心的建设和发展提供保障。围绕产业创新中心的发展方向和目标,牵头方应遴选并联合现有技术创新中心、工程研究中心、企业技术中心、相关实验室以及行业地方创新平台等,吸纳省内外产业链上下游企业、高校院所、新型研发机构、金融机构等,可采取联合投资、协同研发、技术入股或人才联合培养等多种方式,实现密切合作。例如,共享装备股份有限公司作为牵头单位,联合中国铸造协会,与新兴铸管、烟台冰轮、汉得信息等行业骨干企业共同组建了国家智能铸造产业创新中心;河南省农业综合开发公司联合新乡市创新投资有限公司、新乡平原发展投资有限公司、河南农业高新技术集团有限公司共同出资成立河南生物育种中心有限公司,并组建国家生物育种产业创新中心。

三、牵头方与协同方共同论证成立方案

牵头方与协同方应按照"权责明确、科学高效"要求,建立健全产业创新中心的内部治理结构,构建灵活有效的运行机制,可设立董事会和技术委员会等,并编制、论证产业创新中心成立方案,阐明产业创新中心组建的依据、背景与意义,组建单位的概况和建设条件;明确产业创新中心的发展方向,主要任务和远期、中期、近期目标,组织机构,管理及运行机制;商定建设地点、建设内容、建设周期、进度安排、资金来源和预算方案、经济社会效益与风险分析等详细的建设方案。

四、协同各方共同注入成立注册资金

注册资金是国家授予企业法人经营管理的财产或者企业法人自有财产的金额,注册资金反映企业的经营管理权,是企业实际资产的总和,是企业所有资产的货币表现,是企业从事生产经营活动的物质基础,是登记主管机关核定经营范围和方式的主要依据。注册资金代表初始阶段投入的资本,意味着公司能承担相应的风险。注册资金的数量要根据要创建的产业创新中心的规模来考虑,认缴的注册资本越多,股东要承担的责任越大。注册资金的数量多少,在一定程度上代表该中心是否资本充足,是否有能力承担一定规模的项目。同时,合作方也可能将注册资本作为合作的考虑因素之一。产业创新中心的注册资

金应由牵头方和协同各方共同注入,并依法登记。

五、组建后申报省级产业创新中心培育

按照《安徽省产业创新中心建设工作指引》[62]要求,编制产业创新中心组建方案,将符合条件的组建方案报送安徽省发展和改革委员会,积极争取在资金、土地、税收、科研、人才等方面的政策支持。应明确以下内容,并形成安徽省产业创新中心申报材料。

一是组建背景:该产业对于安徽省经济社会发展的意义和作用,安徽省内外该产业的发展现状、趋势及市场前景,该产业发展面临的机遇和挑战、需要解决的关键问题,建设产业创新中心的意义和价值;二是组建单位介绍:牵头单位和协同单位的基本情况,产业创新中心拟产业化的重要科技成果,当前具备的与产业创新中心建设有关的基础条件;三是目标与任务:产业创新中心建设发展的总体思路、主要方向、重点任务、阶段性目标等;四是运行机制:产业创新中心的组织架构、人员配备,领军人、技术专家、管理人员及人才团队的介绍,产业创新中心运行管理的体制机制;五是建设方案:建设地点、建设内容、建设周期、进度安排、资金来源、预算方案、经济社会效益及风险分析;六是其他:产业创新中心的章程及规章制度,市、县级政府关于支持产业创新中心建设的文件,组建产业创新中心的牵头单位和协同单位之间的合作协议等有关文件。

六、政府按照规定给予资金支持并监管

政府将向新获批的省产业创新中心发放财政补贴,主要用于基础设施和试验平台建设、研发设备采购、人才引进培养。评价优秀的省产业创新中心,将予以奖励,尤其要奖励为产业技术研发和技术成果转化产业化做出显著贡献的个人或团队。根据发展情况及评价结果,选择推荐有竞争力的省产业创新中心申报国家产业创新中心,对于成功获批成为国家产业创新中心的,给予奖励。对获得国家创新能力建设项目的产业创新中心,政府按照国家补助资金的一定比例配套支持。各设区市结合产业创新中心建设运行的实际需求,在资金、土地、税收、人才等方面给予优惠政策支持。省级支持产业创新中心建设发展的资金,在省"三重一创"专项引导资金和相关基金中统筹安排。[62]

第四节　安徽省国家产业创新中心运营模式

通过构建并优化产业创新中心运营模式,形成一个高效的产业创新生态系统。国家产业创新中心一般以法人实体形式运行,治理结构清晰,运行机制灵活有效。安徽省国家产业创新中心的运营应遵循独立法人实体、治理结构完善、组织架构清晰、人才合作广泛、资金投入多元的模式。

一、独立的法人实体

为实现创新资源和力量的整合协同与高效运行,产业创新中心原则上应为独立的法人实体[63],根据章程进行管理,实施理事会(董事会)决策制度、中心主任(总经理)负责制度和专家委员会咨询制度等,明确参与共建各方的权利和义务。理事会(董事会)由参与产业创新中心建设的法人实体和相关政府部门的代表组成,产业创新中心主任(总经理)应是中心的全职工作人员。根据不同领域的发展特点、竞争形势及创新规律,可实行"一事一议"制度。

二、完善的治理结构

产业创新中心应建立完善的治理结构。管理机制为理事会(董事会)领导下的中心主任负责制。其中,理事会(董事会)是决策机构,负责产业创新中心重大事项决策。采取小组式研发模式,形成矩阵式组织架构,快速响应产业创新需求,整合联合创新资源,实现创新资源和市场资源有效整合和衔接,充分发挥产业创新中心的作用。产业创新中心实行科学高效的管理运行机制,包括评价激励机制、开放共享机制、交流合作机制等。强化绩效评价与考核,使科技人员收入分配与考核评价结果挂钩,建立健全与岗位职责、工作业绩、实际贡献等紧密联系、充分体现人才价值、激发人才活力、鼓励创新创造的分配激励机制,加大对做出突出贡献的个人和团队的奖励力度,提高科技人员科技成果转化收益分配比例,充分调动科技人员开展产业创新活动和推动科技成果转化的积极性。同时,建立健全互惠互利的开放共享及交流合作机制,促进各类创新资源的科学配置、开放共享和高效利用。

三、项目化研发组织

首先,搭建一套标准化、规范化的研发项目管理体系,常见的研发体系包括以下几种:基于 CMMI(能力成熟度模型集成)的研发体系,用于促进软件能力成熟度的提高;基于 IPD(集成产品开发)的研发体系,其核心是面向客户需求、以市场为导向的产品开发;基于敏捷模式的研发体系,其特征在于围绕用户需求的进化,采用迭代、循序渐进的方法进行软件开发。其次,在研发项目开始之前,制定相应的研发项目管理计划,为研发项目工作指明方向。研发项目管理体系的基本框架确定之后,项目管理者根据研发项目目标对研发项目进行规划,包括明确团队的组织模式、确定并描述项目工作范围、预估项目所需的资源、团队绩效的管理等问题。最后,做好研发全流程的管理与控制工作,避免项目失控,保障项目顺利推进。

四、层级化人才团队

产业创新中心组织跨学科、跨主体合作的协同攻关模式,构建应用基础研究、工程研发、技术推广相结合的层级化人才团队。以市场化手段开展人才选拔与聘任,与国内外高校、院所和企业开展广泛的人才合作,探索柔性引才引智机制。通过以人招人、以项目招人等方式,引进院士、杰青、优青、外国专家等高层次科技人才,不断提高人才的专业化、精细化、国际化程度。通过设立海外研究机构、建设战略合作关系、探索项目经理制等方式面向全球选聘优秀技术创新人才和成果转化人才。建立健全以创新价值能力贡献为导向的人才评价体系,探索开展人才分类评价机制。

五、多元化资金投入

牵头方与协同方应共同建立稳定的资金投入机制。以组建单位共同投入为主,产业创新中心建成后可通过提供创新服务、承担横纵向课题项目、增资扩股等方式获取资金,为产业创新中心的健康运营和发展提供基本保障。同时,构建多元化投资机制。建立健全中心会员制、股份制、协议制、创业投资基金等制度,广泛吸引企业、金融机构、社会资本、高校院所等多元化资金投入。利用好安徽省"投早投小投科技"基金群,加强与投资机构的合作,争取人工智能主题基金、雏鹰计划专项基金、新型研发机构专项基金、科技成果转化引导基金、省级种子投资基金等基金支持。

第九章　安徽省建设国家产业创新中心的对策建议

安徽正处在快速发展的关键期,面临着传统产业升级、战略性新兴产业提速和未来产业培育三重任务。新一轮科技革命和产业变革正在深入发展,安徽必须把握这一机遇,前瞻性布局产业创新中心建设,推动科研成果转化,加快实现安徽高质量发展。

安徽产业经济发展有一定的基础,21世纪以来,特别是进入新时代以来,产业结构发生了重大变化,战略性新兴产业所占比重大幅度提高传统制造业转型升级快,以"新三样"为代表的战略性新兴产业发展进入快车道。一年一度的世界制造业大会展现出安徽强力推进制造业向高端化迈进的砥砺奋进成就,吸引了全球关注的目光。制造业提质扩量增效"4116"行动计划,大大加快了制造业高端化、智能化、绿色化步伐。新能源汽车、先进光伏和新型储能、新一代信息技术、人工智能、生命健康、绿色食品、新材料、高端装备制造、智能家电(居)、数字创意等战略性新兴产业聚链成群、集群成势已经展现出明显成效。创建合芜蚌国家科技成果转移转化示范区、合肥科创金融改革试验区,量子信息未来产业科技园成为国家首批试点。新能源汽车、集成电路、新材料、高端装备制造等重点产业领域相继取得重大技术突破,高续航里程半固态动力电池、先进工艺动态存储芯片、高温合金涡轮叶片、高精度机器人减速器、氢燃料电池发动机等自主研发产品相继问世,建成国际最先进的全铝车身焊接生产线,全色激光投影显示应用于北京冬奥会。实施加快发展数字经济三年行动方案,在全国率先开展省级大数据企业培育认定,全省数字经济规模突破万亿元大关。总体上看,安徽在推进产业经济发展上,取得了明显进展,拥有良好的实践基础。

面向未来,面向实际,我们也应该看到,安徽以"铜铁煤电化"为代表的传统产业所占比重仍然很大。截至2022年底,能源和传统原材料产业占规模以上工业的比重较高,煤炭、钢铁、有色、水泥、化工、电力六大行业占全省规模以上工业增加值比重超过1/3。安徽制造业增加值和规模以上制造业企业营收,相当于江苏的1/3,浙江的1/2。在经济下行形势下,传统产业发展的压力更大,抗风险能力较弱。以"十大新兴产业"为代表的战略性新兴产业面临着激烈的竞争。新型显示行业随着电视机等市场萎缩而呈现出走弱趋势,新能源汽车面临多种能源形式创新尚未呈现出主导车型;锂电池市场波动性大,产能呈现出过剩倾向;生命健康大产业包含内容庞杂,尚没有出现典型产业;高端装备制造受新材料、关键零部件、关键工艺和工业软件制约,短期内难以全面升级;部分行业的关键设备、核心零部件、生产技术严重依赖国外,高精度芯片、操作系统、核心工业软件等领域存在不少堵点、卡点,产业链、供应链稳定性仍然存在风险。同时,还需要加强创新动力以实现升级。以"未来制造、未来信息、未来材料、未来能源、未来空间和未来健康"为代表的未来产业,还相当弱小,处于产业的萌芽阶段。虽然,未来信息领域量子技术安徽有基础、有亮点、有一批初创企业,但形成大产业还需要时间;未来制造领域的生物制造有像华恒生物这样的亮点企业,但是整个产业企业数量不多,产业规模不大;未来材料领域安徽尚没有典型企业;未来空间产业初见少数企业端倪。未来产业尚需加大孵化培育力度。

第一节 建立科技普查制度

面对百年未有之大变局加速演进态势,新一轮科技革命和产业变革深入发展,面对中国式现代化建设的艰巨任务,面向关键核心技术被"卡脖子"风险,加快推进我国科技自立自强建设科技强国,迫切需要实时掌握我国科技发展动态,找准科学技术攻关难题和未来发展方向,以产业创新中心为依托,加快推进关键核心技术研发突破。

一、建立科技普查制度必要性

1. 掌握科技自立自强动态的需要

全球科学技术突飞猛进发展,众多国家为争夺科学发展高峰和技术先导性,制定了各种政策方案。党的二十大报告明确提出,到2035年"实现高水平科技自立自强,进入创新型国家前列",目标和任务十分艰巨。如何实现高水平科技自立自强,既要掌握国内科技发展动态,又要掌握全球科技发展动态;既要掌握科技发展取得的进展,又要掌握科技发展存在的问题和难点。目前,我国科技发展动态获取方式,是自下而上的年终申请报告制度,只报告取得的成绩,无法报告科技领域存在的问题,也无法报告与世界各国的差距,不能够准确掌握我国科技自立自强的动态。虽然有科技情报机构主要在做一些为国家和地方政府政策咨询,为政府制定政策提供前期研究或做一些政策解读研究,但是既没有开展国际科技情报搜集整理,又没有对本国或本地区科技发展动态进行实质性调查,更缺少国内外对比分析。建立科技普查制度来完成这一任务十分必要。

2. 识别关键技术国际差距的需要

自2018年《科技日报》连续报道我国35项技术被"卡脖子",才引起国人惊醒。美方对于中国实施实体清单式"卡脖子",强烈的技术目的性和国别针对性,说明其有精准的技术国别差距分析。虽然《科技日报》以新闻报道的形式做了很透彻的报道,但仅依赖新闻报道来识别关键技术国际差距,远远不够,需要有专门的队伍、可持续地准确识别各领域、各行业关键技术国际差距动态。如果没有建制化体系化调查研究,还真的难以知道。中国已是世界第一制造大国,正在向制造强国迈进。制造业各门类,涉及的区域、行业领域和技术类别众多,如何把握各地区、各行业和各类技术发展动态以及国际差距,不是院士们在各自领域能够发现的,也不是几个独立智库就可以完成的一项系统工程,需要动用国家力量,可持续地进行技术发展动态分析,既掌握本国各领域技术发展水平及创新进程,又能与国际主要国家产业技术发展进行动态比较,随时掌握关键技术国际差距,以便做好准确的国际技术风险防范,确保产业链安全性和产业发展可持续性。

3. 推动产学研用合作攻关的需要

科技创新复杂性、系统性、风险性不断增强。一方面,科研活动向"复杂巨系统"方向演进,单一主体已难以应对科技创新挑战;另一方面,科学向技术迈进、技术向产业迈进的速度加快,科学-技术-产业周期缩短。要以科技创新推动产业创新,特别需要"产学研用"协调创新。突破关键核心技术被"卡脖子"问题,尤其需要产学研协同攻关。科技创新与产业创新融合,需要找准产业发展需要解决的基础科学、应用基础科学难题和技术攻关难题,需要把脉产业发展技术中有可能被"卡脖子"的难题,需要发现有可能引领未来产业发展的科学技术难题或成果,通过专门的科技普查,深入每一个区域、每一个产业领域和科学技术研究领域,可持续地调查跟踪科技创新进展和产业发展中需要解决的关键技术问题,更好地有针对性地设立科技难题,有利于通过产业创新中心进行产学研集中攻关,有利于整合优势资源,实现关键核心技术突破,推动优质科研成果实现产业化。

4. 科学制定国家科技战略的需要

我国科技研究战略主要布局了国家自然科学基金、国家科技重大专项、重大社会公益性研究、技术创新引导专项（基金）、基地和人才专项等五个政府支持科技创新的基金类别。选题要么是自由选题，要么是专家选题，虽然有些选题也是来自产业实际需求，但总体上还是缺乏对国民经济主战场科学技术问题的准确把握。建立科技普查制度，依托各地方政府所属的科技情报机构开展科技普查工作，通过一整套调查体系，持续摸清国民经济各领域的技术需求，充分研究与国际差距，多方位调查科技领域具有战略性、前瞻性、预测性的科技问题，对科学制定国家科技发展战略具有重要的决策参考价值，列出各行各业需要解决的主要科技问题项目清单，服务于国家重大科技项目设立，对制定各行业各领域关键核心技术战略性攻关计划，具有重要现实价值。

二、建立科技普查制度可行性

1. 科技情报机构有良好的基础

新中国成立以来特别是改革开放以后，我国科技情报事业获得了良好发展，在科技文献资源建设、检索刊物体系建设、文献数据库建设、资源共享和服务平台建设等方面发挥了很好的作用，为各项科技事业发展提供了大量的情报资料和决策支撑服务工作，在面向社会服务方面，也构筑了良好的基础。近些年来，随着大数据、人工智能等信息技术的快速发展，特别是国家号召高水平智库建设，科技情报工作开始向智能服务和智库化转型。各级情报研究所不断发展和探索智能化工作平台建设、智能分析工具开发和应用，智库化转型也取得一定进展。我国科技情报研究所是一个自上而下的完整建制机构，有的省市深入地市级科技部门，设立了科技情报所事业单位，经历了几十年的发展和积累，拥有一批从事科技情报相关工作的队伍。这为科技普查奠定了扎实的建制基础和人才队伍基础。`

2. 深化科技情报机构改革的机遇

在百年未有之大变局、新科技革命叠加的中美大博弈背景下，科技情报的作用愈发凸显，要做到知己知彼，既要掌握国际科学技术发展的情报，又要掌握本国科技发展的动态，还要做好动态比较分析，这就需要一支强大的力量做支撑。2023年3月10日，国务院机构改革方案获十四届全国人大一次会议表决通过，成立"国家科学技术委员会"，聚焦顶层设计和宏观统筹等职能。但是对原科技系统所属科技情报研究所如何改革，并没有明确的方案，暂时还是隶属于各级科技厅局,具体职能也没有给予很清晰的界定。虽然强调要发挥好智库作用,但实质上仍然是原来的建制和工作职能,职能不清,工作内容庞杂,即便是原来的科技情报工作,也缺乏很明确的方向、工作程序和方法。因此,趁此改革机会,深化各级科技情报研究所改革,建立科技普查制度,科技普查工作职能界定为可持续调查国内科技发展数据、检索研究国际科技动态和动态分析科技前沿与国际差距,服务于科技强国建设决策。

3. 科技情报所有现成管理模式

为了准确把握我国科技发展动态,既掌握取得的成绩,也掌握存在的问题,还做到中外比较,可在国家科学技术委员会领导下依托科技情报所建立科技调查总队,在省市两级设置科技普查队,实行垂直管理。总队受国家科学技术委员会委托,负责管理下属各级调查队,组织领导地方调查队的各项工作,由总队直接管理、直接考核。以现有科技情报所为基础,人员编制属于1类事业单位编制,财政经费来源于中央和地方,其中,中央经费保障调查队日常办公和人员工资,地方经费是各调查队开展统计调查业务及其他活动,从地方财政经费给予支持、竞争性政府研发支出费用和其他咨询服务费用。坚持独立调查、独立报告和独立监督原则,采用联网直报的方式上报总队,数据采集、审核、上报均不经过地方政府,保持独立性。科技调查相关数据纳入党政考核。

三、建立科技普查制度操作方案

第一步,赋予国家科技调查队定位和职能。鉴于国家提出高水平科技自立自强目标,多年来缺少对科技发展动态的准确把握,改变原有的科技情报机构的定位为面向国际科技发展前沿、扎实把握国内科技发展动态、精准识别产业关键核心技术差距的国家级体系化智库机构。主要职能有国内科技动态调查、国外科技发展趋势研究、中外科技差距研究、科学难题和技术难题识别,为党和国家提供决策咨询报告。

第二步,理顺垂直管理和地方管理的关系。国家科技调查队实行垂直管理,科技调查队直接对国家科技委员会负责,在其统筹规划下开展国内科技动态调查、国外科技发展趋势研究、中外科技差距研究、科学难题和技术难题识别工作。在横向上,科技调查队与地方政府之间实行信息共享,及时为地方政府开展科技政策制定和决策咨询服务,为地方政府、企业、科研机构及时进行科技发展动态信息交流,为产学研协同攻关提供选题和协同资源信息服务。

第三步,建立创新链和产业链融合的职能部门。按照围绕产业链部署创新链的要求,精准掌握产业创新动态,建立产业关键核心技术调查部门。围绕创新链布局产业链的要求,随时掌握科技研发动态及其产业化动态,建立科研成果及其转化的调查部门。围绕国际科技发展动态,及时掌握科技先进国家的发展动态,建立国际科技发展研究部门。围绕高水平科技自立自强要求,综合开展中外科技差距研究、科学难题和技术难题识别,建立科技自立自强咨询研究部门。各部门都要融入资金链、人才链和政策链相关调查研究,从而形成纵向贯通、横向协同的部门设置。

第四步,引入城调队高管进入科技调查队。基于科技情报所基础上成立的科技调查队,缺乏调查经验和方法,也缺乏相应的调查工作领导干部和技术人员,建议引入管理经验丰富兼具多元学科背景的国家统计局调查队的干部和技术人员,融入国家科技调查队体系,充分借鉴调查队的管理经验和方法,理清垂直管理与地方政府的关系,有效衔接机构改革中各项工作平稳过渡,扎实推进科技情报机构改革为科技调查队。

第五步,建立科技调查内容体系并组织系统培训。科技调查工作是一项十分复杂又具有开创性的工作,首先要顶层设计科技调查的内容体系。建议参照经济合作与发展组织的《弗拉斯卡蒂手册》和《奥斯陆手册》,根据我国实现高水平科技自立自强的科技强国战略总目标要求,设计出具有中国特色的科技调查内容体系。在科技情报所定位改变、职能转型和人员转型的情况下,一边开展组织机构调整,一边组织力量设计科技调查的内容体系,同时,开始针对原科技情报人员进行基础调查理论和方法、国外科技发展调研方法培训,确保在组织结构调整到位后,能够尽早开展调查工作。

第二节 产业创新中心建设建议

根据习近平总书记指示"中国要强盛、要复兴,就一定要大力发展科学技术,努力成为世界主要科学中心和创新高地",国家发展和改革委员会关于印发《国家产业创新中心建设工作指引(试行)》的通知(发改高技规〔2018〕68号),拟在战略性领域组建国家产业创新中心,服务关键共性技术、前沿引领技术、现代工程技术、颠覆性技术创新,促进科技成果转化,育成新产业、培育新动能。安徽正在实施十大新兴产业高质量发展行动,必须抓住机遇,围绕十大新兴产业,整合组建产业创新中心,加快构建科技创新攻坚力量体系。

产业创新中心不同于国家综合性科学中心(玻尔模式),属于"巴斯德模式",是面向产业技术需求,聚焦颠覆性技术突破的应用性技术研发组织形式。

目前,国家已经批复建设国家先进计算产业创新中心、国家生物育种产业创新中心、国家智能铸造产业创新中心、国家先进高分子材料产业创新中心、国家精准医学产业创新中心等五个国家产业创新中心。截至2022年,安徽省已在若干战略性领域拟认定29家省产业创新中心。《安徽省"十四五"规划纲要》中提出:围绕十大新兴产业"建设一批省产业创新中心,支持行业龙头企业或高校院所整合创新链上下游资源,打造颠覆性技术创新、关键共性技术应用、技术方案研发供给、企业投资孵化综合服务平台"。安徽省拟再组建若干个综合性产业创新中心。为此,笔者提出以下建议:

一、对接好科技资源与产业技术需求

瞄准产业技术需求,解决关键核心技术"卡脖子"难题,既是国家战略需求,又是安徽实现高质量发展的必由之路。新阶段、新理念和新格局,其核心任务之一就是实现产业链自主可控的高质量发展。安徽经济社会发展蒸蒸日上,但要实现高质量发展必须从产业技术深层次发力。其一,组织科技普查专家组。深入十大新兴产业调研,识别各大产业关键核心技术,真正弄清楚产业关键核心技术需求。其二,围绕重点产业关键核心技术突破,组建产业创新中心。整合省内外科技资源与十大产业技术需求无缝对接,切实解决若干个"卡脖子"难题。其三,要按照产业链上下游企业关系来组建产业创新中心。真正厘清产业"五基(基础材料、基础元器件、基础工艺、基础装备和基础软件)"技术需求,准确把握受制约、被"卡脖子"的关键点和深层次原因,聚焦力量,逐一突破。

二、"招才引智"服务安徽技术突破

"招才引智"需要平台,而不仅仅是出台几份政策性文件。构建产业创新中心就是构建"招才引智"平台。瞄准产业亟须解决的关键核心技术突破,构建产业创新中心,招揽天下英才。其一,出台聚焦性人才政策。要以省内已经组建和即将组建的产业创新中心为平台出台人才政策,制定"招才引智"详细方案,面向海内外招聘人才,实现政策链与人才链、产业链、创新链对接。其二,成立国际人才招揽专组。在美国对中国实施科技遏制和一些发达国家疫情控制不力的形势下,面向国际招揽人才是一个绝佳良机,要抢抓机遇,抢夺人才。其三,要高度重视应届高水平大学本硕博毕业生招揽。这是安徽未来科技发展的中坚力量和创新发展的希望。其四,要建立开放合作的柔性人才招揽机制。依托产业创新中心,以开放的心态,创新开放合作机制,整合国内大学、科研院所和上下游企业科技要素,推进实施"揭榜挂帅"模式,为安徽解决关键核心技术难题。

三、建立专班推进分工任务范围

"双招双引",不能缺少"招才引智"。就目前来看,十大产业发展已经制定了招商引资的详细方案,并且落实到了各位省领导和各厅局,建立了专班,正在如火如荼地开展工作。建议:其一,将产业创新中心建设纳入十大新兴产业专班推进工作范围,每个专班重点建设一个产业创新中心,力求取得新进展。其二,在专班范围内组建产业创新中心建设小组,专门负责以产业链上下游为主线的产业创新中心建设,创新组建模式和运作机制,力争推进几个建设成为国家产业创新中心。其三,在专班范围内组建"招才引智"小组。从全球至少从产业链视角详细调研十大新兴产业的关键顶尖人才状况,借助市场机制,力争引入安徽,即便不能落户,也要柔性引进,为皖所用。其四,在专班范围内组建"双创"小组。面向国内外顶尖创业团队,招揽进入产业创新中心孵化发展,力图未来成长壮大为"瞪羚""独角兽""隐形冠军",以创业促创新。

四、以市场逻辑构建中心新模式

经典产业经济学产业纵向关系理论告诉我们,产业发展和核心竞争力形成,是以产业链为主线展开的,产业链上下游关系,既是一个技术关系,也是一种市场关系,产业链上下游的合作创新,可以拉伸"价值棒",提高附加价值,实现产业链供应链自主可控。因此,建议:其一,站在国家战略高度,以政治逻辑和制度逻辑,组建产业创新中心,切实解决产业链关键核心技术"卡脖子"难题。其二,遵循市场逻辑,按照产业链上下游关系,以产业链核心企业为主导,以"五基"为主线,瞄准关键核心技术,联合上下游企业,构建产业创新中心。其三,围绕产业链关键核心技术,按照技术逻辑,推进产学研合作,整合科技要素,形成创新链,准确对接产业链关键核心技术难题,集中攻关。其四,借助资本力量投入资金,引导和撬动产业创新中心建设,投入者优先享有关键核心技术突破的相应收益权限,获得应有回报。

五、重点培育独具优势的中心

安徽省已于2020年、2021年批复组建了共计29家省级产业创新中心,并于2022年发布安徽省产业创新中心"揭榜挂帅"任务榜单,将以"揭榜挂帅"方式布局组建若干省产业创新中心。按照《安徽省产业创新中心建设工作指引(试行)》,省产业创新中心依据批复进行组建,组建期一般控制在两年以内,完成组建任务后,由省发展和改革委员会委托第三方机构组织验收,对验收合格的省产业创新中心,正式核定为"安徽省×××产业创新中心"并授牌;对已授牌的省产业创新中心每两年组织一次评价。对于在关键核心技术攻关、技术创新成果转移转化、军民科技协同创新等方面具备独特优势、成效显著的省级产业创新中心,应予以重点培育。对于具备以下特征的产业创新中心,可重点关注和培育。

牵头方为行业龙头企业或科研院所,并整合产业链上下游企业、高校院所、金融机构、新型研发机构等各方力量,完成产业关键技术研发攻关、科技成果转化产业化、投资孵化、人才引育等体系化任务,建立灵活高效的运行机制、人才和成果转化激励机制及知识产权运营管理制度等,打造任务牵引型的创新联合体;拥有研发设备原值较高、研发场地面积较大、专职研发人员较多、高层次科研人才较多;具有承担申报领域省部级及以上科研项目的经历;年度研发投入较高,研发投入占销售收入的比重较高;省产业创新中心建设期新增建设投资较多;攻克若干关键核心技术、解决若干产业共性技术难题,建设产品检测、场景应用等相关公共服务平台或技术转移转化载体较多;完成技术合同成交额较多;参与制定国家或行业、团体标准较多,发明专利进入实审或获得授权较多;引进或培育副高级及以上职称和博士学位人员数量较多。

六、为产业创新中心建设调整生产关系

习近平总书记在有关新质生产力相关重要讲话精神中表示,"要及时将科技创新成果应用到具体产业和产业链上,改造提升传统产业,培育壮大新兴产业,布局建设未来产业,完善现代化产业体系"。安徽加快发展新质生产力,既要抓紧推进传统制造业的转型升级,特别是要大力推进工业软件、产业互联网和工业 App 在制造业中广泛应用,加快实现制造业高端化、绿色化和智能化;又要想方设法加大已经形成的战略性新兴产业技术研发投入力度,依靠科技创新支撑其可持续发展;更要紧抓新技术革命的机遇,超前布局面向未来的产业,培育一批新产业。为了大力发展新质生产力的主要代表性产业,建立产业创新中心主要是要理顺以下关系。

一是要围绕产业链部署创新链,推进产业深度转型升级。其一,要围绕"铜铁煤电化"龙头企业,加快构建产业互联网,形成整合上下游资源能力,稳定产业链和供应链关系且加快实现智能化改造,积极开展"人工智能+"行动。其二,要依托制造业尤其是战略新兴产业大企业,联动产业链上下游企业和大学强势学科及专业研究所瞄准关键核心技术开展攻关突破,着力解决制造业产业链中的"短板"。其三,要大力推进"专精特新"企业技术创新步伐,着力解决基础材料、基础零部件(元器件)、基础工艺、基础装备(工业装备、医疗设备和实验

设备)和基础软件等五类产业基础技术。建立围绕关键核心技术突破的产业创新中心,以解决关键核心技术"被卡脖子"难题,理顺体制机制。

二是要围绕创新链布局产业链,由技术突破催生新产业。代表新质生产力的未来产业,多数都是实验室前沿技术研究成果商业化。科技创新衍生新兴产业,首先,要清晰认知科学、技术和创新的关系。科学家职责是科学发现、工程师职责是技术发明、企业家职责是商业化发展即创新,推进科学向技术再向产业化发展是一个长期过程。其二,要精准疏通科学技术创新过程的"模糊地带、魔鬼河、死亡谷、达尔文之海和衰退鸿沟"五大难点,使创新链发生"链式反应",衍生出新兴产业或未来产业。其三,要高度重视科研成果转化,大力鼓励学术创业,建设未来产业孵化器和先导区,发展代表新质生产力的新产业。建立前沿技术、原创性技术和颠覆性技术的产业创新中心,以解决科技引领未来产业发展难题,理顺体制机制。

三是要围绕创新链完善资金链,实现资金要素创新配置。资金或资本是驱动生产力发展不可或缺的力量。科技研发是将"钱"转化为知识,创新是将"知识"转化钱的过程,两阶段都需要资金投入或资本加持。既要加大政府科技研发投入力度,又要引导企业加大研发投入力度,还需要天使基金、风险投资(VC)、私募基金(PE),以及上市融资(IPO)、配股、增发、可转债等多种形式的资本加持,从而形成围绕创新链的完善资金链。政府要有意识地设立"科技产业金融一体化"专项基金,引进和撬动社会各种资本力量"投早投小投硬科技",加快新兴产业和未来产业典型企业发展,培育出具有未来高成长潜力的创业型小企业。建立各类产业创新中心,以解决研发资金和资本加持难题,理顺财政金融体制机制。

四是要依托"三链"集聚人才,实现人才要素创新配置。劳动者是生产力中最为活跃的要素,人才是新质生产力劳动者要素主体力量。聚集人才,形成新兴产业和未来产业的人才链,尤其是STEM(科学、技术、工程、数学)人才的集聚,对安徽发展新质生产力至关重要。要依托产业链中的龙头企业、大院大所、新型研发机构和高技术创业平台集聚工程技术人才;要鼓励优秀的科技人才带着一流的实验室技术进行学术创业,发展学术衍生企业;要引进国内外有前沿技术的创业团队到安徽创业;要组织力量对有创业意愿的科技人才进行系统性培训,引导其走上技术型创新之路。企业家和创业者是新质生产力的组织者和实施者,要弘扬企业家精神,珍爱企业家和创业者。

五是要围绕"四链"深化改革,调整生产关系适应新质生产力发展。习近平总书记强调,生产关系必须与生产力发展要求相适应。发展新质生产力,必须进一步全面深化改革,形成与之相适应的新型生产关系。探寻建立以产业链、创新链、资金链和人才链融合为主线索的"政策矩阵",规避条条、块块和条块分割的固有僵化体制。在系统总结"十大专班"经验的基础上,建立相应的"未来产业专班",打通其中体制机制的堵点和卡点,优化政策设计,促进大中小企业融通发展,构建"四链"融合的创新生态体系。努力调整不适应代表新质生产力的新兴产业和未来产业发展相关的科技体制和经济体制,通过体制机制改革和创造优质的营商环境,由企业家创新生产要素配置方式,让各类先进优质生产要素向发展新质生产力顺畅流动,通过理顺产业创新中心的体制机制,从生产关系上优化保障产业创新中心运行,促进新质生产力能量的快速释放,从而实现安徽高质量发展。

附 录

附录一 国外典型产业创新中心简介

序号	中心名称	成立时间	建设主体	参与主体	组织架构	资金来源	运行机制
1	德国弗劳恩霍夫应用研究促进协会	1949年	协会会员	政府部门、企业、大学、研究机构和社会机构	设有1个总部和76个研究所，运行管理主要由总委员会和执行理事会负责	大部分来自合同收入，包括"非竞争性资金"和"竞争性资金"两种类型	企业化理念的运行模式
2	英国弹射中心	2010年	英国政府	政府部门、企业、大学、研究机构和社会机构	由英国创新署负责管理，独立的实体非营利机构负责运行，设有董事会	主要来源于公共资金和企业资金，分为三类：一是来自企业的合同收入；二是来源于公共和私营部门的合作研发项目；三是政府直接下拨的核心补助，每类资金各占1/3	采取"政府+企业"的模式，政府负责监管，各中心以独立法人实体运营，非营利性质

171

续表

序号	中心名称	成立时间	建设主体	参与主体	组织架构	资金来源	运行机制
3	美国制造创新研究院	2012年	美国政府	政府部门、企业、大学、研究机构和社会机构	由美国商务部高端制造国家项目办公室总体负责，商务部国家标准与技术研究所先进制造项目办公室负责协调，美国本土具备条件的非营利机构整合"产学研"各界资源能力组织负责日常管理，设有董事会	初期由政府和创新研究院共同出资，5~7年后创新研究院自负盈亏	按照公私合作方式，采用"政府+产业界+学术界+非营利组织"的联合治理模式，分级会员制的协作机制

附录二 国家产业创新中心简介

序号	中心名称	批复时间	建设主体	参与主体	组织架构	资金来源	运行机制
1	国家智能铸造产业创新中心	2016年12月	共享装备股份有限公司	联合中国铸造协会、新兴铸管、烟台冰轮、汉得信息等行业骨干企业共同组建	其他有限责任公司，组织架构包括：①咨询委员会；②专家委员会；③智能铸造联盟／分会；④董事会；⑤监事会；⑥经营管理机构，设总经理一名，由董事会聘任或解聘	一方面包括12家股东共同出资的注册资本金；另一方面，中心通过市场化运作，在铸造、智能制造、互联网平台等方面提供系统解决方案和服务，带来经营收入	聚焦"关键共性技术研发、成果转移转化、产业化应用示范"的运行机制，实施"智享计划"成果转化模式，形成面向铸造行业的开放共享线上线下相结合的运营模式

续表

序号	中心名称	批复时间	建设主体	参与主体	组织架构	资金来源	运行机制
2	国家先进高分子材料产业创新中心	2017年12月	金发科技股份有限公司	联合上下游企业、高等院校和科研院所共同组建	其他有限责任公司，股东包括8家公司，金发科技股份有限公司持股比例82%，珠海金发生物材料有限公司持股比例6%，广州毅昌股份有限公司持股比例4%，秦皇岛天秦装备制造股份有限公司持股比例2%，广东粤商高新股份投资有限公司持股比例2%，广东民营投资股份有限公司持股比例2%，化工行业生产促进中心持股比例1%，广东正茂精机有限公司持股比例1%	一方面包括8家股东共同出资的注册资本金；另一方面，中心通过市场化运作带来经营收入	国家先进高分子材料产业创新中心设立关键共性技术转化平台、成果转移转化平台、创新孵化平台、产业创新公共服务平台，为客户提供覆盖产业链各个环节的高分子材料创新研发整体解决方案
3	国家先进计算产业创新中心	2018年10月	曙光信息产业股份有限公司	联合行业中下游企业、高等院校和科研院所，以及相关金融资本、知识产权和科技中介等服务机构共同组建	法人独资企业，法人主体是曙光信息产业股份有限公司，持股比例100%。中心采用网络化布局、集群式的发展模式，目前已经在北京、天津、苏州、青岛、合肥、上海、深圳、成都等地进行布局	除中科曙光国家先进计算产业创新中心有限公司注册资金和政府投资金外，该中心组建了双创空间和投融资平台，通过市场化运营方式，登陆资本市场募集资金，开展自主经营活动	采取以企业为主体、资本为纽带、重大任务为牵引、技术与资本深度融合，平台与成果开放共享的运行机制

续表

序号	中心名称	批复时间	建设主体	参与主体	组织架构	资金来源	运行机制
4	国家生物育种产业创新中心	2018年10月	河南省农业科学院	联合行业上下游企业、高校和科研院所及相关金融资本、知识产权机构等共同组建	其他有限责任公司,河南省农业综合开发有限公司持股比例66.67%,河南高新技术集团持股比例16.67%,新乡市创新投资有限公司持股比例11.67%,新乡平原发展投资有限公司持股比例5%	首先,国家生物育种产业创新中心的4家股东共同出资作为河南生物育种中心有限公司注册资本金。其次,省财政围绕资金保障出台财政、金融系列举措。最后,产业创新中心的运营收入	积极探索"双跨单聘""两权分处"研发和用人机制
5	国家精准医学产业创新中心	2022年1月	四川大学华西医院	联合深圳华大基因、博奥生物集团、中源协和细胞基因工程、上海医药集团、成都高新投资集团、成都科技服务集团等政产学研资五方合作共建	其他有限责任公司,股东包括10家公司,上海医药持股30%,成都利康持股20%,成都高新投持股15%,天府健康产业投资集团持股12%,成都科技服务集团持股10%,成都华西海圻医药持股5%,四川华大基因、中源协和、迈克生物、四川希氏异构医疗持股均为2%	首先,10家股东共同出资的注册资本金。其次,成立首期规模10亿元的精准医学产业创新基金。再次,省财政对国家级产业创新中心提供最高2亿元的资金支持。最后,产业创新中心的运营收入	打造"用户提需求—平台组织解题—企业转化应用—用户检验成果"运行机制,构建"政产学研资以企业为主体的创新体系。强化以企业为主体的创新体系示范

174

附录三 安徽省产业创新中心简介

序号	中心名称	成立时间	建设主体	参与主体	组织架构	资金来源	运行机制
1	安徽省计算存储产业创新中心	2020年	长鑫存储技术有限公司	北京北方华创微电子装备有限公司,华海清科股份有限公司,沈阳拓荆科技有限公司,合肥开悦半导体科技有限公司,宁波江丰电子材料股份有限公司,湖北兴福电子材料有限公司,合盟精密工业(合肥)有限公司,合肥通富微电子有限公司,全芯智造技术有限公司,中国科学技术大学,合肥市微电子研究院有限公司,安徽创创合股权投资基金管理有限公司,合肥产投资本管理有限公司	非独立法人实体	建设单位自筹,平台建成后承担优先省级重大产业类、科技类项目,给予资金支持	聚焦计算存储产业科学制定远期、中期和近期发展目标,平台内设相关职能部门,建立灵活高效的运行机制,人才和成果转化激励机制和知识产权运营管理制度
2	安徽省锂电池绿色循环利用产业创新中心	2020年	安徽华铂再生资源科技有限公司	中南大学,合肥工业大学,中国科学技术大学先进技术研究院,安徽理工大学,安徽工业大学,界首市南都华宇电源有限公司,安徽绿沙华时捷环保科技发展股份有限公司,长沙华时捷环保科技发展股份有限公司,安徽绿能技术研究院有限公司	非独立法人实体	建设单位自筹,平台建成后承担优先省级重大产业类、科技类项目,给予资金支持	聚焦动力电池回收体系建设,重点围绕锂离子电池绿色循环化利用领域,科学制定远期、中期和近期发展目标,平台内设相关职能部门,建立灵活高效的运行机制,人才和成果转化激励机制和知识产权运营管理制度

续表

序号	中心名称	成立时间	建设主体	参与主体	组织架构	资金来源	运行机制
3	安徽省智能可穿戴产业创新中心	2020年	安徽华米信息科技有限公司	安徽华米智能科技有限公司,合肥华米微电子有限公司,安徽华米健康医疗有限公司	非独立法人实体	建设单位自筹,平台建成后优先承担省级重大产业类、科技类项目,给予项目资金支持	围绕智能可穿戴产品硬件研发、软件研发、工业设计、互联网服务等方面的技术研究和成果转化,科学制定远期、中期和近期发展目标,平台内设相关职能部门,建立灵活高效的运行机制,人才和成果转化激励机制和知识产权运营管理制度
4	安徽省生物基聚合材料产业创新中心	2020年	安徽丰原集团有限公司	蚌埠学院,安徽科技学院,安徽丰原发酵技术工程研究院有限公司,安徽丰原生物化学股份有限公司,安徽丰原福泰来聚乳酸有限公司,安徽丰原泰来生物新纤维股份有限公司,安徽雪郎生物科技股份有限公司,安徽丰原生物材料股份有限公司	非独立法人实体	建设单位自筹,平台建成后优先承担省级重大产业类、科技类项目,给予项目资金支持	聚焦生物基聚合材料产业科学制定远期、中期和近期发展目标,平台内设相关职能部门,建立灵活高效的运行机制,人才和成果转化激励机制和知识产权运营管理制度

续表

序号	中心名称	成立时间	建设主体	参与主体	组织架构	资金来源	运行机制
5	安徽省动力电池及其关键材料产业创新中心	2020年	合肥国轩高科动力能源有限公司	合肥星源新能源材料有限公司,合肥国轩电池材料有限公司,安徽锐能科技有限公司,安徽省计量科学研究院	非独立法人实体	建设单位自筹,平台建成后优先承担省级重大产业类、科技类项目,给予资金支持	围绕电化学能源存储开发与工程应用的共性关键技术问题,中期和远期制定发展目标,建立平台内设相关职能部门,平台内设相关职能部门的运行机制,人才和成果高效转化机制,人才激励机制和知识产权运营管理制度
6	安徽省可再生能源发电产业创新中心	2020年	阳光电源股份有限公司	合肥工业大学,中国能源建设集团安徽省电力设计院有限公司,合阳光新能源科技有限公司,阳光三星(合肥)储能电源有限公司	非独立法人实体	建设单位自筹,平台建成后优先承担省级重大产业类、科技类项目,给予资金支持	聚焦可再生能源发电与储能关键技术研究,核心装备研制,系统解决方案开发和产业化推广应用,科学制定近期、中期和远期发展目标,平台内设相关职能部门的运行机制,建立灵活高效的运行机制,人才和成果转化激励机制和知识产权运营管理制度

续表

序号	中心名称	成立时间	建设主体	参与主体	组织架构	资金来源	运行机制
7	安徽省食品工业数字化产业创新中心	2020年	三只松鼠股份有限公司	南京邮电大学	非独立法人实体	建设单位自筹,平台建成后省级优先承担重大产业类、科技类项目,给予资金支持	围绕打造芜湖全生命周期管理和供应链同样板,树立长三角区域的健康食品工业互联网应用示范标杆,实现整个健康食品行业升级发展,科学制定远期、中期和近期发展目标,平台内设相关职能部门,建立灵活高效的运行机制,人才和成果转化激励机制和知识产权运营管理制度
8	安徽省离子医学装备产业创新中心	2020年	合肥中科离子医学技术装备有限公司	中国科学院合肥物质科学研究院、合肥离子医学中心有限公司	非独立法人实体	建设单位自筹,平台建成后省级优先承担重大产业类、科技类项目,给予资金支持	围绕离子医疗产业发展中的自主研制、产业化人才培养等问题,针对加速器、超导磁体、射频系统、系统控制集成、软件开发、系统等关键技术的迫切需求,科学制定远期、中期和近期发展目标,平台能部门,建立灵活高效的运行机制,人才和成果转化激励机制和知识产权运营管理制度

续表

序号	中心名称	成立时间	建设主体	参与主体	组织架构	资金来源	运行机制
9	安徽省新能源汽车橡胶零部件产业创新中心	2020年	安徽中鼎密封件股份有限公司	清华大学,安徽大学,安徽宁国中鼎模具制造有限责任公司,安徽中鼎减震橡胶技术有限公司,安徽伯密封技术有限公司,嘉科(安徽)密封技术有限公司,安美科(安徽)汽车电驱有限公司,安徽中鼎流体系统有限公司	非独立法人实体	建设单位自筹,平台建成后省级优先承担产业类、重大产业类,科技类项目,给予资金支持	面向全球新能源汽车的发展趋势,聚焦新能源汽车产业,紧密围绕新能源汽车对高可靠的密封、轻量化减震降噪的需求,科学制定远期、中期和近期发展目标,建立平台内设相关职能部门,平台内设灵活高效的运行机制,人才和成果转化激励机制和知识产权运营管理制度
10	安徽省智能农业装备产业创新中心	2020年	中联农业机械股份有限公司	中国农业大学	非独立法人实体	建设单位自筹,平台建成后省级优先承担产业类、重大产业类,科技类项目,给予资金支持	围绕打造智能农机装备战略性新兴产业核心,科学制定远期、中期和近期发展目标,平台内设相关职能部门,建立平台内设灵活的运行机制,人才和成果转化激励机制和知识产权管理制度

续表

序号	中心名称	成立时间	建设主体	参与主体	组织架构	资金来源	运行机制
11	安徽省陶铝新材料产业创新中心	2020年	安徽相邦复合材料有限公司	上海交通大学安徽（淮北）陶铝新材料研究院、安徽陶铝新材料研究院有限公司、上海交通大学	非独立法人实体	建设单位自筹，平台建成后优先承担相关重大产业类、科技类项目，给予项目资金支持	围绕五个重点研究方向，分别是：原位合成技术、组织调控技术、液相成型材制造技术、固相成型技术和增材制造技术、科学近期发展目标、中期和远期发展目标，平台内设相关职能部门，建立灵活高效的运行机制，人才和成果转化激励机制和知识产权运营管理制度
12	安徽省智能网联汽车产业创新中心	2020年	芜湖雄狮汽车科技有限公司	芜湖雄狮汽车科技有限公司、瑞源国际资源投资有限公司	非独立法人实体	建设单位自筹，平台建成后优先承担相关重大产业类、科技类项目，给予项目资金支持	围绕智能网联汽车相关的自动驾驶、大数据开发、验证，以及出行服务等，科学制定远期、中期和近期发展目标，平台内设相关职能部门，建立灵活高效的运行机制，人才和成果转化运营机制和知识产权运营管理制度

续表

序号	中心名称	成立时间	建设主体	参与主体	组织架构	资金来源	运行机制
13	安徽省硅基新材料产业创新中心	2020年	凯盛科技股份有限公司	蚌埠国显科技有限公司,安徽方兴光电新材料科技有限公司,凯盛科技蚌埠分公司,蚌埠中恒新材料科技有限公司,安徽中创电子信息材料有限责任公司	非独立法人实体	建设单位自筹,平台建成后优先承担省级重大产业类、科技类项目,给予资金支持	聚焦硅基新材料产业发展,科学制定期、中期和近期发展目标,平台内设相关职能部门,建立灵活高效的运行机制,人才和成果转化激励机制和知识产权运营管理制度
14	安徽省液晶显示产业创新中心	2021年	合肥鑫晟光电科技有限公司	合肥京东方瑞晟科技有限公司,合肥京东方星宇科技有限公司	非独立法人实体	建设单位自筹,平台建成后优先承担省级重大产业类、科技类项目,给予资金支持	聚焦液晶显示产业发展,科学制定远期、中期和近期发展目标,平台内设相关职能部门,建立灵活高效的运行机制,人才和成果转化激励机制和知识产权运营管理制度
15	安徽省智能工业车辆产业创新中心	2021年	安徽合力股份有限公司	安徽工程大学,合肥协力仪表控制技术(上海)有限公司,安徽院皖南新维电机有限公司,安徽仓擎机器人有限公司	非独立法人实体	建设单位自筹,平台建成后优先承担省级重大产业类、科技类项目,给予资金支持	聚焦智能工业车辆产业发展,科学制定远期、中期和近期发展目标,平台内设相关职能部门,建立灵活高效的运行机制,人才和成果转化激励机制和知识产权运营管理制度

续表

序号	中心名称	成立时间	建设主体	参与主体	组织架构	资金来源	运行机制
16	安徽省第三代半导体材料与核心器件及产业创新中心	2021年	西安电子科技大学芜湖研究院	芜湖启迪半导体有限公司,芜湖西晶微电子科技有限公司,芜湖鸿晶半导体有限公司,芜湖威尔芯半导体有限公司	非独立法人实体	建设单位自筹,平台建成后优先承担省级重大产业类、科技类项目,给予项目资金支持	围绕开展第三代半导体材料与核心器件及产业核心技术研究,推动产业协同创新,公共服务、成果转化,发展创新网络,构建产业科学制定远期、中期和近期发展目标,平台内设灵活高效的运行部门,建立人才和成果转化激励机制和知识产权运营管理制度
17	安徽省MEMS核心器件产业创新中心	2021年	华东光电集成器件研究所	东南大学,合肥工业大学,中国科学院上海微系统与信息技术研究所,中国科学院合肥物质科学研究院智能机械研究所,安徽中科米微电子技术有限公司,苏州启明传感科技有限公司,苏州慧闻纳米科技有限公司	非独立法人实体	建设单位自筹,平台建成后优先承担省级重大产业类、科技类项目,给予项目资金支持	聚焦MEMS核心器件产业发展,科学制定远期、中期和近期发展目标,平台内设相关职能部门,建立灵活高效的运行机制,人才和成果转化激励机制和知识产权运营管理制度

续表

序号	中心名称	成立时间	建设主体	参与主体	组织架构	资金来源	运行机制
18	安徽省仿生科技高保暖新材料产业创新中心	2021年	吉祥三宝高科纺织有限公司	安徽农业大学,安徽三宝棉纺针织投资有限公司,广西钦州保税区奇达纺织品有限公司,太和县三宝通达纺织有限公司,安徽省吉祥纺织工程先进技术研究院,界首市佳美桶业有限公司,安徽志同新材料科技有限公司,界首市三宝中达纺织有限公司,界首市发展中小企业融资担保有限责任公司	非独立法人实体	建设单位自筹,平台建成后省级优先承担产业类、科技类大产业类项目,给予项目资金支持	重点围绕仿鹅绒高保暖絮片研发制造工艺,提高产品保暖性能及制造智能化、信息化水平,科学制定远期、中期和近期发展目标,平台内设相关职能部门,建立灵活高效的运行机制,人才和成果转化激励机制和知识产权运营管理制度
19	安徽省微波遥感卫星及数据应用产业创新中心	2021年	中国电子科技集团公司第三十八研究所	合肥工业大学,天地信息网络研究院(安徽)有限公司	非独立法人实体	建设单位自筹,平台建成后省级优先承担产业类、科技类大产业类项目,给予项目资金支持	聚焦微波遥感卫星及数据应用产业发展,科学制定远期、中期和近期发展目标,平台内设相关职能部门,建立灵活高效的运行机制,人才和成果转化激励机制和知识产权运营管理制度

续表

序号	中心名称	成立时间	建设主体	参与主体	组织架构	资金来源	运行机制
20	安徽省高端罐式专用车产业创新中心	2021年	芜湖中集瑞江汽车有限公司	清华大学,同济大学,合肥工业大学,华南理工大学,安徽师范大学,山东南山铝业股份有限公司,中国宝武钢铁集团有限公司,上汽依维柯红岩商用车有限公司,埃夫特智能装备股份有限公司,瑞鹄模具集团有限公司,徐州工程机械集团有限公司,清华启迪半导体有限公司,芜湖盟博科技有限公司,安徽海螺集团公司,徽商银行,中集融资租赁公司	非独立法人实体	建设单位自筹,平台建成后承担省级重大产业类、科技类项目,给予项目资金支持	聚焦高端罐式专用车产业发展,科学制定远期、中期和近期相关发展目标,平台内设相关职能部门,建立内部高效的运行机制,灵活人才和成果转化激励机制和知识产权运营管理制度
21	安徽省有色金属新材料产业创新中心	2021年	铜陵有色金属集团控股有限公司	中南大学,江西理工大学,上海大学,安徽工业大学,安徽铜冠铜箔集团股份有限公司,中可铜都铜粉体材料有限公司,铜陵铜冠优创特种材料有限公司,安徽铜冠有色金属(池州)有限公司	非独立法人实体	建设单位自筹,平台建成后承担省级重大产业类、科技类项目,给予项目资金支持	聚焦有色金属新材料产业发展,科学制定远期、中期和近期相关发展目标,平台内设相关职能部门,建立内部高效的运行机制,灵活人才和成果转化激励机制和知识产权运营管理制度

续表

序号	中心名称	成立时间	建设主体	参与主体	组织架构	资金来源	运行机制
22	安徽省氢能及燃料电池产业创新中心	2021年	安徽明天氢能科技股份有限公司	中国科学院大连化学物理研究所,合肥工业大学智能制造技术研究院,合肥安凯汽车股份有限公司,合阳光氢能科技有限公司,安徽工业技术创新研究院六安院	非独立法人实体	建设单位自筹,平台建成后省级优先承担建设相关科技重大产业类项目,类项目资金支持	围绕建设国内领先的氢能及燃料电池产业自主核心技术研发能力,科学制定远期、中期和近期发展目标,平台内设相关职能部门,建立灵活高效的运行机制,人才和成果转化激励机制和知识产权运营管理制度
23	安徽省绿色化工催化新材料产业创新中心	2021年	安庆曙光化工股份有限公司	北京化工大学安庆研究院(安庆北化大科技园有限公司)	非独立法人实体	建设单位自筹,平台建成后省级优先承担建设相关科技重大产业类项目,类项目资金支持	聚焦绿色化工催化新材料产业发展,科学制定远期、中期和近期发展目标,平台内设相关职能部门,建立灵活高效的运行机制,人才和成果转化激励机制和知识产权运营管理制度

续表

序号	中心名称	成立时间	建设主体	参与主体	组织架构	资金来源	运行机制
24	安徽省通用航空产业创新中心	2021年	中电科芜湖钻石飞机制造有限公司	中国电子科技集团公司第三十八研究所,南京航空航天大学,安徽工程大学,芜湖通用航空职业技术研究院,中电科芜湖通用航空产业技术研究院有限公司,芜湖钻石航空发动机有限公司,安徽华明航空电子系统有限公司,芜湖通用航空产业园有限公司	非独立法人实体	建设单位自筹,平台建成后承担省级重大产业类、科技类项目,给予项目资金支持	聚焦通用航空产业发展,科学制定远期、中期和近期发展目标,平台内设相关职能部门,建立高效的运行机制,人才和成果转化激励机制和知识产权运营管理制度
25	安徽省稀土新材料产业创新中心	2021年	安徽大地熊新材料股份有限公司	合肥工业大学	非独立法人实体	建设单位自筹,平台建成后承担省级重大产业类、科技类项目,给予项目资金支持	聚焦稀土新材料产业发展,科学制定远期、中期和近期发展目标,平台内设相关职能部门,建立高效的运行机制,人才和成果转化激励机制和知识产权运营管理制度
26	安徽省高端磁性材料产业创新中心	2021年	中钢天源股份有限公司	中钢集团南京新材料研究院有限公司,马鞍山新康达磁业有限公司,中钢天源(马鞍山)通力磁材有限公司	非独立法人实体	建设单位自筹,平台建成后承担省级重大产业类、科技类项目,给予项目资金支持	聚焦高端磁性材料产业发展,科学制定远期、中期和近期发展目标,平台内设相关职能部门,建立高效的运行机制,人才和成果转化激励机制和知识产权运营管理制度

续表

序号	中心名称	成立时间	建设主体	参与主体	组织架构	资金来源	运行机制
27	安徽省麻精药品注射剂研发产业创新中心	2021年	国药集团国瑞药业有限公司	上海医药工业研究院、中国医学科学院药物研究所	非独立法人实体	建设单位自筹，平台建成后省级重大产业类、先承担类科技类项目给予资金支持	聚焦麻精药品注射剂研发，科学制定远期、中期和近期发展目标，平台内设相关职能部门，建立灵活高效的运行机制，人才和成果转化激励机制和知识产权管理制度
28	安徽省新型功能陶瓷材料产业创新中心	2021年	安徽壹石通材料科技股份有限公司	安徽英特力工业工程技术有限公司、安徽壹石通材料科学技术研究院有限公司、安徽壹石通新能源材料有限公司、蚌埠壹石通聚合物复合材料有限公司、安徽大富机电技术有限公司	非独立法人实体	建设单位自筹，平台建成后省级重大产业类、先承担类科技类项目给予资金支持	聚焦新型功能陶瓷材料产业发展，科学制定远期、中期和近期发展目标，平台内设相关职能部门，建立灵活高效的运行机制，人才机制和知识产权激励管理制度。建立高效率的开放共享制度，从创新资源共享和对外服务两方面落实共享制度，整合资源，推动成果转化，试验场地、试制车间等创新资源向产业链各类创新主体开放，加速资源共享和高效利用

续表

序号	中心名称	成立时间	建设主体	参与主体	组织架构	资金来源	运行机制
29	安徽省智能化温度仪表产业创新中心	2021年	安徽天康（集团）股份有限公司	普力斯特测控技术（天长）有限公司，扬州大学，重庆材料研究院有限公司	非独立法人实体	建设单位自筹，平台建成后担先承建省级重大产业类、科技类项目，给予项目资金支持	聚焦智能化温度仪表产业发展，科学制定远期、中期和近期发展目标，平台内设相关职能部门，建立高效的运行机制，灵活人才和成果转化激励机制和知识产权运营管理制度

附录四 重点产业链关键核心技术列表

所属产业	重点领域	关键核心技术
新一代信息技术	新型显示	1. 玻璃基 Mini-LED 背光模组技术； 2. 大尺寸 8K 液晶显示产品对比度提升技术； 3. 超高解析度硅基 OLED 显示器件开发； 4. UDC(Under Display Camera)屏下摄像头实现真正全面屏显示技术； 5. AMOLED 柔性显示屏折叠技术； 6. 四面弯曲贴合工艺开发； 7. OLED(柔性屏)3D 薄板层压贴合设备研发； 8. 3D 车载显示盖板＆曲面车载显示模组研发； 9. 可交互空中成像技术； 10. 三维散射全息显示技术
新一代信息技术	集成电路	1. 新型激光晶圆切割技术； 2. 半导体晶圆缺陷检测设备开发； 3. 大面积动态 X 射线成像传感器研发； 4. 低功耗高速率 LPDDR5 DRAM 产品开发； 5. 15/14 nm DRAM 存储芯片先进工艺开发及产品研发； 6. DRAM 存储芯片专用封装工艺铝重新布线层(Al RDL)工艺开发； 7. 5G 高抑制 n77 频带带通滤波器； 8. 基于 5G 通信的 LTCC 射频器件研发； 9. 存储器芯片生产自动测试设备研发； 10. 半导体晶圆超精密加工、精密检测技术
新一代信息技术	量子科技	1. 高效光量子制备、编解码、量子仿真、量子密码系统安全检测等技术攻关； 2. 针对光纤在线量子密钥分发和量子安全密钥介质分发新模式研究； 3. 量子存储和量子中继技术研究； 4. 高效率低噪声单光子探测器、高精度高稳定量子光源等核心部件研发制造和国产化； 5. 量子比特物理实现、量子纠错编码、量子算法软件等关键技术； 6. 超导量子计算的超低温微波互联系统研发；

续表

所属产业	重点领域	关键核心技术
新一代信息技术	量子科技	7. 基于激光的高灵敏探测技术、激光对原子的高精度操纵技术； 8. 面向磁场、惯性和重力的量子增强型传感器研制； 9. 量子精密测量谱仪、磁共振谱仪、量子磁场测量仪等科学仪器研制
人工智能	智能硬件	国产化智能语音芯片研发
人工智能	软件技术	1. 多语种智能语音语言技术； 2. 云物联和人工智能分选技术； 3. 面向基因突变功能效应预测的人工智能算法研究
新材料	硅基材料	1. 高强透明微晶玻璃关键技术研发； 2. 高比能硅基负极材料开发及产业化导入； 3. OLED显示用玻璃基板（载板）关键技术； 4. 柔性显示超薄玻璃盖板的超薄玻璃薄化技术、玻璃切割及边缘处理技术以及表面处理技术； 5. 复杂应用场景下高耐冲击玻璃关键技术
新材料	生物基材料	1. 生物基聚氨酯原料与产品制造关键技术研发； 2. 生物基尼龙材料改性技术； 3. 木质纤维素制备高强度可降解材料的技术研究
新材料	金属材料	1. 高温烧结陶瓷覆铜板用铜带研发； 2. 非晶纳米晶高性能铁基材料； 3. 氢燃料电池车用低镓铝合金材料； 4. 3D打印专用航空级球形粉末材料及其制备技术； 5. 航空级高纯金属铼技术研究
新材料	其他新材料	1. 大型复杂航空复合材料构件先进制造关键技术研发； 2. 5G基站用新型高分子材料； 3. 水性无溶剂生态功能性聚氨酯复合材料关键技术； 4. 信息功能材料多频段多物理场环境下电磁特性原位测量技术
新能源和节能环保	新能源	1. 碳达峰碳中和及二氧化碳资源化利用技术研究与开发； 2. 横卧式金属粉末气雾化生产系统的研发； 3. 废弃环保催化剂金属回收与载体再用技术； 4. 工业废气脱硝脱二噁英双功能催化剂研发； 5. 煤矿低浓度瓦斯发电利用技术； 6. 基于低碳高炉炼铁新技术的焦炭作用的新机制及高质量焦炭研制

续表

所属产业	重点领域	关 键 核 心 技 术
新能源和节能环保	节能环保	1. 节能电器与节能压缩机； 2. 研发高效、长寿命机动车尾气净化处理设备，突破碳捕集核心技术； 3. 开发适用于农村需求的分散式污水处理技术和成套化设备； 4. 研发城市生活污水脱氮除磷等深度处理技术和设备； 5. 突破高盐工业废水、难降解有机废水、含氟废水、垃圾渗滤液等高效处理技术； 6. 突破土壤污染快速检测、污染地块高效修复技术设备的研发； 7. 智能化危险废物收集系统和清洁焚烧装置、污泥半干法处理或炭化成套设备研发； 8. 激光诱导探测、臭氧激光雷达、便携式监测等设备研发； 9. 突破环境监测关键元器件、技术、产品和装备的关键技术
新能源汽车和智能网联汽车	动力电池	1. 废旧磷酸铁锂电池全元素综合利用技术； 2. 200 kW 大功率燃料电池电堆及核心零部件等关键技术开发； 3. 高安全半固态电池关键技术研究； 4. 高性能钠离子电池设计开发；
	整车制造	1. 一体化乘用车门精密铸造技术； 2. 新能源车辆火灾防控主动消防技术
	关键零部件	1. 质子交换膜燃料电池关键部件； 2. 新能源汽车驱动电机用高强无取向电工钢关键技术； 3. 扁铜线电机制造核心工艺装备； 4. 高功率密度轴向磁通轮毂电机驱动系统； 5. 适应自动化锻造的高寿命活塞模具； 6. 商用车高性能（AMT）自动变速器平台开发； 7. 3.5 L 直列四缸燃气发动机技术
	软件系统	自动驾驶激光雷达传感器技术
高端装备制造	工业机器人	1. 核心部件触觉传感器； 2. 新型工业机器人的关键技术； 3. 仿肌腱驱动的柔性机器人关键技术
	通用航空	1. 国产化大飞机复杂型腔薄壁机匣的技术攻关； 2. 发动机动密封系统的制备； 3. 特种飞机系统集成与应用技术； 4. 大中型无人机飞控技术

续表

所属产业	重点领域	关键核心技术
高端装备制造	现代工程机械	1. 60000 kN 铝合金差压半固态流变、触变铸锻一体机装备研发； 2. 环管轴流泵； 3. 燃气轮机高温合金空心叶片用陶瓷型芯； 4. 高效模块化先进核能装置辐射屏蔽构件； 5. APM 300 车辆转向架车桥国产化研制； 6. 300 米饱和潜水逃生舱； 7. 饱和潜水系统 500 米外循式环控设备； 8. 掘锚护协同作业装备研发； 9. MK 级稀释制冷机技术； 10. 大型盾构超高性能滚刀和常压换刀设备研制
智能家电	智能家居	1. 高效循环制冷、高效循环用水、高效供电的关键器件设计及优化，控制技术并开发系统管理软件平台开发； 2. 生物技术、医疗技术、IMABCDE 技术、机电一体化技术、声光电技术、高精传感技术、网络技术与智能家电技术的系统集成研究； 3. 基于温度、湿度、流体、噪声的居家一体化环控系统技术研究； 4. 低功耗、广域网、低时延家电(居)系统组网共性技术； 5. 智能设备高噪场景下声学前端技术、计算机视觉处理技术、人机交互系统技术
	关键零部件	1. 开展适用于家电产业的智能传感器及其专用芯片研发； 2. 突破压缩机控制系统的开发和零部件生产的技术难题； 3. 无叶片式电机、紧凑型电机、直流无刷电机、变频电机研发； 4. 印制电路板
生命健康	医药	1. 注射用重组人 HER2 单克隆抗体； 2. 无耐药的新型大分子抗生素构建； 3. 无机非金属纳米酶的设计； 4. 磁靶向光敏剂定点递送及敏化研究
	高端医疗器械	1. 医疗 CT 球管阳极靶盘； 2. 数字 PCR 仪及配套传染性疾病检测系统及试剂； 3. 超高清内镜功能供给系统； 4. 智能脊柱疾病康复及治疗床垫研发； 5. 人体能量代谢监测系统(人体代谢舱)

续表

所属产业	重点领域	关 键 核 心 技 术
绿色食品	生物种业	1. 玉米耐密抗锈病种质创新技术与新品种选; 2. 安徽沿淮淮北地区玉米、大豆高温不育机理研究及多控智能不育系构建; 3. 安徽地方猪种繁殖及抗病性状形成的分子机制研究; 4. 安徽省特色茶树种质资源的养分利用与品质性状形成机制研究
	食品生产	1. 食品原料加工适宜性与营养化、功能化提升技术; 2. 食品感官食用品质保持机理研究; 3. 食品活性包装、新型杀菌与智能保质保鲜技术; 4. 食品全产业链安全与质量防控体系构建; 5. 食品加工制造装备的自动化与智能化技术; 6. 食品共性加工技术的融合创新
数字创意	超高清视频	1. 4K/8K领域,传输与存储、编解码/芯片、显示技术; 2. VR技术装备领域,近眼显示、感知交互、渲染处理和内容制作等技术
	技术装备	高端VR整机设备和感知交互设备

参 考 文 献

[1] 杰里米·里夫金.第三次工业革命[M].张体伟,译.北京:中信出版社,2012.

[2] MOORE J F. The Death Of Competition:Leadership and Strategy in the Age of Business Eeosystems [M]. New York:Harper Business,1996.

[3] 陈劲.协同创新[M].杭州:浙江大学出版社,2012:11.

[4] 陈劲,阳银娟.协同创新的理论基础与内涵[J].科学学研究,2012,30(2):161-164.

[5] 程跃,钟雨珊,陈婷.协同创新网络成员和知识多样性对区域创新绩效的影响研究:基于网络结构的调节作用[J].创新科技,2023,23(6):66-78.

[6] 钱学森,于景元,戴汝为.一个科学新领域:开放复杂巨系统及其方法论[J].自然杂志,1990,13(1):3-10.

[7] 埃德加·莫兰.复杂性思想导论[M].陈一壮,译.上海:华东师范大学出版社,2008.

[8] DIAS M F P, PEDROZO E A, SILVA T N. The Innovation Process as a Complex Structure with Multilevel Rules[J]. Journal of Evolutionary Economics,2014,24(5):1067-1084.

[9] 柳卸林,杨培培,常馨之.问题导向的基础研究与产业突破性创新[J].科学学研究,2023,41(11):2062-2072.

[10] BUSH V. Science:The Endless Frontier[M]. Washington:National Science Foundation,1990:15-19.

[11] STOKES D E. Pasteur's Quadrant:Basic Science and Technological Innovation [M]. Washington:The Brookings Institution,1997.

[12] 余义勇,杨忠.如何有效发挥领军企业的创新链功能:基于新巴斯德象限的协同创新视角[J].南开管理评论,2020,23(2):4-15.

[13] 程曦.前沿科技领域产业创新的同步创新模式构建[D].合肥:中国科学技术大学,2019.

[14] 蒋德嵩.拥抱创新3.0[N].哈佛商业评论,2013-01-05.

[15] 夏旭晖.产业创新中心建设的理论构想与路径思考[J].科技经济导刊,2021,29(5):3-4,13.

[16] POTTS J,KASTELLE L. Economics of Innovation in Australian Agricultural Economics and Policy[J]. Economic Analysis and Policy,2017(54):96-104.

[17] 彭华涛,林琳,全吉.世界主要国家产业创新中心的经验与启示[J].中国科技论坛,2017(11):180-186.

[18] 白俊红,蒋伏心.协同创新、空间关联与区域创新绩效[J].经济研究,2015,50(7):174-187.

[19] 中关村科技园区管理委员会关于印发《中关村国家自主创新示范区高精尖产业协同创新平台建设管理办法(试行)》的通知[J].北京市人民政府公报,2019(36):42-52.

[20] 潘雅茹,罗良文.基础设施投资对经济高质量发展的影响:作用机制与异质性研究[J].改革,2020(6):100-113.

[21] 潘雄锋,韩翠翠,李昌昱.科技基础设施投入与技术创新的交互效应[J].科学学研究,2019,37(7):1326-1333,1344.

[22] 李平,季永宝.政策导向转化、要素市场扭曲与FDI技术溢出[J].南开经济研究,2014(6):125-137.

[23] 余泳泽,刘大勇.我国区域创新效率的空间外溢效应与价值链外溢效应:创新价值链视角下的多维空间面板模型研究[J].管理世界,2013(7):6-20,70,187.

[24] 陈岸明,魏东原.粤港澳大湾区重大科技基础设施布局的优化分析:基于国际比较的视角[J].国际经贸探索,2020,36(10):86-99.

[25] 钱智,史晓琛,骆金龙.提升张江综合性国家科学中心集中度和显示度研究[J].科学发展,2017(11):5-14.

[26] 连瑞瑞.综合性国家科学中心管理运行机制与政策保障研究[D].合肥:中国科学技术大学,2019.

[27] HUANG M H,CHEN D Z. How can Academic Innovation Performance in University-Industry Collaboration be Improved[J]. Technological Forecasting and Social Change,2016,123. DOI:10.1016/ J.techfore.2016.03.024.

[28] 刘毅.国内外科技创新中心发展经验与目标定位的比较分析:兼议广东加快建设科技产业创新中心的若干路径[J].科技创新发展战略研究,2017(1):20-25.

[29] 郑秋生,张宏丽,李金惠.广东国家科技产业创新中心建设中企业研发机构的作用[J].科技管理研究,2018(1):86-91.

[30] 白静.南京江北新区研创园:创新产学研协同发展平台 打造全球影响力产业创新中心[J].中国科技产业,2020(5):23-30.

[31] WEICK C W,JAIN R K. Rethinking Industrial Research,Development and Innovation in the 21st Century[J]. Technology in Society,2014(39):110-116.

[32] 吴绍波.战略性新兴产业创新生态系统协同创新的治理机制研究[J].中国科技论坛,2013(10):5-9.

[33] 刘毅.国内外科技创新中心发展经验与目标定位的比较分析:兼议广东加快建设科技产业创新中心的若干路径[J].科技创新发展战略研究,2017,1(1):20-25.

[34] 韩子睿,魏晶,张雯,等.产业科技创新中心建设的战略路径研究[J].技术经济与管理研究,2017(6):125-128.

[35] 中国社会科学院数量经济与技术经济研究所.做大做强战略性新兴产业[N].经济日报,2022-5-16.

[36] 李斌.以创新引领传统产业转型升级[N].河南日报,2021-8-4.

[37] 张鹏,曹方,池浩湉.创新策源地的内涵及其路径打造思考[J].科技中国,2023(5):68-71.

[38] 赵付春.上海建设世界科创策源地的量化评估研究[J].全球城市研究(中英文),2021,2(3):160-174,193-194.

[39] 张毅,朱煌武.加快打造安徽科技创新策源地的策略与建议[J].今日科苑,2022(8):31-42,68.

[40] 邓丽丽,孙敬延.辽宁省科技成果转化存在的问题及对策研究[J].中国科技产业,2024,(7):47-50.

[41] 孙雯芊,郑洁.基于创新生态系统的安徽科技成果就地转化的现状与路径探索[J].安徽科技,2023(12):11-13.

[42] 石象斌.对推进安徽制造强省建设的思考[J].江淮,2022(1):46-48.

[43] 英国科技创新前沿:高大上的"弹射中心"[EB/OL].[2017-09-05].https://www.sohu.com/a/169662170_378413.

[44] 英国能源系统、精准医疗、医药研发、符合半导体应用四大"弹射中心"[EB/OL].[2017-09-06].https://www.sohu.com/a/190146282_378413.

[45] 英国近海、卫星、数字化、未来城市四大弹射中心[EB/OL].[2017-09-11].https://www.sohu.com/a/191157717_378413.

[46] 杨雅南.高端创新:来自英国弹射创新中心的实践与启示[J].全球科技经济瞭望,2017,32(6):25-37,51.

[47] Catapult Network[EB/OL].[2022-09-19].https://catapult.org.uk/.

[48] 中国电子信息产业发展研究院.美国制造创新研究院解读[M].北京:电子工业出版社,2018.

[49] 美国制造业创新亮点报告[EB/OL].[2022-06-24].https://mp.weixin.qq.com/s?__biz=MzI2NzMxMDU2Nw==&mid=2247513410&idx=2&sn=2c2edfd8857169a1f9eb28aebf43384e&chksm=ea8231caddf5b8dcea87d96e251aec1f353fb651780f16dc2cff5210734ee19b6fd9eae07366&scene=27.

[50] MANUFACTURING.GOV[EB/OL].[2022-09-22].https://www.manufacturing.gov/.

[51] 中国主要省市制造业创新中心政策白皮书[EB/OL].[2021-06-11].https://www.

[52] 美国制造业创新中心的运作模式与启示[EB/OL].(2017-04-19).[2021-08-18]. https://www.sohu.com/a/134888494_115495.

[53] 全球产业科技创新中心发展模式及对江苏启示[EB/OL].(2019-02-13).[2022-11-18]. https://mp.weixin.qq.com/s?__biz=MzU4MzYxMTgwMw==&mid=2247483969 &idx=1&sn=6105268493b226c9c63fad885715895b&chksm=fda726b5cad0afa365cd35 c2ce775929f85e7789a4a02f53c6428dfe2af2761797b21e0f6dfc&scene=27.

[54] 彭华涛,林琳,全吉.世界主要国家产业创新中心的经验与启示[J].中国科技论坛, 2017,11(11):180-185.

[55] 社科院工业经济研究所.传统产业转型升级成效、任务与对策[EB/OL].(2022-6-25). [2022-8-31].https://new.qq.com/rain/a/20220625A01WE400.

[56] 吕波,李家祥.产业创新中心的基本内涵与建设思路[A].天津市社会科学界联合会. 发挥社会科学作用 促进大津改革发展:天津市社会科学界第十二届学术年会优秀论文集(中)[C].天津市社会科学界联合会:天津市社会科学界联合会,2017:7.

[57] 中国发展网.皖江城市带承接产业转移示范区:勇立潮头集聚动能融入服务长三角 [EB/OL].（2021-6-11）.[2022-8-17].https://baijiahao.baidu.com/s?id= 1702235202592603587&wfr=spider&for=pc.

[58] 安徽省发展改革委.安徽省发展改革委关于印发安徽省产业创新中心建设工作指引 （试行）的通知[Z].2020-11-06.

[59] 国家发展改革委.国家发展改革委关于印发《国家产业创新中心建设工作指引（试行）》的通知[Z].2018-01-11.

后 记

本书是由中国科学技术大学区域科技创新综合智库、安徽省科学技术情报所和安徽省发展战略研究会(安徽省重点培育智库)共同承担的中国工程科技发展战略安徽研究院重点咨询项目"安徽省国家产业创新中心建设研究"项目的研究成果。自20世纪60年代有学者提出"产业创新中心"概念以来,一些发达国家相继成立各种类型或名称的创新中心,助力一些国家经历了黄金发展期。中国经过40多年的改革开放,各产业正由依靠DUI(Doing/Using/Interacting)模式向依靠STI(Science/Technology/Innovation)模式转变。2018年1月,国家发展和改革委员会印发的《国家产业创新中心建设工作指引》,与2016年4月工信部印发的《制造业创新中心建设工程实施指南(2016—2020年)》、2017年11月国家发展和改革委员会印发的《国家技术创新中心建设工作指引》,共同构成了三类国家级新型创新中心,涵盖了行业关键共性技术、前沿引领技术、颠覆性技术的研发和转化,以集聚行业创新资源、打造高效协同创新生态系统为建设目的,通过整合包括企业、高校、科研院所的创新资源,实现创新资源和力量的整合协同与高效运行,形成产学研紧密协同、深度融合的创新体系。本书主要是依据《国家产业创新中心建设工作指引》展开研究形成的成果。

本书是团队合作的成果,由俞书宏院士、彭寿院士、王运敏院士负责总体指导和框架审定,刘志迎教授负责框架设计、各章节学术观点梳理和内容选择。书稿撰写成员及分工为:刘志迎(第一、九章),李从春(第二章),林斐、周垂日、刘瑞超、杨鹏程、张红梅(第三、七章),丁元欣(第四、六章),任媛媛、陆婉清(第五章),肖玲玲(第八章),最后由刘志迎教授进行审核和统稿,各章节内容都几易其稿,经多次讨论和研究修改,终于付样。

本研究得到了中国工程科技发展战略安徽研究院领导赵今明研究员的大力支持和有效督促,组织了来自全国的院士、教授和行业专家进行了开题、中期和结题论证会,各位专家给予了高水平学术指导和行业经验分享,提供了大量有价值的研究建议和修改建议。在此,对以上所有参与评审的专家和领导表示衷心的感谢。

本书在编撰过程中,参考了大量的国内外研究资料、论著、网站资料以及政府文件,在此对这些作者和网站资料收集者与提供者表示衷心的感谢。由于编撰者水平所限,难免有很多不成熟的观点和粗糙之处,敬请批评指正。

编 者

2024年3月